我
·COGITO·
思

莱茵哲影

张汝伦 著

GUANGXI NORMAL UNIVERSITY PRESS

广西师范大学出版社

·桂林·

莱茵哲影
LAIYIN ZHEYING

策　　划：周士武@我思工作室
责任编辑：叶　子
助理编辑：周士武
装帧设计：周安迪
内文制作：王璐怡

图书在版编目（CIP）数据

莱茵哲影 / 张汝伦著. -- 桂林：广西师范大学出
版社，2021.12
　　（我思记忆）
　　ISBN 978-7-5598-4377-7

Ⅰ. ①莱… Ⅱ. ①张… Ⅲ. ①哲学－研究－德国
Ⅳ. ①B516

中国版本图书馆 CIP 数据核字（2021）第 209878 号

广西师范大学出版社出版发行

（ 广西桂林市五里店路 9 号　邮政编码：541004 ）
　 网址：http://www.bbtpress.com

出版人：黄轩庄
全国新华书店经销
山东韵杰文化科技有限公司印刷
（山东省淄博市桓台县　邮政编码：256401）
开本：880 mm × 1 230 mm　 1/32
印张：10.125　　　　　　 字数：190 千字
2021 年 12 月第 1 版　　　2021 年 12 月第 1 次印刷
定价：58.00 元

如发现印装质量问题，影响阅读，请与出版社发行部门联系调换。

自　序

　　德国哲学名闻天下，但德国哲学之艰深也使许多人望而生畏。若问对德国哲学的印象，恐怕在许多专业人员看来，德国哲学主要也是以不食人间烟火，玄而又玄的形而上学为其特色。德国哲学家的著作在许多人看来几近天书。读不懂的结果一定是两个极端：盲目崇拜和不屑一顾。其实，无论是康德、黑格尔还是胡塞尔、海德格尔，每个人的著作都是对智慧与耐心的考验。徒有热爱没有智慧入不了哲学之门。但哲学爱好者一般是不会怀疑自己的智慧的，德国哲学晦涩枯燥的表述方式，反而更加坚定了人们对德国哲学的上述成见。

　　中国人历来相信文如其人，法儒布封亦云："风格即人。"德国哲学的特有表述使人们自然而然相信，写出这些天书般哲学著作的哲学家，生命也一定如其著作般枯燥无味。他们不管人间冷暖，只顾闭门构造自己的体系。康德或胡塞尔就是现成的例子。

然而，这些对德国哲学和德国哲学家的看法，几乎都是错的。德国哲学晦涩难懂，却不一定不管人间冷暖。分析哲学家的表述倒是清楚明白，可我们在他们的著作里看不到半点时代风暴、世事沧桑。哲学的表述形式与哲学的现实关怀没有必然的联系。而哲学成就的高低，却与其人间性和实践性大有关系。吸引不同世代人类的，从来就不是超越世界的玄想，而是对人类自身命运的关切。德国哲学之所以取得举世公认的伟大成就，不是由于它的晦涩，也不是由于它的形而上学，而是由于它的人间关怀。

早在德国哲学的童年，马丁·路德就向被希腊哲学概念化的经院哲学发起了猛烈攻击。在路德看来，由于这种抽象的概念化，经院哲学使（原始基督教）具体的历史经验失去了生命。"上帝只能在痛苦和十字架上找到"（路德语），即只能在真实的生命经验中找到。而德国古典哲学在卢梭的启发下，自信能够找到一种方法，把生命从概念的人为世界的迷雾和幻觉中解放出来，使思维与自发地自我发展的人的生命相一致。[1]德国哲学的价值也在于此。那些不明此理，有意无意将德国哲学视为一种"高空行走"之玄学的人，无论赞美还是反对，都不足以语德国哲学。

1　Cf. Dieter Henrich, *Aesthetic Judgment and the Moral Image of the World* (Stanford: Stanford University Press, 1922）, p. 85.

以回到生命经验本身，或回到事情本身（这是黑格尔最先提出的口号）为追求的德国哲学家，就其个人一生遭际来说，的确大多平淡无奇。但这种平淡无奇不能理解为他们人格的贫乏无趣，而是因为他们以学术为生命，以哲学为生活的主要内容，孜孜矻矻，几十年如一日，埋头工作，心无旁骛，这才能创造出许多不朽的巨著。德国哲学家的高产与他们著作的质量同样给人留下不可磨灭的印象。

然而，埋头学问不等于两耳不闻窗外事，在日常生活中往往谨小慎微的德国哲学家，心中笔下却总是人间冷暖，世事沧桑。他们以自己的思想与历史和时代互动，因而也就活在历史和时代中。当然，也有些人不满足于坐而言，也想起而行，如海德格尔，结果和西西里的柏拉图一样狼狈。但却提出了一个极为重要的问题：哲学家是否应该介入公共生活？如果是的话，在公共生活中哲学家如何行动？哲学家的思想和行动（实践哲学意义上的）是不相干的两橛，还是不可分开？不仅海德格尔，康德、黑格尔，甚至胡塞尔，都向我们提出这样的问题。

中国人自古就有知人论世的说法，这实际上是要求在人与时代和世界的互动关系中来同时考察二者。然而，根据现代学术工业的不成文的"潜规则"，一般的学术文章不会从哲学家一生行谊出发来考察和理解哲学家，"学术文章"给我们提供的充其量是"没有人"的思想。即使哲学家，他们的思想难道仅仅受抽象理性和逻辑的支配？如果除了理性与逻辑之外，还有别的东西，这些别的东西有时甚至比理性与逻辑更有影响力，为什么它们入不了"学术文章"的法眼？流行的学术文章的"规范"和"格式"真的是天经地义、不可动摇的吗？

本书所收文章从一开始就没有打算按所谓"学术论文"的模式来写，因为作者希望它们的读者不仅仅是"专业人士"；虽然它们涉及的问题一点也不比所谓的"学术论文"缺乏思想性和哲学深度。它们有个共同的特点，就是将哲学家的生命经历（Erlebnis）看作他们哲学的一部分，希望能从他们与时代和世界的互动关系中来观察他们的思想。在此意义上，这些文章可以算是"知人论世"的文章。它们的根本目的，则是要表明真正的思想者必然是行动者：真正的哲学，一定是实践哲学。因为哲学本身就是生命自身的实践。

是为序。

CONTENTS

目　录

何谓学者

现代人是慷慨的，他们毫不吝惜地使用一切庄重而有着严肃内涵的头衔和称号。既然炒股大户都可以受聘于高校，武侠小说大师荣登中文系讲坛自是当之无愧。至于畅销书作者被称为学者，当然更无不可。

不过按常识想来，"学者"就是"学者"，"学者"既不能等同于"事业成功人士"，也不能等同于"闻人"或"名人"，甚至连"文人"也不能与之相提并论。学者之为学者，应有他特殊的使命、品格和德操，当然也必须有货真价实的学问，否则没准真会有一天，"学者"和时下的"总经理"一样，多如过江之鲫了。

然而，何谓"学者"？在一般人看来，这几乎是一个考白痴的问题：学者就是搞学问并且有学问者。但对于真正的学者来说，问题的答案恐怕并不那么简单。

1794年德国哲学家费希特在耶拿大学做了题为"学者的道德"的系列演讲。其中第四讲"论学者的使命"，便讨论了上述问题。费希特首先分析了构成所谓学问的三种知识，然后给学者下了如下的定义："谁献身于获得这些知识，谁就叫作学者。"学者的真正使命是："高度关注人类一般的实际发展进程，并经常促进这种发展进程。"因为学者的进步决定着人类发展的一切其他领域的进步，"他应该永远走在其他领域的前头"。所以"他应当尽力而为，发展他的学科；他不应当休息，在他未能使自己的学科有所进展以前，他不应当认为他已经完成了他的职责"。并且，真正的学者"要忘记他刚刚做了什么，要经常想到他还应当做什么"。但这些都还只属于学者的私德，是否是学者更要看学者的公德，学者的大节。因为"学者的使命主要是为社会服务，因为他是学者，所以他比任何一个阶层都更能真正通过社会而存在，为社会而存在。因此，学者特别担负着这样一个职责：优先地、充分地发展他本身的社会才能、敏感性并传授技能。……因为他掌握知识不是为了自己，而是为了社会"。这就是说，"学者现在应当把自己为社会而获得的知识，真正用于造福社会"。但这并不是狭义的庸俗的学以致用，而首先是指学者要向社会指明真理。正是在此意义上，费希特把学者叫作"人类的教师"。当然，学者并不单纯指明一般的真理，"他尤其应当随时随地向他们指明在当前这个特定条件下出现的需求以及达到面临的目标的特定手段。他不仅看到眼前，同时也看到将来；他不仅看到当前的立脚点，也看到人类现在就应当向哪里前进，如果人类想坚持自己的最终目标而不偏离或后退的话"。

但这还不是学者的最高使命。因为在学者的职责之上还有人的职责，人的职责应当高于学者的职责。这个职责就是提高整个人类的道德风尚。这是每一个人的最终目标，"不仅是社会的最终目标，而且也是学者在社会中全部工作的最终目标。学者的职责就是永远树立这个最终目标，当他在社会上做一切事情时都首先想到这个目标。但是，谁不是善良的人，谁就无法顺利地致力于提高人类道德风尚的工作。……所以，学者从这最后方面看，应当成为他的时代道德最好的人，他应当代表他的时代可能达到的道德发展的最高水平"。这其实也是中国传统对读书人的基本要求。言教身教并用，身教重于言教，给社会树立道德榜样，既是历代儒家大师的教导的核心，也是他们身体力行的行为准则。从孔孟到程朱陆王，无不如此。这些往圣先贤个别人品上也许不无小疵，从大面上看基本上留下了一个真正人——符合他们自己所教诲的学者的形象。他们都既有继往开来的宏大历史使命感，又有脚踏实地、躬行践履的实践精神；他们不仅给他们的时代，而且也给人类留下了足当万世楷模的道德榜样。费希特下面这段话说出了古今中外历代真正学者的心声：

我的本分就是把我这个时代和后代的教化工作担当起来：从我的工作中产生出未来各代人的道路，产生出各民族的世界史。这些民族将来还会变化。我的使命就是论证真理，我的生命和我的命运都微不足道，但我的生命的影响却无限伟大。我是真理的献身者，我为它服务，我必须为它承做一切，敢说敢做，忍受痛苦。要是我为真理而受到迫害，遭到仇视，要是我为真理而死于职守，我这样做又有什么特别的呢？我所做的不是我完全应当做的吗？

然而，人类的悲剧恰恰在于，我们不需要这样的学者，因为面对这样的人——学者，我们备觉难堪。于是想尽一切方法将其谋杀！创造和发现成批量的学者，同时对崇高发出卑劣的嘲笑。尽管他演讲的听众使"耶拿最大的大学教室都太狭小了，整个前厅和院子拥挤不堪。桌子和长凳上都站满了人，一个挤着一个"，但费希特还是清醒地看到："一个丧魂落魄、没有神经的时代受不了这种感情和感情的这种表现；它以犹豫忐忑表示羞愧的喊声，把它自己所不能攀登的一切称为狂想；它带着恐惧的心情，使自己视线避开一幅只能看到自己麻木不仁和卑鄙可耻的画面，对一切强有力的和高尚的东西，就像完全瘫痪的人对任何触动一样，无动于衷。"为此，他要求立志献身学术的青年要有一种大丈夫的思想方式，一种对崇高和尊严的强烈感受，一种不怕任何艰险去完成自己的使命的火一般热忱。他们要"至死忠于真理；即使全世界都抛弃她，他们也一定接纳她；如果有人诽谤她，污蔑她，他们也会公开保护她：为了她，他们将愉快地忍受大人物狡猾地隐藏起来的仇恨，愚蠢人发出的无谓微笑和短见人耸肩表示怜悯的举动"。

可是，现代人的确是比以前更聪明，对人性的想象和理解也比从前更复杂一些了。他们纵然不说费希特在"论学者的使命"中陈义过高，也会打出理解和宽容的正大旗号，将人性归结为一切弱点和阴暗面的总和，从而证明人不可能那样去做；或者将自己一切怯懦、卑鄙、庸俗、丑行乃至罪恶归结为迫于外部环境和压力，而将自己的道德责任推得一干二净。更卑鄙的是采取洪洞县里无好人的策略，处心积虑将一切往圣先贤拉到他们的平面上，证明鹰和鸡原是一回事；并且，既然鹰就是鸡，那么鸡当然也就成了鹰。尽管在鹰面前无论如何总感到心理压抑，因而老想贬鹰为鸡；但鸡还是忍不住要当鹰，不管扇动孱弱的翅膀扑腾会显得多么丑陋与可笑。然而，不管怎样，人们无法否认有过孔孟程朱，有过苏格拉底和布鲁诺这样的真正的学者。"何谓学者"其实不是一个理论的问题，而是一个实践的问题，现代学者中常常见到学术与人格的分裂，学者的职责与人的职责断为两橛的现象，正说明了这一点。

素以学术博大精深、严谨厚实著称于世的德国学术界，为人类贡献了众多无与伦比的天才大师，可在纳粹统治时期，大批一流学者先后落水，充当纳粹的帮闲甚至帮凶，海德格尔和海森堡是两个特别令人瞩目的例子。从学术角度讲，他们都堪称学者的学者，可是从费希特对学者的要求来说，就大成问题了。德国学术界在纳粹时期的这种令人触目惊心的普遍现象，迫使每个人，首先是学者重新提出这个问题：何谓学者？1947年，海德格尔的学生伽达默尔在就任莱比锡大学校长的就职演说中，特意结合德国学者对纳粹软弱妥协的态度讨论了这个问题。

他认为学者首先必须能够以一种特殊的方式缺心眼，这种方式只在那些面对真理的终极问题的人才会发生。一个这样的例子发生在希腊哲学之父——米利都的泰勒斯身上。据说他因只顾仰望星空而掉入井中，虽被女仆救上却赢来她的一阵窃笑。千百年后黑格尔提起此事还愤愤不平地说："奴仆眼里无英雄。"即使在今天，仍不乏那些缺心眼的教授学者的此类趣闻逸事，人们也的确常常对此津津乐道，但伽达默尔提醒人们注意，这种不在意和缺心眼只是硬币之一面，硬币的另一面是专注和沉浸于所研究的问题中。这些逸事可能真是缺点，我们并不希望去赞美它们。如果它们似乎要导致真正忽视了这个世界，它们肯定应受责备。但每一职业就像每一个人一样都要承受它们美德的重负。学者的美德就是无条件地埋头问题，从而忘掉一切对于他人，甚至对自己，以及上帝和世界的考虑。伽达默尔然后深有感触地说："如果这种客观性力量在所有德国学者中足够强大的话，他们就绝不会受惑去对纳粹政权逆来顺受。"

其次，学者在他工作过程中一直生活在自我怀疑中，这甚至可达到绝望的地步。人们对自己的环境评判很准，却很难公平对待真理和认识的内在要求。学者必须说的是在将来才会得到普遍承认的真理，这是学者的悲剧。虽然学者是他的时代和世界的孩子，他也总是以一种新的、沉重的孤独超越它们。但他从这孤独中带回的是他特性的最伟大力量：他自己的判断和对已被认识的东西不合格的鉴定。伽达默尔沉痛地说："如果这种鉴定的力量在所有德国学者中足够强大的话，他们就绝不会受惑去对纳粹政权逆来顺受。"

第三，学者必须有真正的谦恭，他在工作中经历的苦恼非常有说服力地使他明白他能力的界限和他任务的压倒性的规模。宽宏大量地承认别人的判断和去除自己身上自己立场的种种傲慢，仍属他的本分。尊重一切诚实地做过的工作，无论它可能是何种类型，自然也一定属他的本分。这样他就有内在的自由可以免于对他的社会出身的种种偏见，而成为社会上一切进步力量的天然同事。伽达默尔感慨万千地说："如果这种谦恭的力量在所有德国学者中足够强大的话，他们就绝不会受惑去对纳粹政权逆来顺受。"

比起费希特来，伽达默尔的语调是沉静的。但这是一种经历了人类历史上最大悲剧后一个真正的学者反思的沉静。他讲的学者应有的三种品格，实在不能说是陈义过高，而应该是所有的学者，只要愿意，都可以做到的。这里丝毫没有要求学者应该成仁取义、不避斧钺那种强人所难，所要求的只是学者的本分，是学者的品德的最低要求而非最高要求。然而，即使这些最低要求，现代学者也很难满足了。现代学者们在名利地位、利害关系、荣辱得失上花去的心力，远比在学术活动上多。这也就是越到现代，大师越少的缘故了。然而，由此受损的不只是学术。既然名利地位远比学术重要，那么自然，只要需要，曲学阿世，出卖人格都在所不惜了。这样必然导致人类的尊严受到践踏，社会正义荡然无存，而这既是纳粹政权的恶果，也是它得以维持的前提。

令人惊讶乃至费解的是，曾经产生了康德、黑格尔、马克思和尼采这样旷世绝伦的大思想家的德国学术界，居然会在纳粹统治时期一度失去了自己的判断力和鉴定力，连海德格尔也在他的《形而上学导论》中谈什么"国家社会主义运动内在的伟大"。这其中的原因当然非常复杂，但耐不住寂寞恐怕的确是原因之一。然而，从中世纪直到近代，德国思想界一直有一些人，抱着虔诚坚定的"为上帝工作"的信念，哪怕遍地战乱，哪怕世人嘲笑，哪怕写出的著作只有老鼠牙齿的批判，他们依然如故，义无反顾地从事追求和探索真理的工作。马克思和尼采是两个近代的典型，他们深信自己工作的历史价值，当世名声对他们来说如过眼云烟。阅读他们的著作不但能感受到超凡的思想力量，同时也能感受到超凡的信心力量。与他们的前辈相比，现代的德国思想界的确应该感到羞愧。利令智昏，在现世利益优先考虑之下，丧失自己的判断力和鉴别力是必然的。如果我们同意费希特所说学者是"人类的教师"的话，那么严格地讲，德国学者对纳粹肆虐十二年负有不可推卸的道义责任。无论从他们对纳粹政权可耻的卑躬屈膝，还是从他们愚蠢的自以为是来说，都是如此。

德国学者向来有精神贵族的传统。这个传统如果限制在一定的程度和范围中有益无害，但若发展为一种舍我其谁的愚蠢的傲慢，就不但显得可笑，而且也会使他们失去正常的判断力。海德格尔在纳粹上台之初要"领导元首"的想法，其实就是出于这种愚蠢的傲慢，这种愚蠢的傲慢也使他们不可能和其他社会进步力量联合起来，及时遏制纳粹上台的势头或结束纳粹的罪恶统治。

德国学者在纳粹时期的惨痛经历告诉我们：何谓学者？这是一个实践的问题，它要求每个学者用自己的一生去回答。对于现代学者来说，这是一个越来越难的问题，一旦放弃这个问题，学术与学者都将归于消灭。

德国哲学家与中国哲学

 中国现代哲学深受西方哲学的影响，对现代中国哲学影响最大者，当数德国哲学。中国学哲学者，没有不知道康德、黑格尔的，也没有不知道尼采和海德格尔的，更不用说马克思了。可以说，德国哲学是现代中国思想理论话语的重要组成部分。但是，中德哲学的交流从来就不是单向的。早在德国哲学影响中国哲学之前，中国哲学就对德国哲学家产生过影响，而这种影响，一直延续到当代。要说中国人文科学对德国人文科学（Geisteswissenschften）的影响，首推中国哲学。中国哲学对德国近现代一些重要哲学家，产生过不同程度的影响。德国哲学家对待中国哲学的态度，不但具有文化交流史的意义，也具有世界哲学的意义。

一

莱布尼茨是他那个时代唯一对欧洲与其他文化的接触有真正兴趣的重要的西方哲学家。在他的《人类理智新论》中，他使用了来自许多其他文化的信息，包括中国。莱布尼茨很早就对中国有兴趣，在从未离开过欧洲的人当中，他是最有中国知识的人之一。1687年，比利时耶稣会士柏应理（Philippe Couplet，1623—1693）在巴黎出版了《中国哲学家孔子》一书，这部书向西方读者介绍了孔子的生平，四书五经的历史、要义，宋代理学家周敦颐、程颢、程颐、朱熹等人的思想，对四书五经的重要注疏，佛老和儒家学说的区别，《易经》六十四卦及卦图之意义。莱布尼茨也在该书出版的当年12月，在一封信中表达了他长期怀有的看到《中国哲学家孔子》的愿望。虽然他对儒家思想的解释有严重错误，但却在同时代人之上，甚至在他从他们那儿了解中国的传教士之上。根据David Mungello，莱布尼茨很可能读过或是熟悉每一部关于中国的重要著作，在信函中，他几乎提到了所有这些书籍。

莱布尼茨的确希望从他与中国文化的接触中得到必要的真理，但他从未将中国思想作为他自己哲学的资源来使用。他对中国哲学的评价不高，认为它缺乏严格的推理。虽然在讲到中国哲学时，他都是在维护它，而不是在与之争辩。但是，莱布尼茨还是有一些反对中国哲学的论证。莱布尼茨对中国哲学的主要看法是，它包含一种自然神学，这是他的哲学与中国哲学的共同基础。因此，他相信他的哲学与中国哲学有某些一致的地方。但这并不是说莱布尼茨把中国哲学的某些东西整合进了他的哲学，因为早在他大量接触中国文化之前，他的哲学已经成熟了。虽然莱布尼茨没有完全避免欧洲中心论的观点，但他始终相信欧洲向中国学习是必要和有益的。

莱布尼茨的学生沃尔夫（Christian Wolff，1679—1754）不但继承了他的哲学，也继承了他对中国文化和中国哲学的浓厚兴趣，对中国文化和思想有相当的了解。1721年7月12日，他在哈雷大学发表了题为"谈谈中国人的实践哲学"的演讲，盛赞中国哲学思想。在他看来，中国人虽然在对事物的认识上有所欠缺，但他们也是理性主义者，中国的哲学著作中有很高的哲理。中国人的目光更多地不是注意理性不完善的方面，而是注意理性完善的一面。这样他们就可以认识自身自然的力量，从而达到自然力量所能让他们达到的高度。中国人十分强调首先必须训练理智，只有这样才能不畏上、不图利地献身于道德。不仔细研究事物的本质和基础，就不可能完全识别善恶。中国人时刻铭记，在改造自身和他人的过程中，不达到至高的完善绝不停步，可是至高的完善却又是一个不可抵达的目标。因此，人永远不应当停下脚步，要坚持不懈地努力奋进，只有这样，我们还有他人才能达到较高程度的完善。中国人所有的行为都以自身的和他人的最高完善为最终目的。毋庸讳言，沃尔夫与莱布尼茨一样，是从他的哲学出发来理解中国哲学，但这并不意味着他讲的其实不是中国哲学。他的确抓住了中国哲学的一些鲜明特点，正如他自己说的，他通过深思熟虑得出的见解十分有助于他更好地了解中国人的见解。他承认："中国人的哲学基础同我个人的哲学基础是完全一致的。"

沃尔夫发表演讲之后，哈雷大学神学院的教授们立即开会，对他的演讲指出 27 个谬误之处，并当场质询，主要反对他认为孔子学说与基督教道德无冲突的观点。学校当局还报告给普鲁士国王腓特烈·威廉一世。1723 年 11 月 8 日，国王下令解除沃尔夫哈雷大学教授职务，并勒令他在 48 小时之内离开哈雷甚至普鲁士。然而，迫害和放逐反而使沃尔夫声名鹊起，欧洲学术界出版了 200 多种著作讨论沃尔夫的学说，瑞典国王、俄国沙皇纷纷向他发出邀请，法国启蒙思想家们把他作为与孔子、基督并列的殉道者。到 1739 年，威廉一世已有悔意，曾下令普鲁士各大学都讲授沃尔夫哲学。1740 年，腓特烈大帝即位后，立即把沃尔夫召回普鲁士，恢复了他在哈雷大学的职务，并另委以宫中顾问和柏林学士院的职位。[1]

在与沃尔夫同时的德国人中，他的学生图宾根的布尔芬加（Georg Bernhard Bilffinger，1693—1750）在沃尔夫发表他的演讲之前，就已经在介绍中国哲学了。他著有《由儒家典籍所见的政治与道德的学说及实例》一书，论及中

1　参看武斌：《中华文化海外传播史》，第三卷，第 1814—1815 页，陕西人民出版社，1998 年。

国政治、道德、哲学和文学，并将中国的儒家学说与欧洲基督教神学和道德进行比较。另一个德国哲学家路德维奇（Carl Günter Ludovici，1707—1778）在其《评论莱布尼茨哲学之全部发展史》一书序言中说："研究莱布尼茨与沃尔夫之世界观，必须研究柏拉图与中国哲学。"[1]

从 18 世纪下半叶开始，德国哲学家对中国哲学的评价有了根本的变化。中国哲学和中国文化从赞美的对象变成了批判的对象。这种对中国哲学评价的变化，当然不是偶然的，也不能完全用不够了解来解释，也许是出于偏见，也许是出于傲慢。像莱布尼茨与沃尔夫那样对中国哲学的热情不再有了。

也许人们会说，此时的德国哲学家由于自己哲学思想的关系而对中国哲学持批判的态度。例如，康德强调个人自由的道德哲学与将公益置于首位的儒家道德哲学是格格不入的，所以康德对不强调个人道德意志自由的儒家哲学不会感兴趣。尽管在中国，很多人认为，在西方哲学中，康德哲学是与儒家哲学最契合的。西方学者也有这么认为的。[2]

可是，恰恰是这个可说是当时最渊博、最深刻的德国哲学家，对中国哲学不屑一顾。我们知道，他从未读过中国儒家的文献。[3] 令人惊异的是，康德这样的大学者，他的中

1　见方豪：《中西交通史》，第 1060 页，岳麓书社，1987 年。

2　Cf. Herrlee Glessner Creel, *Confucius and the Chinese Way*（New York: Harper, 1960），p. 132.

3　Cf. Werner Lühmann, *Konfuzius: Aufgeklärter Philosoph oder reaktionärer Moralapostel?*（Wiesbaden: Harrassowitz Verlag, 2003），SS. 70, 90.

国知识的来源竟然是当时旅行作家写的读物，以及欧洲各国使领馆大量的充满偏见和肤浅印象的报告。就凭这些资料，他在其"物理地理学"（Physischen Geographie）中对这个所谓落后而不开化的远东帝国给予了几近丑化的描写，丝毫没有掩饰他对这个文化的反感。我们在他的描述中看到的是一幅傲慢的西方人给中国人画的漫画，并非完全虚构，但好话不多，坏话不少，更多是出于传闻与主观想象。如果他能认真阅读中国哲学的原典的话，这位伟大的、深受中国人尊敬与喜爱的德国哲学家，也许会为他对中国的轻率言论感到后悔。

曾经是康德学生的赫尔德在他的巨著《人类历史哲学的观念》中同样对中国文化和哲学有严厉的批判。在这部被人视为主张文化多元论和各种文化的独特价值的著作中，赫尔德一反传教士对中国文化的论述与描写，说中国人是蒙古人的后裔，他们的这种起源决定了他们的外表形象和他们的语言文化。中国人缺乏对自然关系的追求，很少有一种内在的宁静、美与尊严的感受，由于政治文化而失去了真正的感觉。科学上自由伟大发现的天赋……仿佛已经颓败于自然。中国的教育束缚人的理性、才干和情感，只会削弱国家的力量。这个民族在科学上建树甚微，几千年来停滞不前。中国人的天文学、音乐、诗歌、兵法、绘画和建筑如同千百年前一样，仍旧是他们永恒法令和千古不变的幼稚可笑的政体的孩子。

无论如何，不像康德，赫尔德在写《观念》时已经对中国思想文化有一定的了解，他告诉我们，他从赞美中国人的报告中"一点一点概括出"：中国的道德语言枯燥乏味，中国人高深莫测的思维方式是以象形文字描摹的。中国文字使得这个民族的整个思维方式流露出捉摸不定的、任意的特征。在赫尔德看来，孔子是"一副枷锁"，孔子通过他的政治道德说教把这副枷锁永远强加给了那些愚昧迷信的下层民众和中国的整个国家机构。在这副枷锁的束缚下，中国人以及世界上受孔子思想教育的其他民族仿佛一直停留在幼儿期，因为这种道德学说呆板机械，永远禁锢着人们的思想。总之，中国是地球上一个很闭塞的国家。

但是，在他生命的最后三年，赫尔德对中国思想文化的评价有所改变。1802 年，他在自己编的杂志 *Adrastea* 上发表了一篇《中华帝国的基督教化》的文章。从这篇文章我们可以看出他对中国文化有了全新的评价。他在这篇文章中对罗马教廷挑起的"礼仪之争"的不幸后果表示不满，称中国人是"亚洲最聪明的民族"，中国以友善的方式允许基督教在中国传播，但一场微不足道的争议使得耶稣会士艰苦开创的事业化为泡影。

所谓"礼仪之争"是指 17 世纪至 18 世纪西方天主教传教士就中国传统礼仪是否违背天主教教义的争议。当时罗马教皇认为中国儒教的帝皇及祖先崇拜违反天主教教义，订出若干禁约，要求中国信徒改变祭祀习惯，结果引起中国政府强烈反弹，严厉限制传教士的活动。最后教皇不得不亲自废除所有禁约。赫尔德看到，教皇的禁约势必使传教士有过激举动和对中国表示出敌意，连信教的中国官吏都会受到牵连。

赫尔德盛赞耶稣会士勤奋研究中国语言与文献的努力，那些人为在中国消除礼仪之争做出了贡献。而赫尔德自己现在也开始更为认真投入地钻研中国经典。他研究了中国最重要的一部哲学著作《中庸》的法文译本，并试图把它译成德语；但他最终没有完成这个工作，只译出了一小部分。在他生命的最后岁月他努力研究了中国的思想史，认为中国的哲学首先在政治道德学说，它应该在欧洲受到欢迎。他同时对莱布尼茨、沃尔夫等前辈对中国的热情有正面的肯定，称赞莱布尼茨在礼仪之争问题上，"始终抱着理智的、公允的和温和的态度"。当赫尔德熟悉了中国的哲学资料后，他终于改变了对中国哲学的态度与评价。

虽然黑格尔在许多地方与康德不一致，但在拒绝17、18世纪欧洲理想的中国形象，蔑视中国思想，将其视为一个专制压迫的社会制度的产物这一点上，却是共同的。黑格尔究竟是否读过或熟悉中国哲学和文化的原始资料，尤其是儒家经典，始终是有疑问的。[1]但这并不妨碍他在《哲学史讲演录》和《历史哲学》中对中国哲学展开论述和判断。在《哲学史讲演录》讨论孔子哲学一开始，他特意提到孔子哲学在莱布尼茨的时代很轰动，但是，在他看来，孔子哲学只是一种常识道德，这种常识道德在哪里都找得

1　Cf. Werner Lühmann, *Konfuzius: Aufgeklärter Philosoph oder reaktionärer Moralapostel?* SS. 123, 128.

到，在哪一个民族那里都找得到，西塞罗的《政治义务论》，都要比孔子所有的书内容更丰富、更好。他甚至说，为了保持孔子的名誉，他的书从来未被翻译可能更好。[1]

他对《易经》同样评价极低，认为虽然它包含中国人的智慧，但一点概念也没有，找不到对于自然力量或精神力量有意义的认识。对于大多数中国人都不容易读懂的《尚书》，他的结论是：在那里"中国人普遍的抽象于是继续变成具体的东西，虽然这只是符合一种外在的次序，并没有包含任何有意义的东西"[2]。他对老子哲学的评价也不高，道家和佛教都把"无"视为一切事物的起源、最后者、最高者。这就是"道"或"理"。但这是最抽象、最无规定的。它只是一种否定，一种以肯定方式说出的否定。[3]

在《历史哲学》中，黑格尔对中国历史文化作了整体的评价，他显然比康德对中国有更多的了解，但对中国的基本看法，并无二致。不过他是从他的哲学来判断中国历史文化的，确切地说，从所谓主观性的精神原则来判断中国文化。他在中国找不到主观性原则，因此，个人自由在中国是不存在的。普遍意志直接命令个人该干什么，个人只有服从。家庭关系是中国道德的基础，人们像孩童一样不敢越出家族的伦理原则，也不能自行取得独立的和公民的

1　见黑格尔：《哲学史讲演录》，第 1 卷，第 119—120 页，贺麟、王太庆等译，商务印书馆，1997 年。
2　同前，第 123 页。
3　同前，第 129、131 页。

自由。在中国，除了皇帝外，没有特殊阶级和贵族，人人平等，但只有胜任者才能参与行政管理。这使得其他国家往往把中国作为一个理想。但是，在中国只有平等，没有自由。因此，政府形式必然是专制主义。虽然一切人在皇帝面前平等，但大家一样是卑微的。中国人既然没有荣誉心，人与人之间又没有一种个人的权利，自贬自抑的意识便极其通行，这种意识又很容易变为极度的自暴自弃。在家族制度下，宗教造诣只是简单的德性和性善。因为中国个人没有独立性，所以在宗教方面他也是依赖的，依赖自然物和物质的上帝。中国的科学缺乏主体性，以实用目的为主，中国人没有真正的科学兴趣。因为没有真正的科学兴趣，中国人也就没有发展更好的工具来表达和交流思想。中国哲学的基本原则是理性，即道。它是天地之本，万物之源。孔子的著作中包含很多正确的道德箴言，但也都是老生常谈。最后他得出结论：凡是属于"精神"的一切——绝对没有束缚的伦常、道德、情绪、内在的宗教、科学和真正的艺术，都离中国人很远。[1]

黑格尔对中国的描述不是完全不实，但的确充满了欧洲中心论的骄傲和偏见。这个在其哲学中始终要扬弃二元对立的辩证法大师，却是用典型的现代性的二元对立模式——个人与群体、自由与奴役、专制与民主、主体与客体——来理解中国历史文化。中国哲学只是西方哲学的一个不对等

---

[1] 参看黑格尔：《历史哲学》，第110—128页，王造时译，上海书店出版社，2006年。

的他者，一个"就是卖身为奴、吃口奴隶的苦饭也不以为可怕"的人产生的低等哲学。

比起黑格尔，谢林对中国哲学与文化的了解显然更多，虽然他可能主要还是从当时传教士和汉学家的研究中了解中国文化和哲学，但他很可能读过一些中国哲学原典的法语译本，可他同样对中国哲学十分蔑视，他对中国思想文化的论述许多与黑格尔相似。谢林是在他晚年在柏林大学关于神话学的课上谈到中国的。在他看来，中国人完全没有宗教原则，是一个绝对没有神话的民族。中国意识是僵死的，也不再是史前状态本身的意识，而是一块没有生气的化石，有如史前状态的一具木乃伊。中国的古老是固定不变的古老，中国人的意识只知道绝对的一。对于中国人来说，国家即一切，除了国家外，他们不知何为科学，何为宗教，也不知什么道德学说。

谢林把孔子学说看作一种宗教形态，而非哲学。孔子著作论述的内容只是中华帝国的原初基础，此外别无他物。他的著作的内容既不是佛教的宇宙进化论，也不是老子意义上的形而上学，而只是关于生活和国家的实践智慧。谢林对老子的评价比对孔子要高。在他看来，"与孔子的政治道德完全不同，老子的学说是真正思辨的"。老子研究的是存在最深层的问题。他反对黑格尔把"道"理解为"理性"（Vernunft），认为"道"的意思是"门"（Pforte），道家学说是通往存在之门的学说；是关于无（即纯粹的能在）的学说；通过无，一切有限的存在变成现实的存在。生活的最高艺术和智慧就在于把握住这种纯粹的能在，它既是无，但同时又无所不是。谢林显然在《道德经》中读出了他自己的哲学。但道家哲学在他眼里不是"一个周详完备的体系"。释迦牟尼只在如下这一点上与老子是一致的，这就是：无先于存在并且在存在之上；在这两种情况下它都摆脱了存在而作为纯粹的威力和潜能出现。老子的学说重在起始，因而主要是思辨的；而释迦牟尼的学说着眼于末世，着眼于超越存在。佛教在中国是神秘主义的顶峰，它意味着主客体的湮灭。

我们可以看到，谢林对于中国哲学的评价同样是否定的，他同样是以德国观念论的优越眼光来观察中国哲学，显然并不像他17世纪的前辈莱布尼茨那样，认为可以从中国哲学中学到智慧，中西哲学的互动是有益的。德国观念论者不再准备当不同文化的对话者，而是要扮演其他文化的审判者。而审判的结果，总是被审判的他者的不及格。

叔本华对待中国哲学的态度有明显不同，这种不同，不仅仅是由于他的思想受到印度古代智慧，尤其是《奥义书》的影响，更在于他对于西方文化传统有了一定的反思。他对中国思想感兴趣的主要是佛学，对道家思想也有些兴趣，因为他认为，道家思想与佛教学说有密切关系。至于儒家思想，叔本华的评价非常低。他晚年在一篇题为《汉学》的文章中，写下了他对中国哲学的看法。

叔本华首先提到道家。他认为道家是一种理性的学说，理性是内在的世界秩序，或万物内在的原则，是太一，是崇高的太极，它承载着一切，在它之上是无所不在的世界灵魂和道，道即路，它通向幸福，脱离世界及其痛苦。与之相比，学者和政治家特别有好感的孔子的智慧，根据翻译来判断，宽泛、空洞，多数只是政治道德哲学，没有形而上学的支持，特别乏味和无聊。

叔本华关于儒家的看法就这些。他的兴趣主要在佛陀的学说，不仅因为它内在的卓越和真理，也因为它压倒性的信众数量，因为得把它看作地球上最高贵的宗教。叔本华如此高度评价佛教，固然是因为他在这方面的确渊博，他读过许多佛教的文献；也是因为佛教没有国家支持，靠自己的力量来维持。

叔本华这篇文章的主要意图是要指出 17、18 世纪耶稣会士的错误。在他们努力要得到中国宗教的知识时，他们总是试图用他们自己的学说和思想去理解古代中国人的心灵，他们以为只要有庙宇和修道院与教士的地方就一定会有有神论。其实欧洲的宗教观念，更不用说表达它们的词语，是中国没有的。欧洲人很难理解中国信仰的意义，因为东西方对存在的理解是不一样的。叔本华最终放弃了对待中国哲学和宗教的欧洲中心论态度，承认中国思想的特殊性。叔本华以大量的阅读来证明中国哲学完全没有与西方相似的上帝概念，也许不是为了表明中国哲学的不够格，而是要承认一个西方哲学的他者自身的特征。

进入 20 世纪，随着现代性危机的日益暴露，西方哲学家，尤其是德国哲学家对西方思想传统的批判越来越深入，同时，对中国哲学的态度也有明显的改变，即更多地是以理解和欣赏的态度对中国哲学作出大体正面的评价，同时，也日益感到了解中国哲学、与中国哲学对话，是有益的。但也并非所有德国哲学家都是如此，例如，胡塞尔在其30年代的著作中就用理性来区分西方和印度与中国哲学，他认为只有欧洲才有真正的、以绝对真理为目的的理性，而印度与中国只有"准哲学的"理性，所以哲学是欧洲特有的产物。[1]

与此相反，舍勒和雅斯贝斯都明确提出"世界哲学"的概念。在雅斯贝斯看来，世界哲学是欧洲哲学的出路："我们正走在通过我们时代的暮色从欧洲哲学的晚霞走向世界哲学的朝霞的路上。"[2] 根据他自己的回忆，他是在1937年提出哲学逻辑思想的同时，提出世界哲学史的计划的。他的朋友，印度学家亨里希·齐默尔（Heinrich Zimmer）在移民国外时提前带给他许多中国和印度的文献与书籍。他一下子就被中国哲学迷住了，投入到中国哲学的研究之中。他说，他精神上喜欢逗留在中国，感到那里有人类存在的共同起源，可以对抗他周围的野蛮。他对中国的人道表示热爱和赞叹。当他在30年代研究了中国哲学和印度哲学后，他首次从西方哲学外部看到了西方哲学的局限。他对中国

1　Cf. *Husserliana* VI. SS. 327-331.

2　Jaspers, "Philosophical Autobiography", *The Philosophy of Karl Jaspers*, ed. by Paul Authur Schilpp（New York: Tudor Publishing Company, 1957）, pp. 83-84.

哲学（孔子和老子）有高度评价，认为他们共同创造了人类文明的起源。

马丁·布伯的哲学倡导对话，而他自己也是与中国哲学进行真正对话的楷模。他主要的中国哲学的对话者是伟大的道家哲学家老子和庄子。他深入研究过道家哲学，并将《庄子》从英文译为德文。布伯对老庄思想的阐释极为精深，虽然不可避免有西方思想的因素在其中，但还是揭示了老庄哲学某些最精微的地方，可以说言人之所未言，每个中国研究者都可以从他的阐释中得到有益的启发。布伯特别喜欢老子的无为思想，他认为无为代表了中国的智慧，这种智慧对于克服现代西方人一味追求权力与成功的偏向，保持自我不至丧失于空虚的成功中，是大有裨益的。中国哲学对于布伯来说，是人类最宝贵的智慧之一，而不仅仅是一个单纯知识研究的对象，更不是衬托西方哲学优越的一个低微的他者。

至于海德格尔，中国哲学在他那里已经不仅仅是一个被评价的对象，而且是与西方哲学的传统一道，成为他思想的一个重要资源。与许多德国哲学家一样，海德格尔对儒家哲学不感兴趣，却被道家哲学深深吸引。他曾反复阅读布伯翻译的《庄子》。根据皮泽特的回忆，1930年，海德格尔在不来梅演讲"论真理的本质"，在随后讨论"一个人是否可以将自己置于他者的立场上"时，他拿起布伯版的《庄子》，读起了其中著名的"濠梁之辩"：庄子在回答同伴质疑他不能知道鱼的快乐时，回答说，你不是我，怎么知道我不知道鱼的快乐？海德格尔读完这一段后，自如引用《存在与时间》

中关于共在的论述来解释这个问题。海德格尔没有完全接受庄子的思想，而是把他作为一个对话的他者。

海德格尔曾经在一个中国学者的帮助下翻译过《老子》，虽然这个翻译没有完成，但却是在他生命的一个关键时刻进行的，具有格外重要的意义。波格勒就认为，"海德格尔翻译《老子》的努力，构成了他思想道路上的一个重要步骤"[1]。"这种使西方思想的开端面对东方传统伟大的开端之一的努力，在一种批判性的位置上改变了海德格尔的语言，并赋予他的思想一个崭新的方向。"[2]海德格尔曾在三篇文章、三封书信及一份初稿中七次引用过《道德经》中五个篇章的诗句。[3]可以说，老子哲学帮助海德格尔打开了一个新的思想维度。

在布伯与海德格尔那里，我们发现了德国哲学家对中国哲学的真正接受。这种真正接受为中德哲学的平等对话开辟了一条道路。从德国哲学中获益良多的中国哲学家期待这种有益的对话在我们这个世纪能够继续下去。

1　莱因哈德·梅依：《海德格尔与东亚思想》，第218页，张志强译，中国社会科学出版社，2003年。

2　同前，第195页。

3　马琳：《海德格尔论东西方对话》，第178页，中国人民大学出版社，2010年。

康德二百年祭

伟大的德国哲学家康德逝世200周年，应该是今年[1]人类精神日历上最醒目的标记。与在雅典举行的奥运会一样，纪念康德是今年全人类共同的文化活动。如果说前者基本上已经成了商业资本运作的行动，那么后者也在相当程度上只是学术工业的一个例行公事。其实，这个已经长眠200年的哲人根本无需今人为他招魂，他从来就没有死去。与他的后来者黑格尔、尼采或海德格尔不同，康德一直得到各种哲学背景的人的尊敬：他的认识论始终是各国哲学系必有的课程；"人是目的"的命题更是脍炙人口；康德判断力学说也为识者津津乐道；而他先验构造的方法至今还

---

1 本文作于2004年。编注。

为许多人模仿。然而，这是在所谓的学术界。在学术界之外，康德是否仍然活着？他是否仍然活在我们的时代、我们的世界、我们的生活中？他的问题，是否仍然是我们今天的问题？

如果我们能用经验的证伪法来判断一个理论或思想的生死真假，伟大或平庸，那么康德哲学似乎很不妙。康德坚信理性的绝对性和普遍性，他的哲学因而被人称为"理性的神正论"。然而，对于经过历史主义和人类学洗礼的生活在后现代文化中的人们来说，理性总是植根于特殊的时间和地点中，它的产物总是反映了它的根源背景。理性的普遍性不是迷思（myth），就是迷梦。即使把深层的文化差异问题放在一边，后康德的人类思想与经验早已充分证明，人往往，甚至主要不是被理性支配，而是他们利益、偏见、信仰和欲望的奴隶。康德以后，尤其是20世纪以来的人类经验和遭遇似乎证明，康德的思想最多只是一个良好的愿望，一个不断被残酷的历史轻易证伪的良好愿望。

然而，康德并不天真。与他的启蒙同时代人不同，康德对于人的丑恶有足够清醒的认识。他同样看到，人与动物之不同的确在于人有理性，但这并不意味着人始终服从理性。相反，在理性与欲望之间始终存在着紧张。理性及其完善只是对人类这个物种而言：个人基本上为自己的自然欲望所驱使，所以他往往不能满足和符合道德律令的要求，"一切归根结底都是由愚蠢、幼稚的虚荣，甚至还往往是由幼稚的罪恶和毁灭欲所交织成的"，这使得人类历史至今还是一个罪恶的故事。康德尽管因此无法抑制对人类的某种厌恶之情，但却没有因此动摇他对理性的信仰。他还有一个从古代流传下来的法宝——目的论，尽管这个法宝早已被他的启蒙同时代人作为"迷信"扔到了一边。他相信目的论将保证理性在历史中的最终胜利。

康德的论证是，虽然实践理性在实践中可能是无力的，但我们可以在自然本身的运作中找到它的替代："现在大自然就来支持这种受人敬爱的但在实践上又是软弱无力的、建立在理性基础之上的公意了，而且还恰好是通过这种自私的倾向。于是它就只不过是一个国家怎样组织良好的问题……可以使他们自私的力量彼此相对，以至于每一种都足以防止其他各种的毁灭性作用或抵消它们。对于理性来说，结果就好像是人的自私倾向不存在，而人即使不是一个道德良好的人，也被迫成为一个好公民。"（《永久和平论》）即使人的自私倾向也会导致理性的目标。例如，虽然民族国家为了各自的利益会发生冲突和战争，但武器的日益发达和战争代价的巨大会迫使各个国家放弃战争。此外，从商业利益考虑战争也是不明智的。总之，康德和英国古典政治经济学家一样，认为有一只"看不见的手"在起作用，使得人类众恶的博弈最终的结果却是至善。不同的是对于后者来说"看不见的手"是市场，而对于康德来说则是目的论。

可是，对于生活在每天都在上演悲剧与恐怖的当今世界的人来说，除非足够天真，否则相信康德的目的论论证是非常困难的。即使在咸与市场和咸与重商的后冷战时代，战争仍然没有停息，军火贸易仍然是全球贸易的大宗。康德若是活到今天，会不会放弃他的目的论呢？答案可能是：他也许会放弃某些具体的目的论论证，如商业贸易的发展将使人们放弃战争；但他不太会放弃他一般的目的论立场。因为这既是他批判哲学的前提，又是它的归宿。这个立场并非出于理论圆满的需要随意杜撰，也不是出于一时的心血来潮，而是他对现代性根本问题长期思考的结果，是他对现代性最深刻、最根本，也是最困难问题的回答。在此问题上，卢梭对他有根本的影响。

在所有的西方思想家中，卢梭对康德的影响最大，也最根本。虽然康德曾将牛顿和卢梭相提并论，并把卢梭叫作"道德世界的牛顿"，但牛顿对康德的影响与卢梭相比，不可同日而语。卢梭对康德的影响是根本性的、奠基性的和方向性的。有人甚至说卢梭之于康德如同苏格拉底之于柏拉图，他提供了康德思想一切根本的动机。可惜卢梭和康德的关系在我国始终缺乏研究。康德说他自己性近于学术，对知识有一种贪婪的渴求，一心要推动知识的进展，以为这就是人的最高追求，并因此鄙薄无知的芸芸众生。但卢梭纠正了他的看法，卢梭使他明白，在纯粹思维的追求之上还有人的尊严和人权，如果他的反思不能有助于人类恢复自身的权利的话，他就连一个普通工人都不如。康德一生作息安排如钟表一样规则，唯独在1762年为读新出的《爱弥儿》而取消了下午的散步。卢梭的画像是他书房里唯一的装饰。这些不寻常的外在事实后面，是他对卢梭深刻洞见的无比钦佩和服膺。对于这个屡遭歪曲和妖魔化的"日内瓦公民"，康德的评价可能至今仍是最高的。他认为是"卢梭第一次发现了深深藏匿了的人类本质，和那深藏起来的、可以通过对它的观察来证明天意的法则"。

卡西尔曾说，在康德思想发展的一个决定性转折点上，是卢梭为他展示了那个始终不渝的方向。我们知道，康德是在他的批判哲学出台之前，即18世纪60年代接触卢梭思想的。如果卡西尔上述的论断成立的话，这就意味着康德的批判哲学实际上是在卢梭的影响下形成的。对于许多人来说，这似乎有点不可思议。按照现行教科书和学院的通常理解，康德的批判哲学主要是认识论加实践哲学（道德哲学、政治哲学、历史哲学），加所谓的美学。他的理性批判的目的是要为客观知识奠定一个先验的基础，回应他在"第一批判"第一版和第二版的序里谈到的两个危险，即无根据的独断论和蔓延的怀疑论。这种理解的重心实际上在认识论，康德的"哥白尼革命"因此一直为人津津乐道，[1]主体性概念更是风靡一时，成了思想解放的标志。康德的实践哲学与美学虽也有人研究，但分量与重要性根本不能与对他的认识论研究相比，只是聊备一格而已。人们总是自觉不自觉地将批判哲学与他的所谓"哥白尼革命"

1　其实康德本人从来没有说自己的认识论理论是"哥白尼革命"，笔者在20世纪80年代就撰文指出过这一点（见《张汝伦集》，第127—138页，黑龙江教育出版社，1989年）；王路教授近年也有文章指出这一点。

画等号，实际上并未把康德哲学视为一个有机整体。所谓第一批判研究现象界（或自然），第二批判研究本体界（自由），第三批判想打通前两个批判却不太成功的习惯说法，加强了对康德哲学的分裂印象。其实，康德的三大批判虽然不是"一块整钢"，但确是一个整体。由于康德一再强调的实践理性先于理论理性，后者以前者为基础的思想始终没有得到我们的足够重视，贯穿三大批判的内在深层理路，也就更少有人思考了。

问题当然不是在康德的批判哲学中究竟是认识论重要还是伦理学更重要，而在于康德对哲学及其任务本身的理解，以及由此而来的对批判哲学的定位。卢梭对康德的最深刻影响，不是个别特殊的观点和结论，而恰恰是他的哲学观。卡西尔告诉我们："康德不是把卢梭看成一种新'体系'的创建者，而是把他看成一位思想者，这位思想者拥有对哲学之本性与功能的崭新见解，拥有对哲学之使命与尊严的崭新观念。"哲学不是关于既成事物的理论，不是对现成事物的描述，而是对危机的刻画和对未来的展望。

卢梭是西方思想史上第一个意识到启蒙的辩证法的人，正是他对启蒙、对理性的危机的诊断与感受，使康德"从独断论的迷梦中惊醒"，走上了理性批判，即批判哲学的道路。按照我们熟悉的传统解释，似乎休谟才是促使康德走上批判哲学道路的人，因为康德在《未来形而上学导论》中明确说是休谟将他"从独断论的迷梦中惊醒"。可是根据国外学者的研究，康德至迟在 1766 年时已知道休谟的思想，但当时他的因果观与休谟相似。也就是说，康德并非一读休谟就顿觉今是而昨非，或被他"从独断论的迷梦中惊醒"。一直到 1770 年，也就是在他接受了卢梭的根本影响之后，他才开始认真对待休谟的问题。并且，他是以那个根本影响的思路来对待休谟的。在《导论》的一个注里，他批评休谟说："这个见解高明的人只注意了它[1]的消极作用，即它可以节制思辨理性的过分要求，以便制止使人类陷于迷乱的许许多多无尽无休的讨厌的争论；但是这样一来，假如理性的最重要的一些前景被去掉了的话，他就忽视了由之而来的实际危害，因为只有这些前景才能使意志的一切努力有其最崇高的目的。"这就是说，休谟只看到了形而上学节制思辨理性的一面，而未看到它与目的相关的一面。而康德自己在 1769 年以后形成批判哲学基本结构的几年里，经常将形而上学描述为"目的和理性界限"的科学。在第一批判中，康德指明哲学与人类理性的目的论（teleologie rationis humanae）有关。

康德目的论的思想不是来自亚里士多德，而是来自卢梭。康德把卢梭叫作"道德世界的牛顿"，是因为后者发现了"证明天意"的人性"深藏的规律"，而目的论恰恰就证明了天意。在《爱弥儿》著名的"一个萨瓦省牧师的自述"中，卢梭明确表达了他的目的论思想。他指出，在宇宙这个系统中，没有东西不是经过安排的，不是为了达到共同的目的。但是，

1　指形而上学。

与大自然的和谐匀称相比，人类是那样混乱和没有秩序。地球上的罪恶很大程度上是由于人的理性，理性产生的科学、艺术、哲学和道德将把地球变得一片荒芜。卢梭是第一个对近代理性的吊诡有深刻洞察的人。他看到，人们固然在将理性用于科学和艺术时取得了不少成就，但理性在这一使用过程中却变成了人欲望和激情的工具。近代哲学家，无论是唯理论者还是经验论者，都将理性视为激情的仆人或奴隶。既然理性是征服自然，满足我们欲望的工具，体现和增加了我们的权力，那它当然只能是工具理性，只是工具，而与价值和意义无涉。在理性工具化的过程中，它失去了自己的目的。

对于大多数近代思想家，尤其是启蒙思想家来说，理性是将人从一切束缚中解放出来的工具和保证。有了理性与科学，人就不再服从任何超人的权威。但人毕竟不是上帝，他无法像上帝那样认识终极实在和至善。这就是说，理性不能有终极目的的知识，它无法从整体上说明人类活动的意义。这是现代虚无主义的根源。此外，按照近代所谓科学理性的标准，终极目的之类的东西根本就没有科学的地位，因而也不是科学研究的对象。科学只是预设它的目的，但不反思它们。这就是说，科学（理性）不能自己证明自己的正当性。科学或理性一味向外探求，却昧于自身的目的。这就是理性自身的吊诡。所谓启蒙的辩证法也与此有关，在（工具）理性征服自然和社会的同时，人却越来越为自己的欲望和创造物所役。在卢梭看来，文明与文化的发展恰恰证明理性内部有一种自我毁灭的倾向。如果说启蒙会成为反启蒙是启蒙的辩证法，那么理性会变得反理性则是理性的辩证法。卢梭对文明的批判与其说是一种浪漫主义的乡愁，不如说是对理性这种自我毁灭辩证法的洞察。这是他与浪漫派的根本区别。

虽然卢梭对理性的危机有明确的诊断，但他却不能提供一条同样明确的出路。而这恰恰是康德的批判哲学试图做的。如果我们把康德的理性批判仅仅理解为要界定理性有效性的范围，那就完全低估了康德的批判哲学。康德理性批判的目的，恰恰是要恢复理性的目的，或者说，用目的论来给理性奠基。他反复强调形而上学或哲学与目的论有关，恰好证明了这一点。他承认理性产生不了关于目的的知识，所以才要给信仰留下地盘。目的不可能是推理与论证（工具理性）的产物，而只能是信仰的产物。在此意义上，我们可以说第一批判只是整个批判哲学的准备或初阶，第一批判的原则始终未变，是康德后来所有著作的前提，但却不是它的终点。

在《论人类不平等的起源和基础》中，卢梭告诉我们，人生来是自由、平等、自足和无偏见的，但却随着历史的发展身陷锁链之中。自然状态中的人无理性，但是他们幸福且善良。历史使人文明，但也使他们不幸和不道德。历史根本不是一个神正论的故事，而是充满不幸与腐败。康德在整体上完全同意卢梭对历史的看法。他也同样认为理性应该对历史的悲惨负责。这在《世界公民观点之下的普遍历史的观点》和《人类历史起源臆测》这些著作的有关论述中可以看得很清楚。但康德的答案与卢梭的不同。卢梭的答案是二元的：政治与教育。前者指通过将个人意志让渡给一个自我立法的主权——普遍意志（也称"公意"）来防止它的破坏性倾向。后者指通过细致的引导将我们的欲望和激情引向美好的事物，远离虚荣（amour proper），保存和恢复自然状态中人原始的自由与自足。《社会契约论》和《爱弥儿》分别代表了这两个方案。

康德不像卢梭那么暧昧，他比较简单。卢梭的暧昧是因为他一方面不相信人能完全社会化，另一方面又不相信人能完全回归自然；而康德的简单是因为他最终相信目的论。尽管历史充满了悲惨和不幸，但"这一历程对于整个物种来说，乃是一场由坏到好的进步"，因为历史是目的论的。理性必须与终极目的有关。但如果"把理性单纯看作是满足各种各样倾向的一种工具"，那么它就不可能把获取自己目的的知识作为自己的任务。换言之，目的领域是理论理性或工具理性无法达到的，理论理性的功能只限于"现象"领域。在此意义上，工具理性缺乏目的，它缺乏关于人的必要知识。如果（批判）哲学是关于"一切知识与人类理性根本目的论的关系的科学"，那么纯粹（理论）理性批判的任务就是指出理性的局限和界限；而实践理性批判的任务则是与理性的基础有关。

康德批判哲学应该萌动于 18 世纪 60 年代。在这个时期，康德关于形而上学、道德和实践的思想集中在一个问题上，这就是人类理性的目的论。他开始认识到，形而上学的问题归根结底是理性的问题。60 年代初期和中期对卢梭著作的阅读，加强了康德的这个认识。他清楚地看到，他那个时代的危机是理性的危机。这个危机在哲学中则表现为形而上学的危机。这使得康德将他的哲学思考的核心转到了实践哲学，转到了人类理性对善的追求上来，由此萌发了一种以"自由"为基础的全新的理性概念，逐渐发展为对理性的整个系统进行批判的考察，即他的批判哲学。康德认为他的时代理性与人性面临着前所未有的危险，因为人们已经失去了对理性指导人类事务的信仰和信念。而此前的近代哲学，却未能提供一个一以贯之的理性的目的论概念。

在康德看来，理性危机的出路在目的论。目的论是理性批判的最终归宿。认识批判的目的是将工具理性（即知性）限制在现象领域，而将目的领域留给实践理性。实践理性之所以先于理论理性，是后者的基础，归根结底在于它与目的，即理性本身之基础和指导有关。在《纯粹理性批判》最后，康德引进了上帝、自由和不朽这三个理念，它们是理论理性趋向的目标。康德说，这些理念的真正意义，不是理论的，而是实践的。人本身属于目的王国，作为它的一个成员，他给它规定普遍规律，他自己也服从这些普遍规律。因此，在这样做的时候，他不是服从一个异己的意志，而是服从他自己。"纯粹实践规律的目的是理性完全先天地给出的，这些规律不以经验性的东西为条件，而是绝对地命令着，它们将是纯粹理性的产物。但这样一些规律就是道德的规律，因而它们只属于纯粹理性的实践的运用并容许有一种法规。"[1] 然而，人的意志毕竟不像神的意志，它会受到感性的影响，所以道德规律必然采取一个命令的形式，即绝对命令。康德把绝对命令表述为三个公式，其中最著名的就是永远把人当目的而不要当手段。但绝对命令是一个"应该"，它可以影响经验世界，但不能决定它。这就是说，它归根结底不能驯服欲望和激情。如果每个人的道德义务都与一个绝对命令连在一起，人服从这个绝对命令，因为他必须服从，那么为什么我们还需要这样一个应该？实际上在德行与幸福，道德与自然，道德与政治，或义务与利益之间，总是有根本的不一致。但康德不能承认这种不一致。他必须在自然、政治或人的利益中找到终极目的。他必须证明他的"理性神正论"。这就是为什么他需要目的论。

康德知道，历史是一个罪恶的故事。但他必须设定它是一个进步的故事。历史进步不是来自道德行动，而是由于自然机制的运作或天意。天意利用我们的欲望、罪恶、暴力和战争来完成它预定的使命。这意味着光是人类理性不能创造一个美好的世界。道德律不能控制大多数人类行动。康德会同意卢梭知识进步与道德进步之间存在着紧张的观点，但他不放弃希望。因此，他也同意卢梭的目的论，即上帝将它的智慧与荣光表现在自然的必然性与和谐中。在人类特殊行动的层面，在人类的利益和动机层面，我们的

1　康德：《纯粹理性批判》，第 609 页，邓晓芒译，杨祖陶校，人民出版社，2004 年。

确找不到一个理性的设计。人类事物是无计划的。但是，在自然中我们却可以发现自然的计划。在理性之上有天意，在人的目的之上有"自然的目的"。是天意，而不是人类理性在引导历史。我们不能清楚地认识天意，所以我们将它称为"天意"或"命运"。康德甚至把它称为"独断的观念"。自然的目的不仅符合实践理性设定的目的，而且还保证它们的实现。

然而，康德目的论地解释的自然容易被人用作自由选择和实现无论什么欲望的手段，那些东西并不必然是道德的。但康德不担心这个。目的论地设定的历史进步将引导人类最终到达一个完美的世界。卢梭并未将目的论用于人类世界。康德显然比卢梭更乐观。所以他虽同样厌恶罪恶，却比卢梭更强调它们积极的和不可或缺的历史作用和它们最终必定克服或超越它们自己的方式。康德的这种目的论思想实际隐含着"目的证明手段"的逻辑，而这恰恰是被实践理性禁止用于个人的。可是，康德目的论自身的确隐含着这样一个重大的矛盾。我们是否应该为了一个无限遥远的将来而容忍眼前的罪恶？康德目的论必然会产生这个棘手的问题。这暂且不论。问题是康德明明对人类历史的丑恶有足够的认识，为什么还要想方设法用目的论来证明它的合理性？

其实，康德目的论的主要功能不是证明历史的合理性，而是为了证明终极目的的合理性。和卢梭一样，康德其实已经看到了虚无主义的幽灵。工具理性不能设定终极目的或价值，更不能证明它们。理性的这个危机是近代虚无主义的主要症状。德行与幸福，道德与自然，道德与政治，或义务和利益间的不一致，恰好表明了近代世界和生活的失范与无序。我们无目的地活着。我们追求幸福，却不知什么是幸福。当康德断定自然和实践理性的目的，将自然与自由、德行与幸福、义务和利益与目的论连在一起的时候，他是要恢复生活的意义。历史的目的归根结底只是人生意义的投射。然而，如果目的论在实践中只是一个"独断的观念"，它如何能在我们的世界中有说服力和有效？其实，恰恰是因为理性甚至都不能说服它自己，才需要这样的"独断的观念"。因此，尽管这种目的论在黑格尔那里得到了进一步的发展和完善，但它所表现出来的强烈的末世论色彩，却使它"无可奈何花落去"，似乎成了对现代性而言最不合时宜的传统遗迹。更由于它将意义问题实际推到了彼岸世界，它对现实生活也就无法产生积极的影响。

从尼采到海德格尔，到今天的后现代主义者，目的论在他们那里就像在被他们批判的启蒙思想家那里一样，成为断然否定与抛弃的对象。历史没有目的成了几乎所有当代思想家的共识。然而，虽然他们取消了历史的目的，他们却并未因此将康德所要解决的问题由此推进一步。相反，虚无主义已经成了支配性的存在方式。理性只是无目的的工具理性，终极目的成了一个形而上学的笑柄，而韦伯的"价值无政府主义"却被人们奉为金科玉律。欲望成了行动的指南。资产阶级在抹去了一切向来受人尊崇和令人敬畏的职业的光环的同时，也使得一切向来受人尊崇和令人敬畏的行动变得同样无聊和庸俗。无论是讲坛上的故弄玄虚还是学院里的闭门造车，都只是为了满足欲望的需要，却没有向终极目的的承诺。不同的立场和做派，却有相同的动机。无论是"思想解放"的勇士还是后现代的先知，一样都是鲁迅所谓"做戏的虚无党"。在短暂的理想主义泡沫消散后，虚无主义在东方同样显示了它的威力。在计算理性发挥得淋漓尽致的同时，人类生存越来越丧失了其理性的根基和意义。我们从陈旧的思想库存中找出人文精神之类的老式武器来对付虚无主义时，其实没有看到人文主义与虚无主义的辩证关系，没有看到人文主义同样也是一种虚无主义，如果它仅仅是"主义"的话。

今天的很多人会认为，康德哲学中最成问题、最站不住脚的，就是他的目的论。然而，哲学理论的意义和价值并不在于它解决了什么问题，而在于它针对什么问题和进一步提出了什么问题。柏拉图、亚里士多德、黑格尔，或尼采、海德格尔之所以活在我们的时代，是我们的同时代人，就以此。康德活在我们的时代，是我们的同时代人，也以此。我们究竟是已经超越了康德当年的问题，还是深深陷入了此问题？我们可以不屑康德的结论，却无法回避他的问题。康德以后的历史表明，反虚无主义也可能变成虚无主义。然而，如果理性只是一种工具，那么理性自身的根据何在？如果理性本身没有根据，我们凭什么要求和追求自由、平等和正义？

不废江河万古流

自古圣贤皆寂寞，据说，黑格尔临死时不无遗憾地说了句，"这个世界上只有一个人理解我"，少顷，又摇摇头说，"就连这个人也不理解我"。这个在世时声望如日中天，少有人敢撄其锋的大哲，临终竟对自己生前身后的命运有如此清醒的认识，不能不让人叹服。

黑格尔的思想也委实不好懂，他的一些类似智慧格言式的话，固然能迷住初学者，但他体大思深的哲学，确非一般浅学者能窥其门径。用近四十年前流行的一句"圣言"来说，是"有些人自以为懂了，其实不大懂"。这就是为什么，这个在我国曾经是唯一可以正面研究的西方哲学家，其风头甚至过于海德格尔今天在中国学术界的地位，却风光不再。黑格尔很快从准神明变成了"死狗"，连以研究他名世的学者，也都改弦更张，掉头他顾，觉得他已经过时。黑格尔哲学在中国的虚热，固然在相当程度上是拜马克思主义研究之赐，但它很快遭冷落，却与自身的艰深广奥有关。

尼采曾经自负地说，他的哲学是说给二百年以后的耳朵听的。黑格尔呢？他逝世至今也已近二百年，但至今许多治哲学者还视他的哲学为畏途。可是，只要是哲学，就绕不过黑格尔。1945 年，法国著名的黑格尔学者伊波利特在巴黎亨利四世中学讲了将近两个月的《精神现象学》。1968 年他去世时，当时听讲的学生福柯回忆说："我们听到的不仅仅是一位教师的声音，我们听到的是黑格尔的声音，或者说听到了哲学本身的声音。"正是伊波利特和科耶夫等人将黑格尔引进法国，才有如此有声有色的当代法国哲学，虽然从表面上看，当代法国哲学无论从哪个方面都是黑格尔哲学的反题。

黑格尔哲学的魅力，恰恰在于即使是反对它，也很可能并没有跳出，而恰恰是陷入了它的理路。福柯 1970 年在法兰西学院的首次演说中就指出了这样的怪圈："我们的整个时代，无论是通过逻辑学，还是认识论，无论是通过马克思，还是通过尼采，都在试图摆脱黑格尔……然而，真正摆脱黑格尔则要求准确评价那些难以从他那里摆脱的东西，要求弄清在我们借以反对黑格尔的东西中，哪些仍然属于黑格尔，意味着察觉我们反对他的方式，在哪些方面或许是他用以抗拒我们的方式和不动声色地为我们设下的圈套。……通过这条路，人们会离开黑格尔，与他保持距离；

通过这条路，人们又会被带到他那里，但是以另外的方式，然后又不得不再一次离开他。"

然而，黑格尔哲学本身，却使他刚一过世，声名就急剧下降，转眼间就成了"死狗"。人们从两个方面对它进行了批判，确切地说，从政治意识形态和科学意识形态两个方面对它进行讨伐。此后随着学术的意识形态化，黑格尔的行情一路走低，直到被人称为"江湖骗子"和"极权主义的思想先驱"。对于科学主义和实证主义者来说，黑格尔是典型的"玄学鬼"，他的辩证法更是反逻辑、反科学、反常识的独断和诡辩。罗素甚至说黑格尔的体系完全是建立在错误之上。而对于自由主义者来说，黑格尔哲学是专制思想的辩护士，是自由民主的死敌。

可是，就像尼采笔下的查拉图斯特拉所言："只有当你们全都否定我的时候，我才会回到你们身边来。"历史不仅没有埋葬黑格尔，反而使黑格尔哲学以更加正面的形象重新出现在人类面前。现代哲学一个半世纪的发展终于使人们看清：黑格尔奠定了现代思想和对现代的思想的基础，他是一切伟大的现代思想家的精神教父。是他第一个喊出了"上帝死了"，是他第一个要求"回到事物本身"，是他第一个对现代性作了全面系统的反思。梅洛-庞蒂深有体会地说："黑格尔是一个世纪以来所有伟大思想的来源：比如马克思主义、尼采、德国现象学、精神分析学；他诱发了人们探索非理性，并将其纳入扩展的理性之中的尝试，而这正是本世纪的任务。"正因为如此，在经历了一个多世纪的低谷之后，黑格尔哲学在西方世界的地位正在稳步上升，他的思想巨人的地位，已无人能动摇。

于是，就有越来越多的人出来顺水推舟，替黑格尔翻案、辩诬。科学主义和实证主义自己在西方早已破产，所以它们对黑格尔哲学的批判也不攻自破。人们为黑格尔辩诬，更多是在政治上为他"平反"，力图证明他不但不是专制主义思想家，反而是货真价实的自由主义者。手头的一个例子是《黑格尔对自由主义的批判》（*Hegel's Critique of Liberalism*，The University of Chicago Press，1989）一书的作者史蒂芬·史密斯（Steven B. Smith），他一方面论述黑格尔对自由主义的批判，承认黑格尔的批判是对自由主义某些观点的纠正，如反历史的个人主义；另一方面又竭力证明这些批判都可以为自由主义所容纳，其实与自由主义并不冲突，反而为透彻思考自由主义的某些问题提供了一个更为有用的出发点。总之，在他看来，黑格尔是个自由主义者。

意大利哲学家洛苏多尔的《黑格尔与现代人的自由》也是一部为黑格尔辩诬的著作，但与上述那类实质要把黑格尔收编为自由主义者的辩诬著作完全不同，它不是要把黑格尔纳入自由主义的麾下，反而明确指出，"黑格尔的立场不是非常自由主义的；实际上，它根本不是自由主义的。黑格尔对自由主义的反对是很明确的"（第273页）；虽然它用大量无可怀疑的材料，雄辩地证明了黑格尔在许多方面比自由主义者还要自由主义。例如，黑格尔看到，没有教育，一个人就注定会贫穷，学校教育是提升社会地位的工具。任何人不能剥夺儿童受教育的权利，哪怕是他们的父母。但在当时，他观察到："在英国，六岁大的儿童就被用来清扫狭窄的烟囱；在英国的工业城市，少年儿童被迫工作，只有在星期天才给他们教育。"在这种情况下，他要求"国家有绝对的义务去确保儿童接受教育"。可是，在自由主义者，如威廉·冯·洪堡看来，国家在任何情况下都不应该出面干预以保证公民的福利。而孟德维尔则干脆认为，教育的扩展对社会没好处，"上学和工作比起来是懒散，孩子们在这种容易的生活中不能适应"。"社会稳固"需要"劳苦大众"保持"对与他们的工作没有直接关系的东西的无知"。

虽然黑格尔在很多地方与自由主义有分歧，但这绝不等于他是自由主义鼓吹的种种价值和原则的反对者；相反，他通过把这些价值和原则放在具体的社会历史语境下考察，站在平民的立场上考察，比自由主义者更彻底地坚持和捍卫了这些原则。正因为如此，他反对契约论，却不是支持绝对权力而压制个人，相反，他公开说，在他的体系发展中，首先是"个人自由"。在《法哲学》中，他明确表示："那些构成我独特人格和我的自我意识的普遍本质的福利，或者更确切地说，实体性的规定，因而是不可剥夺的，而我对它们的权利也永远不会消失。这些规定包括：我的整个人格、我的普遍意志自由、伦理和宗教。"而洛克却承认西印度群岛上的种植园主和卡罗莱纳的奴隶主们不受国家任何制约的绝对权力，他呼吁雇主对雇员建立一种父母式的权威。其实，黑格尔与自由主义者的分歧不在要不要个人权利，而在什么样的个人权利和谁的个人权利，洛苏尔多对此有精辟论述："根据自由主义思想学派，个人是反对政治干预他不可侵犯的私人领域的所有者。相反，黑格尔头脑里想着的是平民，或潜在的平民，这些人赞成在经济领域的政治干预，以保障他们的生计。对前者来说，要捍卫的是资产阶级的独立性，或者是贵族和资产阶级的独特性；而对后者来说，要捍卫的乃是平民的独特性，或潜在的平民的独特性。前者所攻击的抽象的普遍性乃是指国家，可能成为无产者的工具的政治力量；而后者所攻击的抽象的普遍性则是指认可现存所有权关系的市场规律。"（第 104 页）以眼下这场金融危机为例，[1] 很显然，麦道夫之流会认为国家监管是对他们权利的侵犯；而升斗小民恐怕会觉得那是对自己权利的保护。抽象谈论个人权利能有多大意义？

惯于用抽象晦涩的哲学语言谈问题的黑格尔，最大的特点就是从不抽象谈论他所主张和坚持的原则。在诸如个人权利、自由、国家、革命、权力、暴力、法权、自由主义和保守主义等近代政治的所有重大问题上，他都坚持了这个方法论原则，这也使得他遭到许多头脑简单的人的误解；但他思想的价值和划时代的深远意义，也正在于此。洛苏

---

1 本文作于 2008 年，一场著名的"庞氏骗局"在当年爆发，制造者正是伯纳德·麦道夫。编注。

尔多在为黑格尔辩诬的过程中，用大量翔实的资料，雄辩地证明了这一点。

但是，人们对黑格尔思想的误解，更多不是由于缺乏理解能力，或由于黑格尔的思想过于晦涩、过于复杂；而是由于其意识形态的立场，由于现代性造成的学术意识形态化，也由于西方一部分人对德国文化的偏见。洛苏尔多的这部著作对黑格尔在西方被妖魔化的深层原因有系统的揭示，旁征博引，令人信服。

从第一次世界大战开始，英德知识分子就相互丑化，彼此抹黑。德国人是贬低对方的文化；而英国人则给对方在政治上上纲，霍布豪斯认为黑格尔思想是一战悲剧的源头。英国文化代表自由，而德国文化则是奴役的文化。更奇怪的是，英国人认为他们才是西方，而德国人只不过是匈奴人和汪达尔人的后裔。后来在我国也比较流行的英美与德法之争的说法，只不过是上述划分的一个扩大。哈耶克虽然不是英国人，可他公然认为只有盎格鲁-萨克逊传统才算西方，德国和法国的传统都不能算。今天，甚至连不少德国人都接受这样的说法，如哈贝马斯就认为黑格尔哲学与"西方精神相异"，尽管他自己从中获益不少。而"西方"，谁都知道，在一个意识形态的时代，早就不是一个地域概念，而是一个政治概念，即意味着自由民主。在这种情况下，诚如洛苏尔多所言，"西方世界这个范畴起着一个致命武器的作用，……这个范畴使得对作为整体的德国文化和哲学的指控得以可能"（第354页），更不用说对某一个哲学家，如黑格尔了。

可是，这种西方与反西方，或者英美与德法之争，在思想史上是很难站得住脚的，英美德法思想互相影响，是西方思想发展史的基本事实，也应该是读书人的常识。被自由主义者猛批的德国保守主义反动思想，并非本土的产物，而是有赖伯克的影响。曼海姆很早指出过这一点，而洛苏尔多在《黑格尔与现代人的自由》中又用充分的原始材料揭示了这一点。被自由主义者不遗余力批判攻击的德国专制、保守、反动思想，并非德国纯种土产，而是源自英伦三岛。

然而，意识形态的斗争需要的不是事实，而是想象。人们在想象一个光辉灿烂的西方世界的同时，也想象了一个整个历史都深受对权力和暴力的崇拜之害，深受对既成事实的合法化之害的黑暗的德国，而黑格尔，正好可以用作这个黑暗国家的精神代表。

但黑格尔被挑选为专制的、反西方的德国的精神代表，除了他哲学本身的原因外，还有两个原因，这就是：（1）他是霍布豪斯所抨击的哥特人之一；（2）人们把他和马列主义，和布尔什维克主义联系在一起。妖魔化黑格尔，可收一箭双雕之效。但光是这两个原因，还不足以构成对黑格尔的指控。只有对西方过度美化，才能对黑格尔提出指控。但这样的指控已经被意识形态把持和改造了，用洛苏尔多的话说，它们都"类似幻影"。事实证明，迄今为止人们对黑格尔的政治指控，很少有站得住脚的。反而是那些所谓的自由主义者，有的实际并不那么自由主义，《黑格尔与现代人的自由》给了我们很多这方面的例子。所以，当人们以那些人（自由主义的代表作家）为尺度来为黑格尔翻案时，实际上是抹杀了黑格尔对人类自由理论的伟大贡献。

在为黑格尔做了极为有力的辩护、澄清和阐发后，洛苏尔多语重心长地告诉我们："自黑格尔以来，关于自由的话语变得越来越复杂、越来越成问题。……唯一可以替代此复杂性和不确定性的，就是一个相当陈腐的社会-政治意识形态史，从法国大革命以来，这种历史就一直困扰着当代世界。"（第 401 页）此言极是。自由从来就不是一个简单的问题，可以通过我们这代人非常熟悉的路线站队的方式来解决。批判自由主义不等于反对自由，主张奴役。主义的标签往往会歪曲和篡改事实，而不是弄清事实。把"自由"当口号和武器来使用，而不愿对问题进行深入研究，就只有将某种陈腐的意识形态奉为绝对真理。但这种心态本身已不是自由的心态，而是专制的心态了。多少罪恶不正是在此种心态下，假自由之名以行？

顺便说一下，这部著作的翻译还不错，但有一个关键概念的翻译似可商榷，这就是 Notrecht。它的意思就是一个人维持生命的权利，书上（第 111 页）也告诉我们，黑格尔的助手亨宁把这个词解释为"一个人保存自己生命的权利"。英译者把它译为 the right of extreme need（极端需要的权利）是恰当的。这些译者都知道，为何还要将 Notrecht 译为"不法"？ Notrecht 并无"法"的意思，只是指一种基本权利；况且"不法"又是一个非常容易产生误解的译名。

黑格尔和现代国家

名满天下，谤亦随之，是黑格尔与尼采和海德格尔共有的命运。黑格尔几乎一死就成了被批判的对象，哲学上政治上对他的口诛笔伐从那时延续至今。早在 1857 年，他的同胞海姆（Rudolf Haym）就在他写的《黑格尔及其时代》中说，黑格尔的国家学说只不过是对卡尔斯巴德警察国家及其政治迫害的学术辩护而已。紧接着米什莱说黑格尔与复辟年代反动政府的政策相得益彰。从那以后，黑格尔在他不少同行的笔下变得越来越反动，以至于成了被骂没商量的角色。霍布豪斯说黑格尔的国家学说是个错误，因为它要证明否定个人是正确的。罗素则在《西方哲学史》中写道：如果承认黑格尔的国家学说，那么凡是可能想象得到的一切国内暴政和一切对外侵略都有了借口。并且他还发现俾斯麦的伦理观和黑格尔的学说有直接的联系。卡西尔则在《国家的神话》中说："没有别的哲学体系像黑格尔的国家学……那样，为法西斯主义和帝国主义做了那么多的准备。"在波普的笔下，黑格尔成了"开放社会的敌人"，集权主义的思想先驱。三人成虎，何况指控黑格尔的知名人物远不止三人。人们自然不会怀疑这些指控的真实性，因为指控者都是学者名流。更何况要从黑格尔等身著作中找出"确凿无疑"的证据真是太容易了。因此，包括马尔库塞在内的许多哲学家为黑格尔所作的有力辩护，并未能完全改变人们对他的偏见。

有趣的是，在自由主义思想家看来是法西斯思想先驱的黑格尔，却并没被纳粹当作自己人。黑格尔主张作为理性整体的法治国家，要求不加区分地保护每个人的利益，这种政治理想与纳粹国家的现实相去何止万里。纳粹以党治国，而黑格尔认为国家高于一切个人和集团的利益。这样，黑格尔自然被纳粹视为异端。他们以为可以像消灭一个人的肉体那样消灭黑格尔的思想。就在希特勒上台的那一天，卡尔·施米特踌躇满志地说："可以这么说，黑格尔死了。"但历史却证明黑格尔并不那么容易死去。

黑格尔在中国的命运也经历了大起大落。曾经有一度他是唯一可以正面研究的西方哲学家，他的话具有仅次于马列经典作家的权威，不仅为哲学界，而且也为其他人文学科的研究者奉若神明。黑格尔研究（主要研究他的辩证法）是哲学研究中的一门显学。然而，20世纪80年代后西方思潮大量涌入，黑格尔风光不再，很快就从神明变成"死狗"。人们要么接受英语哲学界的陈旧看法，认为他是一个完全过时的形而上学者；要么为更新潮的东西所吸引，掉头他顾。连研究多年的学者也纷纷改弦更张，转向海德格尔或更时髦的东西。除了薛华先生的几部著作，近20年研究黑格尔的著作实在不多，研究他政治、社会和历史思想的著作就更少。黑格尔研究的这种现象也部分解释了为什么我们大规模引介西学几近一个半世纪，西学的重要典籍都有不少汉译，却几乎没有一个西方思想家得到真正透彻的研究。

郁建兴的新作《自由主义批判与自由理论的重建》[1]是近年出现的一部篇幅较大、正面研究黑格尔政治哲学的著作。该书比较仔细地论述了黑格尔对自由主义基本理论的批判和黑格尔自己的自由概念，使人们对长期被歪曲的黑格尔的政治哲学有比较客观的了解，仅此一点，即值得称道。但郁建兴著作的价值更在于让我们看到黑格尔思想的现代相关性，对于一切反思现代性的人来说，黑格尔哲学是一个不容忽视的重要思想资源。

黑格尔是第一个从世界历史的高度对现代性进行全面反思与批判的思想家，在此意义上，马克思、韦伯，乃至尼采和海德格尔，都是他的后来者。他既是现代的产儿，又是它的逆子；既是现代的辩护士，又是它的批判者。他的思想充分体现了现代本身的异质性和暧昧。现代的矛盾也

1　郁建兴：《自由主义批判与自由理论的重建》，学林出版社，2000年。

体现为这位辩证法大师思想的矛盾。这就是为什么就像现代在不同的人眼里可以完全不同一样，黑格尔在不同的人那里，也会呈现不同的面貌。黑格尔思想的复杂是因为现代本身的复杂，这种复杂既表现在哈姆雷特、浮士德这样的虚构人物身上，也落实在黑格尔和尼采这样真实的存在者身上。

德国哲学家里特尔（Ritter）在其名著《黑格尔和法国大革命》中指出，黑格尔洞察到，法国的革命和整个时代的历史本质，就是现代劳动的工业市民社会的出现。市民社会是现代性一切问题与矛盾之所在。而黑格尔对现代性的反思与批判，包括对自由主义的批判，都是从他对市民社会的分析和批判发展而来的。在黑格尔看来，现代的根本特征是个人从种种束缚下解放出来，市民社会就是这种个人自由和自由个人在制度和政治上的体现。黑格尔的市民社会概念 bürgerliche Gesellschaft 与洛克等英国思想家的市民社会概念 civil society 有所不同。前者指的是字面意义上的市民（住在城市，尤其是自治城市里）社会，与市场有关的人的社会；后者来自拉丁文 societas civilis，在罗马法中，这个词指与家庭相对的公城。[1]英国古典思想家是在这个意义上使用这个术语的。黑格尔虽然也接受了他们的许多观点，但他的市民社会的概念与他们的不一样。黑格尔主要是将市民社会视为一个与家庭和国家两面相对的私

1　Cf. David Kolb, *The Critique of Pure Modernity*, University of Chicago Press, 1986, p. 22.

人经济活动领域，他把它叫作"需要的体系"，即个人满足自己物质利益和需要的场所，它虽有司法制度和警察，但基本上不是一个政治的领域。黑格尔对市民社会的定义是："这是各个成员作为独立的单个人的联合，因而也就是在形式普遍性中的联合，这种联合是通过成员的需要，通过保障人身和财产的法律制度，通过维护他们特殊利益和公共利益的外部秩序而建立起来的。"[1]黑格尔讲的市民社会，其实就是现代资产阶级国家。

与同时代的浪漫主义者和保守主义者不同，也与当代的现代性批判者不同，黑格尔首先是现代社会正当性的有力辩护者。虽然市民社会是一个唯利是图的社会，但它却是一个从未有过的自由社会。它坚持个人不可让渡的平等权利，增加了人的需要和满足它们的手段，组织了劳动分工，推动了法治。黑格尔与自由主义者一样，认为私有财产是自由的首要体现，取消私有财产等于取消自由个人。国家必须保护和满足个人利益，绝不能建立在取消个人权利的原则基础上。自由作为他哲学的最高原则，不仅具有政治和道德的意义，更有形而上的意义。凡此种种，都使得近些年来不少人把他说成是"自由主义者"。但这种说法与将他打成"集权主义的思想先驱"一样，只是"同一曲调不同的演奏方式而已"（哈贝马斯语）。

尽管人们常常用简单的态度来对待黑格尔（就像他们用

1　《法哲学》第157节。

同样简单的态度对待尼采和海德格尔一样），但黑格尔的思想却是复杂的，尤其是他对现代性的思考，与现代性一样复杂。黑格尔也许是第一个看出现代性其实是一个异质性的文明形态的人。市民社会本身就体现了这种异质性。它固然将人从需要中解放出来，但同时又使他更受欲望的偶然性支配。它将人们在利益的基础上整合在一起，却不能获得真正的统一和自由。因此，黑格尔在肯定市民社会世界历史意义的同时，又对它持批判态度。他批评市民社会不是因为它产生了贫穷、大规模失业、文盲、不公平的财富分配，以及经济帝国主义、寻求海外市场、殖民主义等等，而是公共的善或全体的利益在它那里没有地位。

马克思在批判黑格尔的《法哲学》时曾说过，理论要有说服力的话，就要彻底。"所谓彻底，就是抓住事物的根本。但人的根本就是人本身。"要了解人类中心论的现代社会，必须从它对人的理解着手。原子式孤立的个人既是现代性对人的基本描述，也是它自我理解和构建的主要意识形态假设，是一切现代价值系统的基石。自由归根结底是追求自己利益的自由，而权利则最终是占有和维护自我利益的权利。个人（自我）是社会的基本出发点和前提，而非相反。正如黑格尔所指出的："在市民社会中，每个人都以自身为目的，其他一切在他看来都是虚无。"[1]因此，虚无主义是现代的宿命。

---

1 《法哲学》第182节。

虽然黑格尔承认市民社会是"独立的单个人的联合"，但这绝不意味他承认或接受近代原子式孤立个人的概念。相反，他认为那种个人概念是一个虚构的神话，是一个社会创造的概念，是近代社会和社会秩序使人们认为自己首先是个人，而不是一个共同体，如家庭、社会等的成员。它使人们完全忘了这一点。因此，以这种个人概念为基础的自由和权利是缺乏规定的，是抽象的自由和权利。黑格尔讲的"抽象"，不只是缺乏规定，更是指产生于个人意志和欲望的偶然和任意。法国大革命的恐怖正是这种抽象自由和权利泛滥的结果。

在黑格尔看来，法国大革命的问题不是像今天的有些人理解的那样，是因为进行了革命，而不是改良；而是"在一个现实的大国中，随着一切存在着的现成的东西被推翻，人们根据抽象的思想，从头开始建立国家制度，并希求仅仅给它以想象的理性东西为基础"[1]。中国现代的历史又何尝不是这样。人们觉得一些抽象的原则甚至口号就有起死回生的魔力，而进化论赋予这些原则与口号的历史合法性，则使它们的鼓吹者有了替天行道般的勇气和自信，一切牺牲和代价与这些抽象原则许诺的美妙前景相比都不值得一提。建立现代政治制度绝不能是历史的延续，而只能是在一张白纸上画最新最美的图画。走别人的路似乎天经地义，不同的只是走什么人的路。传统和历史理性的基础被完全

1　《法哲学》第 258 节。

忽略。这样产生的制度本身就不再有任何约束。问题不在于是否使用暴力-权力，而在于暴力-权力是否还有理性的约束。当抽象原则变得超历史地不可置疑时，它们就成为制度性暴政的主要起源。

抽象权利和抽象自由始终是现代社会政治意识形态的基点。表面的具体（诉诸当下欲望与意志）恰好反衬出本质的抽象。现代政治与法律形式的普遍性正是这种本质的抽象的体现。这种形式的普遍性和抽象的自由与权利，给了充斥现代社会的事实的不平等与压迫以合法性，使得任何对这种事实的不平等和压迫的质疑和抗议，都成为政治上的反动。按照黑格尔的思路，问题当然不是要否定抽象的自由和权利，而是要将其扬弃，即上升到具体的自由与权利，即符合普遍理性的要求，在普遍理性的结构即国家中加以实现的自由和权利。

然而，在自由主义者眼里，黑格尔的这种想法纯粹是一个形而上学的玄思。在他们看来，国家只是仲裁个人之间利益冲突的工具。维护现有的财产制度和市场制度是唯一的公共福祉。"法律的创制和实施，政策和制度的产生，只有在其全部维护功利原则时，才是合法的。"[1]但是，"最大多数人的最大幸福"在个人利益至上的社会注定是一句无法兑现的空话，实际情况是财富越来越集中在越来越少的人手里。

1　赫尔德：《民主的模式》，第121页，燕继荣等译，中央编译出版社，1996年。

在功利主义者看来，人们出于自身利益的考虑，自会服从国家，却无法解释为什么监狱成了现代的创造性标志，而暴力成了现代国家的基本特征，"集权主义是现代国家由来有因的一个特性"[1]。事实上自由主义及其道德哲学功利主义只能在意识形态上为现代社会辩护，却无法直面它的问题。1999年在西雅图的抗议和2000年在达沃斯的示威，都告诉人们，这个世界上少数人正在损害多数人的利益。人们津津乐道《财富》杂志前几十位的富翁，却对在贫困和死亡线上挣扎的人不屑一顾。相反，对社会正义的诉求往往会被扣上"民粹主义"的帽子。黑格尔，以及在他之前的伯克，都曾设想过社会与国家的二元构架。前者是世俗利益的领域，而后者是道德和正义的领域。后者高于前者，也就是良知和正义永远在个别利益的追逐之上。

黑格尔并不否认作为现代意识形态支柱的抽象自由和抽象权利的正面作用，但它们归根结底属于私人权利和私人福利，不能成为共同生活的原则，也不能成为国家的基础。它们本质的任意性使它们具有潜在的破坏性。市民社会只是将它们外在地纳入一种相互承认和依靠的秩序，却无法使它们具有理性的普遍性。

但是，按照古典自由主义的看法，原子式个人的自由竞争追求个人利益的最大满足，不会导致社会的混乱和瓦解，不会影响社会秩序的稳定，因为那只"看不见的手"自会

---

[1] 吉登斯：《民族—国家与暴力》，第346页，胡宗泽、赵力涛译，北京：生活·读书·新知三联书店，1998年。

将一切安排得井井有条，合情合理。国家不再是什么神圣的东西，而只是保护个人追求自我利益及其结果的工具。在自由主义的修辞学中，个人＝经济人；自由＝财产；理性＝工具理性。那个韦伯指出的现代社会或现代性的标志特征的理性化（合理化），其实质恰恰是非理性。换言之，现代社会极度的理性化，不可避免要产生非理性。因为理性化只及手段，不及目的。例如，赚钱以确保生活水平是合理的和可理解的。但为赚钱而赚钱事实上成了现代社会（市民社会）的目的，这就特别不理性。现代社会手段的理性化恰恰造成了目的和生活方式的非理性。而竞争的个人间的利益冲突，更使市民社会成为残酷竞争的战场。霍布斯讲的"一切人反对一切人的战争"不是人类原始的自然状态，倒是自由竞争的现代社会的现实。

当然，市民社会自有将各个追求自我利益的个人整合在一起，通过其抽象普遍化的制度，形成一个秩序的机制。但这种整合只是外在的整合，并不具有理性的普遍性。它不能真正消除市民社会内在的矛盾和冲突，更不能保障和维护社会全体的利益。黑格尔认为只有国家才能做到这一点，只有国家才能建立理性的自由。但黑格尔所讲的"国家"不是作为一种暴力机构和行政管理机构的现代国家政权或国家机器，而是指作为人们共同生活基础的伦理与文化共同体，当然，它也是一个主权政治实体。国家的本质不在其外在的权力–暴力特征，而在其内在的理性性质。国家是保证个人与社会充分发展的结构，黑格尔将它称为"国家的合乎理性的建筑结构"。国家体现了理性的秩序与自由。它不是要取代市民生活，而是要保护它的利益。它是个别与普遍的完美统一。如果说，在市民社会中人们是基于各自利益才联合在一起，那么在国家中，人们是基于理性自由地决定联合在一起。在国家里，"个人的单一性及其特殊利益不仅获得它们的完全发展，它们的权利得到明白承认"[1]。

但另一方面，个人必须服从国家，因为国家代表全体利益。人服从国家并不是取消个人自由，而只是限制他的抽象自由，却意味着他获得实质的自由和解放。他不再受制于任意偶然的意志和欲望，而能为公共的善即全体利益作出理性的决定，这才是他真正的自由。总之，国家是全体利益的代表和保障。在市民社会中，人人追求自我利益最大化，无人去管全体利益。而一旦从市民社会进到国家（这并不意味着取消市民社会，而是市民社会与其更大的社会语境的统一），市民社会即现代社会的问题就解决了，人类也就达到一个理性的完美境地。

目的论世界观使得黑格尔的这个信念过于大胆与乐观了。他的"国家"只能存在于他的哲学中。现代国家更近于霍布斯的利维坦，而不是他所谓的"具体自由的现实"。黑格尔的国家理念注定像柏拉图的理想国一样，只能是一种理想，而无法解决现实社会的冲突。现代市民社会的冲

1　《法哲学》第260节。

突表现为三种基本现象：1. 普遍的（单一市民社会与全球范围内）财富和资源分配不公；2. 私人利益凌驾于公益之上；3. 目的的非理性和意义匮乏。黑格尔早就看出，市民社会是个人私利的战场，是一切人反对一切人的战场；市民社会也是私人利益与公共特殊事务冲突的舞台，并且是它们二者共同跟国家的最高观点和制度冲突的舞台。现代社会实际上缺乏内在的共同生活基础，它的文化分裂和瓦解是不可避免的。古典自由主义曾将社会共同生活的基础建立在契约论的神话上，但黑格尔认为，契约不管怎样只是个人间的约定，本质上是任意的，而社会共同生活的基础必须是普遍必然的。自由主义眼里的国家，根本不是他心目中的国家。

但不管怎么说，古典自由主义还承认国家作为一个凌驾于个人之上，裁判个人间利益冲突，维护社会共同利益的仲裁机构的必要。而新自由主义却将市民社会的逻辑发展到极致，公然对国家以及其他人类共同生活的结构形式的必要性提出质疑。在新自由主义看来，市场机制和经济关系是维系人类共同生活的唯一纽带，个体对利益最大化的追求不应有任何障碍和限制。经济价值成了唯一的普遍性价值，而以普遍价值面貌出现的抽象的自由与权利，只是这个价值的意识形态注脚。人们可以出卖月球上的土地，却无法制止对地球的掠夺性开发；人们有生产和销售军火的权利，却无法禁止谋财害命的军火贸易。抽象的权利和自由的确有巨大的解放作用，但它们同时也有瓦解人们共同生活和破坏人类共同利益的可能。为此,黑格尔寄希望于国家这个伦理生活的共同体,以为它能让自由和权利在一个普遍理性的框架中得到实现。事实证明这和柏拉图的理想国一样,只能是另一个乌托邦。

汉娜·阿伦特曾极为深刻地指出,现代的政治特征就是私人利益变成公共事务,在这种情况下,一方面是共同意志之体现的公共领域日益萎缩;另一方面是国家(政府)"沦为一种更加有限、更加非个人化的行政区域"。"政府的职能是向私有者提供保护,使他们不致在为取得更多财富而展开的竞争中互相侵害。……人们所共有的唯一的东西是他们的私人利益。"[1]在私人利益高于一切,并成为社会基本原则的现代,国家不可能是一个纯粹的"公器",或共同利益的代表与维护者,它不可避免、程度不同地为强势集团所支配。即使当国家以人民和全体利益的名义剥夺个人自由与权利时,仍然是如此。黑格尔心目中的国家,根本不可能存在。

但是,黑格尔对市民社会的分析却明白无误地告诉我们,必须有一种体现人类共同利益的理性力量来制约市民社会;否则,人类的前途并不美妙。这意味着,需要有一个在市民社会和国家之外,不以私人利益为取向的公共领域,它存在的目的,就是让人们有一个自由讨论和决定公共利益的地方,有一个维护公共利益的场所。没有这样一个场所,人类生活就缺乏将人们团结维系在一起的内在条

1　阿伦特:《公共领域和私人领域》,第97页,载《文化与公共性》,汪晖、陈燕谷主编,北京:生活·读书·新知三联书店,1998年。

件，人类的命运将操纵在少数人，甚至"无人"——市民社会自身的无情机制——的手里。随着经济全球化过程的加快，这个"无人"的权力也在加速扩张，就像不久前的金融风暴所告诉我们的，它已经是一个无法约束的可怕势力了。然而，一个关心人类共同利益和幸福生活的公共领域在今天的世界可能吗？它难道不是又一个乌托邦吗？至少绿色运动和其他一些民间的政治形式，如与世界经济论坛针锋相对的世界社会论坛，还能使我们抱有一丝希望。

黑格尔的《历史哲学》

　　黑格尔的命运是奇特的。在世时，他的名声如日中天；一旦去世，马上变成一条"死狗"，被人不断诋毁和攻击；却一次又一次地像神话中的不死鸟那样从误解或诬蔑中重生。蚍蜉撼树，终无济于事，黑格尔的历史地位，正日趋稳定，今天，已很少有人敢否认他是一位伟大的哲学家了。

　　然而，即使在今天，理解黑格尔仍是一个艰巨的任务。黑格尔是一个典型的体系哲学家，但人们往往有意无意忽略这个重要的事实，很少有人对他的体系感兴趣。在区分黑格尔哲学中的"死东西"和"活东西"的堂皇理由下，人们对《精神现象学》或《法哲学》津津乐道，对他的《逻辑学》和其他著作则兴趣不大，而对《自然哲学》和《历史哲学》就不敢恭维了。它们被认为是典型的老式形而上学的作品，是已被"科学"充分证明了的玄学错误，是黑格尔哲学中最薄弱，也是最没有价值的部分；正是在这里，暴露了黑格尔的独断、无知和不顾"事实"。

然而，与《自然哲学》不同的是，《历史哲学》也许是黑格尔著作中被人读得最多的一部，而前者很可能是最无人读的黑格尔的著作。《历史哲学》之所以被广泛阅读，是因为它相对容易读，而"理性的狡狯""世界历史人物""理性的历史历程"之类的思想也早已为人们耳熟能详，被不同的人所引用。尽管如此，在今天，即使这些思想也往往成了黑格尔的《历史哲学》毫无价值的证据。经过近代科学主义和实证主义彻底洗礼的人，觉得对待黑格尔的《历史哲学》，根本就无须思考，只要"事实"就够了。人们觉得，在"事实"面前，黑格尔的《历史哲学》的荒诞不经不证自明。

在黑格尔看来，世界历史是精神在时间中自身发展的过程。精神是人类共有的单一精神，表现为人用他们的语言、心灵、文化所创造的一切。历史是精神自我发展的历程，也是世界走向自我意识的过程。历史的目标就是精神的充分发展和充分的自我意识。这个充分的自我意识，也就是自由意识，它是宇宙发展的顶点。自由不是任意妄为，而是按照理性的标准行动。因此，历史就是我们的理性潜能逐渐实现为自由的过程，历史是一个理性自由的故事。

在实证主义者看来，《历史哲学》的这个主导思想就根本无法在历史中得到证实。历史充满了偶然和非理性的因素，说它是精神自身的发展纯属无稽之谈。然而，黑格尔并非不知道历史的横暴和非理性。他从不幻想历史是一个光明美好的过程。但他认为历史外在的非理性不能否定它内在的理性目标。相反，历史中的非理性对于实现宇宙理性的最终目标是必要的。世界精神就是狡猾地利用了"世界历史个人"的非理性动机实现它的理性目标。一切历史的偶然性最终都可以在理性的必然性中得到解释。

然而，这种形而上学的目的论的解释是致命地笼统的。精神如何支配"世界历史个人"，使他们像他们所做的那样行动？如何来证明历史的目标是合理的（理性的），假如历史的目标还未完全呈现？而如果历史的目标已经呈现，凭什么说它是合理的？答案只能是个人行动的结果证明是合理的。但我们正是凭借假定的合理的理性目的才能判断哪些结果是合理的。这里显然有一个循环论证的问题。黑格尔的历史哲学就像一切形而上学目的论一样，无法避免这种循环论证。

但问题还不纯粹是理论的。在谈论历史的时候，人们很难不联系自己的历史经验，即使黑格尔自己也不免如此。在经历了上个世纪种种极其悲惨的历史事件后，人们很难相信黑格尔的理性主义历史观，正如愈来愈少的人相信神正论一样。人们更难相信人类所遭受的种种苦难和牺牲都是实现自由的必要，也是不可避免的代价。我们的文明在微观层面上越来越理性化，而在宏观上看，到了几近荒诞和疯狂的地步，这使得黑格尔的理性主义历史观更不可信。黑格尔的历史哲学有明显的末世论的色彩，精神自我发展的目标一旦达到之后，历史就圆满了；此后，经验的历史还会继续，但精神的可能性则已穷尽。尽管不久前还有人用这种末世学来解释最近的历史，同时也用最近的历史来证实这种学说，但对于多数人来说，这种末世学仍然十分可疑，因为人们难以相信它能消化原则上是无穷的历史的变数和不确定性，这就使它不能不具有基督教末世学的命运（它本来就是后者的一个变种）。

尽管如此，黑格尔的《历史哲学》并不因此失去它永久的价值，正如人们对他的种种批评不能动摇他在历史上的不朽地位一样。一部毫无错误的著作（如果有的话）很可能是一部毫无价值的著作；而一部有着明显错误的著作，未必不是一部值得反复阅读的经典。黑格尔的《历史哲学》就是这样一部经典。当然，预先带某种公式或成见去读经典，得到的只能是这公式或成见给予的东西，而不是经典所蕴含的无穷智慧。

美国哲学家弗里德利希在给《历史哲学》英译本写的序中指出，《历史哲学》是黑格尔哲学的核心和中心，是一部有着最深刻影响的著作。黑格尔始终将思想与历史视为同一个过程，他自己的哲学就是历史的产物，必须历史地理解。离开历史的语境，黑格尔哲学及其意义就无法得到真正的理解。

德国哲学家勒维特说过，黑格尔的整个体系基本上是用历史术语思考出来的，在他之前没有别的哲学家这么做。在黑格尔之前，还没有一个哲学家像他那样，试图全面把握历史的性质。正是黑格尔，第一个提出了"世界历史"的概念。但黑格尔并不是要写历史，而是要写历史的哲学。尽管他甚至被人指责为"历史实证主义者"，但他绝不是要实证地描述具体的历史进程，而是要提供一个全面理解人类历史的构架。

但黑格尔从未以此为借口，无视基本的历史事实，随心所欲地编织一个历史哲学，或以体系的教条来曲解和重新组织历史事实。实际上，正像甘斯在为《历史哲学》第一版所写的序言中所指出的那样："事实上这本书的主要优点之一，就是它虽然非常富于思辨的活力，但是还适当地注意了'经验的事物'和'现象的事物'；它既排除了主观的'推理'，但又不勉强把一切历史纪录装在一个公式的模型里；既在逻辑的发展上和历史叙述显然散漫而无秩序的路线上把握着和表现着那个'观念'，但又不让这种步骤侵犯历史的叙述。因此，那所谓先天的方法——这在事实上就是不用历史的事实而'著作'历史——是和本书所表现的方法完全不同的。本书著者无意以神衹自居去创造历史，而只是从一个凡人从事探讨那已经创造出来的'历史'、那孕有理性而且富于观念的'历史'。"

黑格尔对近代流行的"抽象"思维方式一直持批判的态度，甚至认为法国大革命就是这种"抽象性"的产物。他始终坚持真理是具体的，尽量让事实本身来说话，从不把理念强加给事实。黑格尔的《历史哲学》在事实陈述方面最易为人诟病的也许是他关于东方文明的描述了。其实，黑格尔在准备《历史哲学》的这部分内容时，还是看了有关的材料，一国接一国地研究了它们的发展，只是阅读和消化都不够充分，他那个时代西方对东方的了解总体上说也还很不够。再加上当时西方对东方文化的普遍偏见，黑格尔也不能免俗。用一位西方学者的话说，黑格尔的"不幸就在于他所阅读的那些偏狭作家们缺乏理解力。他们所感受和体验的是跟他们自己的西方基督教文明不同的东西，而黑格尔由于自己的基督教倾向，也就不难采用他们的看法进行解释"。这样，黑格尔在阐述东方文化时的种种错误就是不可避免的了。正因为如此，我们不能得出黑格尔不顾事实、任意曲解的结论。问题在于黑格尔看到的"事实"本身有问题，而根据有问题的事实得出有问题的结论是任何人都可能犯的错误。但这与故意不顾事实和曲解事实不是一回事。

黑格尔是辩证思想的大师，他和他的思想本身都应该受到辩证的对待。用形而上学的知性方式对待黑格尔，除了愚蠢地表示自己比黑格尔高明之外，是从他那里丝毫学不到有益的东西的。黑格尔是个体系哲学家，但与其他体系哲学家不同的是，他的体系是一个异质性的体系，而不是一个同质性的体系。也就是说，他的体系本身是一个辩证的结构，充满着内在的张力。每一种观点只有与它对立的观点结合在一起考虑，才能真正被把握。每一个观点本身也包含着自身异化和否定的因素。《历史哲学》这部著作本身也不例外。

例如，黑格尔强调历史发展的必然和规律，历史在他看来是有意义、有内在联系的事件的系列与过程；但它绝不是一个可以从简单的公式中推导出来的过程。虽然历史深处的确隐含着它自身的规律或逻辑，但这种规律或逻辑恰恰是通过历史的偶然性起作用的。因此，黑格尔并不比任何一个别的历史哲学家或历史思想家更轻视偶然性在历史中的作用。但是，重视偶然性并不是将历史描述为一幅众声喧哗、杂乱无章的画面，而是要从整体上把握历史的内在原因与过程。这不仅不能以牺牲偶然性来达到，而且必须通过理解偶然性来达到。

在某些自称是黑格尔的传人那里，历史是一个有规律、分阶段的进步（进化）过程，是一线单向的同质过程。但在黑格尔看来，历史是一个充满内在断裂的异质性过程。法国著名的黑格尔专家敦德说："在他之前，没有任何人像他那样爱好地关注过连续的历史阶段中断裂现象的重要性，也没有人像他那样爱好地关注过它们之间的差别和每一时期作为一个环节或阶段的自我封闭问题。"承认历史的断裂，使黑格尔避免了欧洲文化中心论的偏见，而能承认其他民族和民族文化的不同；承认现代和古代之间不是一线单传，而是存在着规范形态的不同。不同的历史阶段其实是不同的世界，尽管它们都是精神的不同表达。黑格尔从未简单地将历史进程公式化。在这方面，《历史哲学》与后来那些意识形态的历史哲学有着明显的区别。

虽然黑格尔认为历史是一个理性的过程，但这绝不是说，它是一马平川的坦途，是理性凯歌行进的记录。相反，它是一个充满斗争的过程。因为作为历史的主体和理性的代理人，人并不是像18世纪启蒙思想家所理解的那样，是按照机械模式来行动的。人是自由的，但自由作为人的本质，不是先天具有的权利或性质，而是通过斗争和克服障碍得到的。并且，这些障碍就是人活动的产物。所以黑格尔说精神是在与自己斗争，将自己作为自己最难对付的障碍来克服。总之，作为历史目的的自由，其形式是先天的，其内容却由人的生存斗争来规定。用黑格尔自己的话来说就是，精神将历史的一切阶段和因素包含在自身之内。

人类的历史不只是精神自我完成的历史，而且也是精神自我否定的历史。世界精神通过所谓"世界历史民族"创造一种生活样式来实现它各个阶段目的。一旦这个民族的潜能在创造某种生活样式中全部实现，它的历史作用就结束了。同时，创造的结果变成了桎梏，变成了导致该民族最终灭亡的毒药。"一个民族的生命结成一种果实，因为民族活动的目的在于贯彻它的原则。然而这一个果实并不回归到产生它的那个民族的怀中去；相反地，它却变成了那个民族的鸩毒，因为它对于这样的鸩毒具有无穷的渴望：这个鸩毒一经入口，那个民族也就灭亡，然而同时却又有一个新的原则发生。"[1]这就是说，历史发展的任何一个阶段都包含着它自身毁灭的种子，都要否定它自己。这个自

---

1 黑格尔：《历史哲学》，第79页。

身毁灭的种子，不是别的，正是这个阶段的创造原则。人要克服的障碍不是令人厌恶的东西，而恰恰是自己努力的结果！结果是新的生活样式的出现，代表着历史发展的又一个阶段。

但这不是一个轻松愉快的新陈代谢的过程，而是一个不断破坏和否定的过程。黑格尔在《历史哲学》中用古希腊神话中克罗诺斯的故事来说明这一点。克罗诺斯是时间之神，是世界最初的统治者。它吞食自己的儿女，即人类所创造的一切，最后它自己被宙斯吞没。宙斯带来了艺术和理性，建立了国家，但它并没能最终制止时间的毁灭力量，它自己也无法长存。在黑格尔看来，思想本身具有一种本质的异化力量，能摧毁一切思想的成果。因此，人类的历史其实也是人类异化的历史。人类为他们创造的文明所制约，为眼前的创造物所转移，忘记了自己的长远目标，以为自由已经获得。因此，人类会以为，并总是试图使一个已经确立的文化永世长存。人类的历史是人类与其真正利益相疏远的历史，但同时也是他们实现的历史。

这就是黑格尔特有的深刻的地方！尽管他也想叙述精神发展的圆满，但他天才的现实敏感总使他的叙述隐含着另类因素。黑格尔著作的魅力也在这里。黑格尔的确认为，自由的精神在他的时代，确切说，在当时的普鲁士国家实现了。实际上，他对当时的"旧世界"还有另外一种看法。在《历史哲学》中，他借用拿破仑的话"这个衰老的欧罗巴使我无聊"，隐晦地表达了他对欧洲现状的真实看法，并且对新世界所发生的一切还只是旧世界的"回声"表示遗憾。而在给他的一个学生的信中，他对现代欧洲的否定就十分明显了，他认为欧洲已经成了一种监狱，在这监狱中，只有两种人仍似乎能自由行动：一种人是狱卒；另一种是在这监狱中已经找到一个地方可以明哲保身、与世无争的人。也就是说，在这现代性监狱里，自由只是旁观者的自由。这显然是韦伯的"冰冷的铁盒子"的先声。黑格尔寄希望于美国和俄国，希望它们能发展出一种新的可能性。不管黑格尔的这个希望是否会落空，他对于现代欧洲的复杂看法，足以使我们改变对他的成见。

单单《历史哲学》，自然不可能使我们全面地了解黑格尔的思想，但的确可以从中读出一个异质的黑格尔，一个自己和自己斗争的黑格尔，如果用心读的话。这肯定要比人们津津乐道《历史哲学》中某些表面结论有价值得多。

黑格尔在中国
一个批判性的检讨

　　黑格尔哲学传入中国，从马君武 1903 年在《新民丛报》上撰文介绍开始算起，迄今已有一个世纪的历史。在这一个世纪里，黑格尔在中国的命运可以说是戏剧性的。在相当程度上可说是拜马克思主义哲学所赐，这位马克思的私淑老师在中国曾经具有仅次于马克思主义经典作家的"亚圣"地位，是中国西方哲学研究中风头最劲的研究对象，而且影响远远超出哲学界，在其他人文科学和社会科学研究领域都有相当影响。可是，改革开放以后，虽然黑格尔研究在某些方面还有开拓，如对他早期思想的研究等，但总的来说，黑格尔研究呈江河日下之势，以前研究黑格尔的学者，陆续向黑格尔告别，而年轻一辈的学者，将黑格尔作为自己研究对象的已经不多了。相反，在一些西方学者的影响下，黑格尔是反动哲学家或传统形而上学家的说法却似乎成了不刊之论，成为人们蔑视和轻松打发黑格尔的堂皇借口。尽管黑格尔研究并未中止，却不但与当年的盛况不能相比，而且与黑格尔的重要地位也是不相称的。

黑格尔研究在中国的萧条和冷落，固然有些外部原因，但却与我们以往对黑格尔哲学的理解有很大的关系。坦率说，人们对黑格尔哲学的冷落，在一定程度上是受了国外学者一些说法的影响，但国外学者对黑格尔并非只有一种看法。我们之所以更多接受否定的看法，与我们自己对黑格尔哲学的理解有着内在联系。本文的目的不是要追溯黑格尔哲学百年来在中国的研究传播过程，[1] 而是要从学理上批判地反省一个世纪以来我们对黑格尔哲学的理解。这里的"批判"不是"否定"的意思，而是"判断""评价"和"考察"的意思。正是学术前辈筚路蓝缕的开创之功，才使我们今天得以进行这样的批判。在此意义上，批判是站在他们的肩膀上进行的。

一

上个世纪 30 年代，在纪念黑格尔逝世一百周年时，中国学术界曾经发生了一场关于黑格尔哲学的争论，虽然这

1　有关这方面的事实，杨河、邓安庆两先生撰写的《康德黑格尔哲学在中国》（首都师范大学出版社，2002 年）已作了出色的梳理。

场争论后来几乎被人遗忘，但在今天看来却有重要的意义。这场争论的焦点，在于如何理解黑格尔哲学，具体而言，如何理解他的形而上学。先是张君劢 1931 年在《北平晨报》上发表了题为《黑格尔之哲学系统与国家观》的文章，提出黑格尔所致力的是本体论和形而上学，而不是认识论。因认识论"每以宇宙为已成之局，但问其何以能为吾人所识认，而不问其所以变迁之故"。而黑格尔认为外部宇宙如何造成是自然科学家的事，"自论理学上以默察宇宙所以造成，则哲学家之事也。以哲学家自居于创世之主人，而推想此世界之所以造成，与其必经阶段，……"[1]。

张颐却认为，张君劢对黑格尔形而上学的理解实际是把形而上学理解为天地开辟论或世界创造论（cosmogony），甚至神学意义上的创世学说。形而上学的职志是阐明本体的真性和宇宙的结构。所以"哲学家的问题亦只为宇宙之如何结构（How is the universe constituted？），而非宇宙之造成（Why or how is the universe created？）"[2]。如果说张君劢在意的是宇宙的创造的话，那么张颐在意的就是宇宙的结构了。"结构"是西方哲学中一个极为重要的概念，也是中国人不太讲因而常常忽略的概念。如果张颐能沿着这个思路走下去的话，也许真能提出与张君劢不同的理解。

1　张君劢：《黑格尔之哲学系统与国家观》，《资产阶级学术思想批判参考资料》（内部材料），第九集，第 312 页，北京：商务印书馆，1961 年。
2　张颐：《读克洛那、张君劢、瞿菊农、贺麟诸先生黑格尔逝世百年纪念论文》，《资产阶级学术思想批判参考资料》，第九集，第 32—33 页。

可惜张颐对他自己的观点并未进一步详细申论，却急于指出张君劢的误解。

张君劢回答说，他所说的"造成"（creation）当然不是宇宙起源论或宇宙创造论的天地开辟的意思，而是指"论理学上世界造成也"，即宇宙生成的逻辑条件。他不认为讲"造成"有什么问题，因为黑格尔本人也多次用这个词。并且，我们也不应该忘记，"黑氏本以形上学为立场，本以上帝为主题也"。证据就是他在《逻辑学》导论中说的，逻辑学的内容是"**上帝的展示，展示出永恒本质中的上帝在创造自然和一个有限的精神以前是怎样的**"[1]。张君劢的这个答辩在张颐看来是反而坐实了他对张君劢理解的怀疑。他重申，形上学问题为宇宙之"结构"（constitution of the universe），为其"组织大纲"（general structure）。"或曰宇宙之真性，或曰最终实在。"黑格尔的逻辑学是"研究宇宙本体及其恒久元素（即范畴）所形成之纯理系统者也"[2]。他认为，形而上学的内容，是在展示宇宙的本体，所以黑格尔的逻辑学不是告诉人们宇宙的创造，而是宇宙的演化。"演进事实，固与一次创造迥然不同，欲明演进，求之创造，不啻缘木求鱼也。"[3] 至于黑格尔讲的上帝，不过是形容夸张的说法，我们于此等处不必拘泥于字面，遂至以文害辞，

1　黑格尔：《逻辑学》（上卷），第 31 页，杨一之译，北京：商务印书馆，1966 年。

2　张颐：《关于黑格尔哲学回答张君劢先生》，《资产阶级学术思想批判参考资料》，第九集，第 44 页。

3　同前，第 45 页。

以辞害意。上帝可以译为"宇宙本体"。总之,黑格尔哲学"不必言创造,不宜言创造,言创造必有极大困难"[1]。这下反而让张君劢觉得他与张颐的分歧不是"造成"或是"结构",而是上帝或宗教在黑格尔哲学中的地位。但纵观他们的争论,分歧的确是在造成或是结构,上帝和宗教问题只不过是问题的引申。主张"造成"必然以黑格尔关于上帝的论述来证明,恰恰暗示这种对黑格尔形而上学的理解离神学的理解不是很远。

如何理解黑格尔的形而上学或黑格尔的逻辑学,是理解黑格尔哲学的关键。直到今天为止,它仍然在暗中支配着黑格尔研究。它关系到黑格尔研究本身的命运。就此而言,二张的争论所关匪细。19世纪黑格尔的研究者和批判者大都像张君劢那样将黑格尔理解为一个思辨的宇宙论者或精神一元论者,黑格尔的形而上学是典型的传统形而上学。[2]直到今天,这样理解黑格尔形而上学的仍大有人在,如查尔斯·泰勒。他在《黑格尔》一书中这样解释黑格尔的形而上学:"可以认为精神的基本目标简单地说就是那个精神或理性主体性,……可以表明宇宙的计划必然来自那个单一基本的目标:成为那个理性主体性。"[3]实在是由精神构成的。精神是个创造性的过程,它将实在的各个方面作

1　同前,第51页。

2　这方面的材料可看 *G.W.F. Hegel: Critical Assessments*, Edited by Robert Stern, vol. 1（London & New York: Routledge, 1993）。

3　Charles Taylor, *Hegel*（Cambridge: Cambridge University Press, 1975）, p. 93.

为自己自我实现的必然过程的一部分整合成一个整体。"但是，对于精神来说，无物是在作为赤裸裸的事实的意义上被给予的。唯一的出发点是要求主体性存在，唯一加给这个主体性的'积极'内容是理性，这属于它的本质。"[1] "绝对观念论意味着任何存在的东西都是观念，即理性必然性的一种表现。一切都为某个目的存在，成为理性的自我意识的目的这个目的，要求所有存在的东西都是理性必然性的表现。因此，绝对观念论与柏拉图的构成外部存在基础的理性秩序具有存在论优先性的思想有关，而不是与近代笛卡尔以后依赖认知心灵的思想有关。"[2]

经过反形而上学洗礼的现代哲学，是无法接受这种形而上学的。分析传统一路的西方哲学家，往往就因这样理解黑格尔的形而上学而将其作为"胡说八道"加以拒斥。而仍然同情和欣赏黑格尔哲学的人，则希望分清黑格尔哲学中的"活东西和死东西"。他们要么认为应该将以《逻辑学》为标志的黑格尔的形而上学完全舍弃，而只接受他的政治哲学和社会哲学，认为黑格尔哲学的价值全在于此，如卢卡奇、托伊尼森、西普、科耶夫、伊波利特，甚至查尔斯·泰勒也可以算上；要么试图对黑格尔的逻辑学进行非形而上学或康德式的重新阐释，使之成为纯粹的范畴学说，以使黑格尔的逻辑学可以为普遍反形而上学的西方哲学界接受，

1　Ibid., p. 94.

2　Ibid., p. 110.

如克劳斯·哈特曼、J. N. 芬德莱。[1] 当然，仍然有人坚持黑格尔的哲学乃是一个整体，他的体系的、"形而上学"的思想与他的政治社会思想是一体的，前者是后者的基础，黑格尔的逻辑学应该是他整个哲学大厦的基础。如果这样，那么问题仍然是如何理解他的逻辑学或他的形而上学。在这个问题上，西方学者也有两条不同的思路。这两条思路都可称为"非形而上学"的，如果我们狭义地将形而上学理解为前康德意义上的形而上学的话。这两条思路一条是美国哲学家皮平提出的"唯心论"（idealism）思路，即将黑格尔哲学理解为康德哲学的完成。[2] 另一条思路是以一些德国哲学家为代表的，以主体间性和社会本体论来解释黑格尔的基本思想的思路。[3]

相比之下，我国学者似乎并没有意识到黑格尔的形而上学和如何理解黑格尔的形而上学是个关键问题。贺麟先生就认为张君劢与张颐关于黑格尔的争论内容"不是什么大问

1　Cf. Klaus Hartmann, "Hegel: a non-metaphysical view", in *G. W. F. Hegel*: *Critical Assessments*, Edited by Robert Stern, vol. 3, pp. 243-258. J. N. Findley, *Hegel*: *A Re-examination*（London: George Allen & Unwin, 1958）.

2　Cf. R. B. Pippin, *Hegel's Idealism*: *The Satisfactions of Self-Consciousness*（Cambridge: Cambridge University Press, 1989）.

3　Cf. Hans Brockard, *Subjekt. Versuch zur Ontologie bei Hegel*（Müchen: Pustet, 1970）. Hans Fr. Fulda, *Das Problem einer Einleitung in Hegels Wissenschaft der Logik*（Frankfurt am Main: Kolstermann, 1965）. Michael Theunissen, *Sein und Schein. Die kritische Funktion der Hegelschen Logik*（Frankfurt am Main: Suhrkamp, 1978）. Vittorio Hösle, *Hegels System. Der Idealismus der Subjektivität und das Problem der Intersubjektivität*. Band I: Systementwicklung und Logik（Hamburg: Felix Meiner, 1987）.

题"。[1] 我国学者对于黑格尔哲学的理解，1949 年之前是处于新黑格尔主义的影响下；[2] 1949 年之后则是基本接受了马克思主义的观点，但都将黑格尔的形而上学作为黑格尔哲学最重要和最核心的部分来理解。虽然对于黑格尔体系如何组成有两种不同看法，[3] 但在《逻辑学》是核心和基础这一点上应该并没有分歧。中国的黑格尔研究的这个特点，是非常值得注意和研究的。

新黑格尔主义者（尤其英美的新黑格尔主义者）都重视形而上学，并且都试图沟通宗教与哲学，因而他们一般都是从神学-存在论出发理解黑格尔的形而上学。唯克罗齐是个异数，在他看来，逻辑学和自然哲学属于黑格尔哲学中的"死东西"。但他的这个思想对中国的黑格尔研究者没什么影响。当时中国的黑格尔研究者对黑格尔的形而上学虽然不都是持与张君劢相似的理解，但一般都认为黑格尔的本体论（存在论）[4] 与神学有着内在关联。例如，贺麟就认为，作为黑格尔中心思想的本体论证明本来是神学家提出的问题。[5] 在1949 年之前发表的《黑格尔理则学简述》中他这样写道："本体论证明的关键是说'凡理性的就是实在的'。这思

1　贺麟：《五十年来的中国哲学》，第 106 页，商务印书馆，2002 年。
2　同前，第 117 页。
3　即贺麟提出的主要由《精神现象学》《逻辑学》和《精神哲学》（包括《自然哲学》《历史哲学》《艺术哲学》和《法哲学》）三个环节组成和张世英提出的由逻辑学、自然哲学和精神哲学三部分组成这两种观点。
4　我认为 Ontology 应该译为"存在论"，因本文涉及的许多引文都是用"本体论"这个译名，为保持一致，姑且也用"本体论"这个译名。
5　贺麟：《五十年来的中国哲学》，第 125 页。

想包含思有合一，本质与存在合一，体用合一。因为体用合一，所以有一方面，就有另一方面。用对上帝信仰之真诚以证明上帝之存在。推而广之，也可以说由主观之'诚'，以证明客观之'物'。"[1]虽然这种理解与张君劢的理解有异，但只要认为本体论证明实则来自神学的上帝存在证明，那么离张君劢理解其实也并不很远。

1949 年以后中国大陆学者对黑格尔的研究诚如王树人先生所说："在很长一段时间里，并不是从发展黑格尔哲学的研究出发，而是从马克思、恩格斯、列宁对于黑格尔哲学的评价出发。实质上，中国人的这种研究，乃是把马、恩、列的评价，既当作出发点，又当作归宿。或者说，把黑格尔哲学研究变成围绕马、恩、列的评价兜圈子，变成对他们评价的图解。"[2]但耐人寻味的是，人们对黑格尔形而上学的理解，除了给他加上一顶客观唯心主义的帽子外，基本上仍不脱张君劢的路子，张颐的理解几成绝响。如贺麟先生在这个问题上的理解即与 1949 年之前没有太大的不同，他仍然认为黑格尔是"用逻辑学代替神学"[3]，"用逻辑学即宗教哲学代替宗教"[4]，"黑格尔的观点，就是思维创造世界"[5]。"黑格尔把上帝存在的证明，变成了从上帝

---

1 贺麟：《黑格尔理则学简述》，第 38 页，北京大学出版部，1948 年。

2 王树人：《散论黑格尔哲学研究》，《哲学研究》，1989 年第 9 期；转引自杨河、邓安庆：《康德黑格尔哲学在中国》，第 169 页。

3 贺麟：《黑格尔哲学讲演集》，第 287 页，上海人民出版社，1986 年。

4 同前，第 229 页。

5 同前，第 250 页。

的存在过渡到上帝的思维，又过渡到上帝的存在。把思维与存在的问题，同上帝的存在证明结合起来。黑格尔认为逻辑范畴的体系，就是上帝创造世界所要遵守的图案。"[1] 这个理解其实与张君劢的理解相当接近，但由于与马克思所说黑格尔哲学是"思辨的创世说"相一致，成了我国学界的一个通行的理解。人们认为，黑格尔的"绝对精神"，"不过是用哲学装扮过的宗教的'上帝'"。[2] "上帝与他所说的绝对精神（包容和创造一切的概念）是一个东西，所以，绝对精神自身具有的特性，也就是上帝的特性；绝对精神能够外化为自然、社会等一切现实存在，也就相当于上帝创造世界的过程。"[3]

这样的理解，似乎已成定谳。这种唯心主义加神学的理解使得黑格尔的形而上学或本体论在 1949 年以后被基本否定，不可能成为大陆学者的研究重点。与此同时，既然我们的黑格尔研究以马克思主义经典作家对黑格尔的评价为出发点和归宿，那么当然研究兴趣和重点会有相应的倾斜。马克思主义经典作家无一不对黑格尔的辩证法表示了高度赞扬，那么辩证法就成了黑格尔研究的重点和热点。虽然 1949 年之前已有相当一部分研究者对辩证法展开了研究，包括贺麟，但深度与广度是远不能和 1949 年以后相比的。

另外，根据列宁关于黑格尔的逻辑学是本体论（存在

1　同前，第 229 页。

2　张世英：《论黑格尔的逻辑学》，第 40 页，上海人民出版社，1981 年。

3　王树人：《思辨哲学新探》，第 57 页，人民出版社，1985 年。

论）、认识论和逻辑三者统一，以及哲学的主要问题是认识论的说法，出现了主要从认识论上来研究黑格尔逻辑学的做法。有人甚至提出："唯有从认识论的观点，才能打破黑格尔《逻辑学》的框架，较多理解黑格尔所描述的逻辑内容自身的辩证运动，实际就是人类对客观世界认识的矛盾发展。"[1] 但从认识论上去研究黑格尔的形而上学还有历史的原因。中国最早的黑格尔研究者之一张颐 1924 年从欧洲回到上海，就发现"所遇友朋皆侈谈康德，不及黑格尔，竞言认识论，蔑视形而上学"[2]。以至于只知有康（德），不知有黑（格尔）。这表明相当一部分对西方哲学有兴趣的人向来对认识论的兴趣远过于对形而上学的兴趣。个中原因，殊耐寻味。在上述列宁看法的激励下，转而用认识论研究黑格尔的逻辑学就是颇为自然的事。最后，对黑格尔形而上学的宇宙论理解也几乎必然会导致对他逻辑学思想的认识论理解：如果黑格尔的哲学是以阐明绝对精神的历史发展为目标，而这个发展不过就是宇宙创造和演化的构成的话，那么为什么不可以把黑格尔哲学视为一种要认识贯穿于自然界、历史和人类精神中的普遍规律和法则的努力？即一种认识论，即使是与本体论一致的认识论？而辩证法作为认识活动的本质，具体表现为辩证逻辑，它作为一种狭义的逻辑学说，直接与认识论一致，作为纯逻辑，

1　杨一之：《黑格尔〈逻辑学〉的"有"与"无"》，《新中国哲学研究 50 年》（中），第 802 页，人民出版社，2005 年。
2　贺麟：《五十年来的中国哲学》，第 104 页。

它是作为思维规律和语言表达规律的认识论。[1] 这样，对辩证法的研究最终在很大程度上也成了一种打着逻辑与认识论一致旗号的认识论研究。在"客观唯心主义"的定性下，黑格尔哲学唯有其辩证法为大家肯定，因为马、恩、列肯定，它的"倒立的唯物主义"或"最多最多的唯物主义"也主要集中在这里；至于他的本体论（存在论）和形而上学，既然已被定性为唯心主义，自然充其量只有批判价值而无研究价值。

二

但是，黑格尔本人并没有说过他的逻辑学是本体论、认识论和逻辑三者的统一，因为这种说法本身就违背了他关于逻辑的看法。对于黑格尔来说，逻辑就是形而上学，与传统意义的逻辑根本不是一回事，也不可能是与形式逻辑、符号逻辑并列为三的又一种"逻辑"——辩证逻辑。本体论、认识论、逻辑三者统一的说法虽然承认了"统一"，却隐然有"逻辑"是单独一哲学科目的意思，而这对于黑格尔是不可想象的，在他看来，逻辑既然是形而上学，它也就是哲学本身。与海德格尔形成明显对照的是，他不太把本体论放在嘴上。对他来说，重要的是形而上学，一个民族

1　参看杨河、邓安庆：《康德黑格尔哲学在中国》，第 408 页。

没有形而上学，就像一座庙没有神一样。[1]

不过，黑格尔的"形而上学"有其特殊的意义。一方面，黑格尔完全赞同康德对旧形而上学的批判，在他看来，那种形而上学是"**单纯知性观点**"[2]。尽管这样，它仍要比后来的批判哲学站得高，因为"这种科学把思想规定视为**事物的根本规定**；它的预设是：**存在**的东西，凭借它被**思考**而**自在**地被认识"[3]。黑格尔赞赏旧形而上学肯定事物本身知识的可能性。但是，旧形而上学只是独断地肯定那些抽象的思想规定，而没有对它们的有效性进行理性的批判考察，从而既未能给它们提供一个坚强的基础，自己也缺乏基础。

康德批判哲学的功绩在于实际上表明了这一点，绝非如后来某些人所认为的那样要"拒斥"形而上学。恰好相反，他要追求"科学的形而上学"。他不但提出"道德形而上学"或"自然形而上学"，更试图通过他的先验逻辑来重建形而上学，这一点得到黑格尔的高度赞赏。对于康德来说，形而上学就是要研究我们认识活动的必然结构，进而研究一切理性活动或有关领域中可认识对象的必然结构。但恰恰是这些结构的发现，使康德得以批判将知识延伸到由这

---

1 参看黑格尔：《逻辑学》，上册，第2页，杨一之译，商务印书馆，1966年。
2 黑格尔：《逻辑学》（即作为《哲学全书》第一部分的小逻辑），第81页，梁志学译，人民出版社，2002年。
3 同前，第82页，译文有改动。

些必然的范畴和原理开启和组织起来的领域之外的企图。[1]

从表面上看，黑格尔的逻辑学正是这种康德意义上的形而上学，它也研究思想的必然结构，它也是对思想范畴的先验分析，而不是试图前批判地假设或直观存在的必然结构。但是，黑格尔根本不同意康德将知识的条件归于一个只能思维不能认识的领域。在他看来，形而上学就是研究思想所把握的事物的科学，而思想是表达"**事物的本质**"的。[2]形而上学并不是宇宙论，并不要发现一个超级实体，如宇宙的自我、世界灵魂或上帝之类的东西。它只要在思想中把握世界的本质，这本质不是在思想之外，而是思想自身发展出来的东西。因此，黑格尔的形而上学并不是康德前的旧形而上学，虽然由于它本身的复杂性极易被人认为是旧形而上学。人们自然可以从认识论上去研究黑格尔哲学，[3]但不应忘记黑格尔哲学本身的目标，更不能脱离他的形而上学这个前提，尤其是在以他的逻辑学为主要研究对象时。

无论是从形而上学还是从认识论上去研究黑格尔哲学，有几个它的基本概念是必须加以澄清的，因为这些概念极为重要又极易误解。一旦这些概念理解有误，黑格尔哲学就不再是黑格尔哲学了。这几个概念是"思"（Denken）、

1　Cf. David Kolb, *The Critique of Pure Modernity*（Chicago & London: The University of Chicago Press, 1986），p. 41.

2　黑格尔：《逻辑学》，梁志学译，第 68 页。

3　西方学者也有这么做的，如 K. R. Westphal, *Hegel's Epistemological Realism: A Study of the Aim and Method of Hegel's "Phenomenology of Spirit"*（Dordrecht: Kluwer, 1989）。

"思想"（Gedanke）、"概念"、"精神"。这些概念是黑格尔哲学最基本的概念，也是理解他哲学的关键。

首先是思和思想。人们认为逻辑学就是认识论，很大程度上是因为未能区分思与认识，以为逻辑推演就是认识过程。"逻辑学不过是以逻辑的'纯粹概念'的方式表达人的认识过程的学说。……逻辑学是关于思想、概念的学说，它只是**以思想、概念的方式**表述人的认识过程。"[1] 基于这种认识，人们认为逻辑学的发展序列与经验认识的发展序列大体上是相应的，存在论相当于感性认识阶段，本质论相当于知性认识阶段，而概念论则相当于理性认识阶段。逻辑学明明是一个结构性的范畴系统，由于被看成了人的认识过程，自然也就可以谈"人的主观能动性"了。而要谈"人的主观能动性"，没有一个"主体"是不行的，于是，有人认为主体是神秘化的思维过程，或逻辑化的概念，但归根结底还是人，因为"事实上根本不存在无人身的主体，因而所谓主体概念，不过是把人和人类变成黑格尔逻辑体系的最高项而已"[2]。但是，黑格尔的思和思想并不是认识论意义上的"认识"。

认识论意义上的"认识"一般指人的一种主观能力和实施这种能力的活动，不涉及内容。而黑格尔的思和思想却都本身就是内容与活动。Denken 现在一般译为思维，可是在汉语中，"思维"指的是人的一种精神能力和实施

1　张世英：《论黑格尔的精神哲学》，第 79 页，上海人民出版社，1986 年。
2　王树人：《思辨哲学新探》，第 135 页。

这种能力的活动，一般不涉及思维内容。思维内容我们不会说思维，而是说思想。Denken 作为一个哲学概念，在黑格尔哲学中有特定的含义。首先，它并不是指一般意义的思维，如考虑如何解题或选哪一个搭档这类思维。思不是知觉性的表象，而是"把某物设定为**普遍物**，……把它作为普遍物而提供于意识"[1]。黑格尔在《法哲学原理》中给 Denken 下的定义说明他的这个概念意在普遍物，而非个别、有限的非本质的东西。普遍物是概括力的结果，所以黑格尔说思是一种结合，是将杂多串联和结合在统一中。[2] 非哲学的科学的认识手段是经验和理智推理，哲学却是用自思（Selbstdenken）的方法，它要在经验中寻找普遍、规律。它在思中以"普遍规定、类和规律"来改变现象的单一性，使它成为能被哲学接受的特殊内容。但这绝不能理解成什么"主观能动性"。

近代西方哲学一般认为思是"一种精神活动或能力，与此**并列**的是其他精神活动或能力，即感性、直观、想象等等，欲求、意志等等。思维的**产物**、思想的规定性或形式，一般说来是**普遍东西**、抽象东西。所以，作为**活动**的思维是**能动**的普遍东西，具体地说，是实现自身的普遍东西，因为活动的功绩、阐释的结果正是普遍的东西。思维作为**主体**来看是**能思维者**，并且现实存在的主体作为能思维者的

1　黑格尔:《法哲学原理》，第218页，范扬、张企泰译，商务印书馆，1979年。

2　Hegel, *Philosophische Propädeutik.* Werke hg. H. Glockner, Bd. 3, S. 114.

简称就是**自我**"[1]。这恐怕也是我们今天大部分人对思的理解。可是，我们知道，这只是笛卡尔传统对思的理解，并非天经地义。黑格尔特别提醒他的读者"不可认为是关于思维的什么主张或我的**意见**"[2]。因为黑格尔的思恰恰不是那种一味要发挥"主观能动性"的思，相反，哲学之思就在于"略去**特殊**的意见和见解，让自己受事情本身支配"[3]。这与后期海德格尔的说法如出一辙，甚至"让事情本身支配"的表达都非常一致。但是，听任笛卡尔—康德传统的现代性思维方式是不可能"让事情本身支配"，而只能发挥"主观能动性"，只有概念辩证法才有可能"让事情本身支配"。"这种辩证法不是主观思维的**外部**活动，而是内容**固有的灵魂**，它有机地长出它的枝叶和果实来。……作为主观东西的思维只是袖手旁观，它不加上任何东西。"[4]由于我们将 Denken 翻译为"思维"，而我们又已习惯了笛卡尔—康德式对思的主体性理解，对黑格尔这个非主体性概念的误解就几乎不可避免了。

对黑格尔思的概念的主体性理解也导致对他的思想（Gedanke）概念的误解。Gedanke 一词的希腊文词源就是 logos，而在日常使用中，它也可以用来指事物（事情）本身（Sachen selbst）。例如歌德就称亚当和夏娃是"上帝两

---

1 黑格尔：《逻辑学》，第 60 页，梁志学译。
2 同前。
3 同前，第 68 页，译文有改动。
4 黑格尔：《法哲学原理》，第 38—39 页。

个最可爱的事物"（Gottes zwei lieblichste Gedanken）；而席勒也说过上帝是 der höchste Gedanke（最高的事物）。[1]黑格尔正是要在"逻各斯"和"事情本身"这两个意思上使用 Gedanke 这个词。在《逻辑学》第二版序言中，他称逻辑学是"思想的王国"（das Reich des Gedankens）[2]，接着又告诉我们，逻辑的对象不是**事物**（die Dinge），而是**事情**（die Sache），自在自为的事情，是逻各斯。[3]在作为《哲学全书》第一部分的《逻辑学》即"小逻辑"中，他又指出："思想不单纯是我们的思想，而且同时也是事物和对象本身的**自在**东西。"[4]而黑格尔本人重视的，恰恰是作为逻各斯的思想，它的真正独立和原初的东西。[5]

如果黑格尔的思和思想概念主要不是指人的主观精神能力，或主观能动性，那么思想或者逻辑自身发展的动力何在？这个问题倘若不能正确回答的话，那么必然会得出作为存在论的逻辑学是黑格尔哲学体系中最唯心、最具神秘主义气味的部分的结论，必然会坚持这实际上是一种逻辑化的上帝创世说的看法，必然会认为逻辑学实际上反映了人从感性经过知性到理性的辩证认识过程。

要回答这个问题，必须深刻理解黑格尔的"概念"

1　Cf. *Historisches Wörterbuch der Philosophie*, hg. Joachim Ritter, Band 3, SS. 51-53.

2　黑格尔：《逻辑学》，上册，第 7 页，杨一之译。

3　同前，第 17 页。

4　黑格尔：《逻辑学》，第 104 页，梁志学译。

5　同前。

（Begriff）这个概念，它在黑格尔哲学中具有极为重要的意义和作用，它是黑格尔思辨形而上学的核心。要真正理解黑格尔的哲学，必须正确理解他的"概念"。因为在他那里，"概念才是真正第一性的东西，事物之所以为事物，全靠寓于事物之内的、在事物中显示自身的概念"[1]。逻辑学里的思，归根结底是概念自身的活动。但是，要理解黑格尔的"概念"，就像要理解他的其他概念和思想一样，首先得了解他哲学的目的。

与卢梭一样，黑格尔是他那个时代对现代性问题最敏感的人。他几乎一走上哲学道路就发现，现代的特征是分裂（Entzweiung），表现为精神与物质、灵魂与肉体、信仰与理智、自由与必然、理性与感性、才智与自然、存在与非存在、概念与存在、有限与无限的对立。[2]恰恰是这种分裂产生了哲学的需要："当统一的力量从人们的生活中消失，种种对立失去了它们活生生的相互关系和彼此影响时，哲学的需要就出现了。"[3]哲学的任务是要重建分裂的世界的整体性。[4]而由于这个特殊任务，哲学的基本方法只能是展现事物本身对立统一的概念辩证法。之所以叫"概念辩证法"，是因为概念是黑格尔辩证法的核心。

黑格尔的"概念"首先是针对近代自然科学影响下的

1　同前，第 299 页。

2　Cf. Hegel, *Differenz des Fichteschen und Schellingschen Systems der Philosophie.* Werke 2（Frankfurt am Main: Suhrkamp, 1970）, SS. 21, 24.

3　Ibid., S. 22.

4　Ibid., S. 24.

知性思维方式的。这种思维方式的特点是"一是一，二是二"，将概念视为无联系和"有限的"，它"停留在各个固定的规定性和它们彼此的差别上；每一个这样有限的抽象的东西在作为知性的思维看来是自为地持续存在和现在存在的"。[1] 黑格尔承认我们总是容易这样去思考事物，把世界分为各不相同、自我同一的方面的确能带来很多理智上和实践上的好处。但知性的错误在于忘了所有这些方面都是在一个更复杂的互相依存的背景下的抽象，而以为这就是世界本身。"知性形而上学的独断论在于坚持孤立的、片面的思想规定，反之，思辨哲学的唯心论则拥有整体性原则，并表明自己能够超越抽象知性规定的片面性。"[2]

黑格尔是用他的概念学说来克服"抽象知性规定的片面性"，从而证明世界的有机整体性的。对于黑格尔来说，世界和我们对它的理性经验都是特殊的、延续的和发展的。知性思维方式总是"定格"在某一点上，无法说明世界和我们经验的复杂性与变动性。概念则不然，概念不是像一把铁锹或一个名词那样的死工具，而是一个本身能动的东西，遵循辩证变化。

这听上去的确有点神秘，但只是在我们没有完全了解黑格尔深刻的考虑时才是这样。黑格尔发现，根据知性的态度，概念只是存在论上孤立的共相，他称之为"抽象的普遍性"。这种"抽象的普遍性"的概念只有描述作用，而不能规定

1　黑格尔：《逻辑学》，第 152 页，梁志学译。译文有改动。
2　同前，第 87 页，译文有改动。

事物的本质。根据亚里士多德的传统，概念规定事物的本质，它起到一个目的论的解释作用，即概念是事物在其存在过程中要实现的理想模式或目的；只有符合它的概念，也就是它的本质，事物才是它之所是。但黑格尔的概念学说也吸收了康德的概念思想。康德在《纯粹理性批判》中说："概念就其形式而言始终是某种被用作规则的共相的东西。"（A 106）黑格尔吸取了康德先天概念的如下三个特点——它们无限的普遍性、它们的规定力量和它们在概念上先于它们的实例，并将它们与亚里士多德的本质性概念熔于一炉。他也从康德那里学到了概念不是孤立的东西，不能脱离其他概念来理解。但是，黑格尔比康德更进一步：概念只有在概念的系统中，在它与其他概念的相互关系中才能得到规定和发展。概念是一个规定性的理念，是这种理念系统的一个部分，世界努力实现这些理念，我们根据这些理念理解世界上发生的事。[1]

但是，黑格尔概念学说真正超越亚里士多德和康德的地方，在于概念是一种具体的普遍的思想。概念不是从众多特殊物中归纳抽象出来的共相，而是本身包含差异、矛盾、对立和他者的普遍物："概念的普遍不单纯是一种共同东西，在它对面，特殊有其独立的持续存在，相反，概念的普遍是自己特殊化自己的东西，是在自己的他者中明晰清澈地

1　Cf. Willem de Vries, "Hegel's logic and philosophy of mind", in *Routledge History of Philosophy*, vol. VI, edited by Robert C. Solomon and Kathleen M. Higgins（London & New York: Routledge, 1993）, p. 231.

依然存在于自身的东西。"[1] 概念之所以是能动的，绝不是在我们用它们来思维和认识世界的意义上说的，那将是人的能动性，而不是概念自身的能动性。概念自身的能动性来自它的具体的普遍性，即它内在的差异性和它系统的规定性，在于它的"不纯性"：它既是一，又是多；既是有限，又是无限；既是普遍，又是特殊；既是原因，又是结果；等等。它自身包含的差异、对立和矛盾，使得它不可能"一是一，二是二"，永远如此，永远不变。相反，它的有限性和系统规定性使得它必然自我展开，自我发展。在概念的自我发展中，一切对立作为概念本身的构成因素最终得到克服。

但是，这种自我展开、自我发展是概念自身意义结构性的发展和展开，而不是发生学意义上的运动和发展，不是像一棵植物由种子发展为花朵和果实，"概念完全不可看作某种发生的东西"[2]。正因为如此，概念的种种规定虽然表现为前后相继，但它们的内容本身却不是依附时间，在时间中消逝变化的。[3] 这就像我们解一道数学题的过程当然是在时间中，但这道数学题包含的数的关系及其内在序列却是不依附时间的。逻辑的关系就像数学的关系一样不是由任何外人建立起来，而是它们作为一个有机系统的基本特征和规定。

如果说数学概念是数学世界也是数学思维的规则的话，那么逻辑概念就是支配思想和世界的共同的规则系统。"绝

1　黑格尔：《逻辑学》，第 298 页，梁志学译。译文有改动。
2　同前，第 299 页。
3　同前，第 61 页。

对唯心论原则上是一种形而上学立场，它的特征可描述为主张心灵与实在共有同一个范畴结构。"[1] 西方学者的这个说法与当年张颐对黑格尔哲学的解释非常接近。这其实是说，人的思想与世界具有逻辑同构关系。这个共同的逻辑结构是思想和世界的先天条件，即没有它们我们没办法思想，也没办法认识世界。这就是黑格尔说的逻辑在先的意思，也是德国先验哲学所谓"可能性之条件"。

但无论是"逻辑在先"还是"可能性之条件"，意思都不是说宇宙万物是由逻辑概念创造出来的，更不是说思维创造宇宙，或用思维规律来构造现实世界。在《哲学史讲演录》中，黑格尔明确把那种认为一切观念都从主体产生出来的观点叫作"坏的唯心论"，而认为个人从自身里面建立一切的观点是"一种反历史的、完全错误的想法"[2]。他怎么可能认为世界是由逻辑概念构成的？他的确也说过构成，意思与其他德国古典哲学家一样，不过是事物存在可能性之条件的意思。"存在"（Sein）在这里并不是客观上有没有的意思，而是"是"的意思。黑格尔当然不会怀疑，即使宇宙中没有人，也会"有"其他事物；但若无先天的逻辑概念或范畴系统，它们就谈不上"是"任何东西。将黑格尔讲的思有（存在）同一理解为精神与物质的关系

1　Willem de Vries, "Hegel's logic and philosophy of mind", in *Routledge History of Philosophy*, vol. VI, p. 218.

2　黑格尔：《哲学史讲演录》，第二卷，第193页，贺麟、王太庆译，商务印书馆，1997年。

是不妥的，因为在西方哲学中"存在"与"物质"是两个不同的因而不能互换的概念。可是我们对黑格尔唯心论的批判往往建立在这样的概念偷换基础上。

即便如此，人们仍然可能说，黑格尔的逻辑概念或范畴体系难道不是精神性的吗？绝对精神将自己外化和实现为自然界与人类社会和历史，这难道不是精神创世说吗？况且，黑格尔的确也说过概念以某种方式"创造"和"决定"事物，把它比作上帝从无创造了世界，[1]这难道不证明我们将黑格尔形而上学理解为一种精神创世说并无大错吗？要回答这些问题，还得考察黑格尔的"精神"概念。

三

虽然黑格尔哲学是否如皮平说的是康德哲学的完成，学者们有不同的看法，但康德哲学构成了黑格尔哲学的出发点应该没有任何疑义。在《逻辑学》（大逻辑）的一个注里，黑格尔说康德哲学构成了近代德国哲学的基础和出发点，[2]是非常正确的。非但黑格尔，德国古典哲学家没有不以康德遗留的问题为自己哲学的起点的。康德哲学让后来的德国古典哲学家感到最大不满的一个问题就是他的先验自我的概念，也就是他在"统觉的原始综合统一"下发展出来

1　黑格尔：《逻辑学》，第 299 页，梁志学译。
2　黑格尔：《逻辑学》，上册，第 45 页，杨一之译。

的那个伴随我们一切表象的"我"和"我思"。自我的同一性或它的证明在于自我反思，在反思中，"我"把自己作为认识对象，"我"的主体性就是反思，它是认识主体与自己的关系。在这种关系中主体作为自我意识的统一构成了它自己。

费希特从他实践哲学的立场出发，对康德的先验自我的思想进行了批判，同时提出了承认的概念，将他者的概念引进了自我。在《以知识学为原则的自然法权基础》中，他通过承认的概念实际上将主体性概念扩大为主体间性概念："**关于主体自身作为一种自由存在物的概念与关于主体之外的理性存在物同样作为一种自由存在物的概念是通过主体加以相互规定、相互制约的。**"[1]费希特提出，自我只有被他者承认才能发现自己是自由的。自由的自我意识不是通过反思活动得到的。[2]因为自我不能把自己完全对象化，它不能使自己充分意识到自己是自由的。自由的自我意识需要某种不同于反思行为的东西，这就是通过他者认出自己。但是，费希特的承认概念归根结底是从属于他的先验哲学体系的。他说承认是自然法权的先验条件，但这个先验条件与他整个体系的第一原理绝对自我（das Ich）究竟是什么关系？毫无疑问，它从属于绝对自我，因为在

1　梁志学主编：《费希特著作选集》，第二卷，第 300 页，商务印书馆，1994 年。

2　有关费希特对反思理论和笛卡尔传统的批判，可看 Dieter Henrich 的论文 "Fichte's Original Insight", in *Contemporary German Philosophy*, vol. I, ed. by D. Christensen（University Park: Pennsylvania State University Press, 1982）。

费希特看来承认是一种意识行为（Bewußtseinshandlung），而意识在费希特的先验哲学中只是一个构成的、派生的层面。因此，在他那里，承认只是相对的，而不是绝对的、先天的；它必须被看作由绝对自我构成并相对于绝对自我。[1]

在《费希特与谢林哲学体系的差别》中，黑格尔对费希特哲学进行了批判，焦点集中在区分先验自我和经验自我上。黑格尔指出，费希特基本的思辨立场要求他将先验的东西等同于经验的东西，从而从一个单一的统一原理、绝对的同一性——我是我出发克服一切对照和派生知识。但费希特并没能统一先验的东西和经验的东西，结果体系的反思形式与它的思辨基础相矛盾。黑格尔敏锐地觉察到先验哲学的一个基本问题，这就是必须区分先验自我和经验自我，以说明实际知识的可能性和给它的普遍有效性奠定基础。因此，先验的东西必须是经验的东西的基础与根据。这就使得先验的东西不能与经验的东西同一或混淆。但是，一旦要追问这个区分（先验和经验）的存在论含义时，问题就来了，谁是先验自我或什么是先验自我？如果先验自我不是人的自我，那么方法论的二元论就会变成存在论上的二元论。先验自我是上帝吗？如果是，这就会冒变成前康德独断论的形而上学的风险。是否上帝的超越性就等于先验自我的超越性？如果不将上帝的性质赋予先验自我，那么知识的普遍性和必然性的存在论基础何在？另一方面，

---

1 有关费希特的承认学说，参看美国学者 R. R. Williams 的著作 *Recognition: Fichte, Hegel and the Other*（Albany: SUNY Press, 1992）。

如果先验自我就是人的自我，那么它就无法摆脱有限性和历史性的阴影。先验自我又怎么能成为知识普遍必然性的基础？无论走哪条路，先验哲学都将是自我颠覆的，不是变成独断的神学形而上学，就是变成历史-文化相对论。[1]

黑格尔的精神概念就是针对先验哲学的这个两难困境提出来的。黑格尔看到，近代哲学主体性传统思路是无法解决这个两难困境的。只有突破单纯主体的桎梏才有可能解决这个难题。因此，他的"精神并不是自我意识中自我的主体性的基础，而是中介，在此中介中一个我与另一个我交往，作为一个绝对的中介，这两个我从它相互形成主体。意识作为中间地带存在，主体在那里彼此相遇，没有相遇它们彼此就不能作为主体存在"[2]。这就是说，黑格尔的精神概念从一开始就具有主体间性的特征，这在他的耶拿讲稿中得到了清楚的体现。哈贝马斯一篇关于黑格尔耶拿《精神哲学》的论文对此有精辟的分析。

哈贝马斯指出，费希特把"我"的概念理解为我与非我的同一；而黑格尔从一开始就把"我"理解为普遍与个别的同一。"我"是普遍与个别合为一体。精神是这个统一的辩证展开，即道德整体。黑格尔并不是任意选精神这个

---

1 R. R. Williams, "Hegel's concept of Geist", in *G. W. F. Hegel: Critical Assessment,* vol. III, ed. by Robert Stern（London & New York: Routledge, 1993）, p. 542.

2 Habermas, "Labour and interaction: Remarks on Hegel's Jena *Philosophy of Mind*", in *G. W. F. Hegel: Critical Assesment,* vol. II, ed. by Robert Stern（London & New York: Routledge, 1993）, p. 560.

术语的，因为我们在日常语言中已经熟悉了诸如"民族精神""时代精神""团队精神"这样的说法，在那些说法中精神总是超出了单一的自我意识的主体性。作为普遍与个别同一体的"我"只能根据精神的统一性来理解，精神包含一个"我"和一个与它不同的他人的同一性。精神是个人在普遍的中介中的交往，与说话的个人相关它是语言的语法，与行动的个人相关它是公认的规范体系。语言、劳动和家庭都体现了精神主体间性的辩证关系。在这个黑格尔称为具体的普遍的普遍中介中，个别存在者能够相互认同，同时仍然保持他们自己是不同的。黑格尔原创的洞见在于，作为自我意识的"我"只有在它是精神时才能被理解，也就是只有当它从主体性转向普遍的客观性才能得到理解，在这个普遍中知道自己是非同一的主体们在交互性的基础上统一起来。[1]自我意识的经验不是原始的，它是从与他人交往的经验中产生的，我在与他人的交往中学会通过其他主体的眼睛看自己。

这听上去似乎充满了黑格尔式的晦涩，但我们以他对爱的论述为例，就会发现黑格尔恰恰是从人类生活实践中得出上述看法的。在耶拿讲稿中黑格尔把爱解释为在他人中认出自己的那种认识。爱是一个运动的结果，爱是先前的冲突得到了和解，而这种和解是通过两个先前对立分离的主体对话达到相互承认才得到的。对立主体互补统一的对

---

1 Cf. Habermas, "Labour and interaction: Remarks on Hegel's Jena *Philosophy of Mind*", p. 561.

话关系既是逻辑关系，也是生活实践的关系。它表现为道德关系的辩证法，黑格尔把它发展为为承认而斗争的思想。

在耶拿讲稿中黑格尔虽然对承认的斗争也有多方面的论述，但耶拿讲稿按哈贝马斯的看法还只是《精神现象学》的准备阶段，黑格尔关于承认的斗争的思想在《精神现象学》中才得到集中纯粹的表述。黑格尔关于承认的斗争是在他《精神现象学》主奴关系那节中论述的。科耶夫对这一章节的人类学解释使得很多人忘了黑格尔是要用主奴关系的寓言来说明自我意识的产生，而非人类社会的产生。[1]

前面已经说过，黑格尔对先验主体性哲学的困境有深刻的了解，费希特提出的承认概念对他来说不啻提供了一条从先验演绎到描述现象学和社会存在论的通路。与笛卡尔—康德传统越来越强调主体的心性特征不同，黑格尔将生命和欲望与自我联系在一起。欲望作为人的欲望总是已经在世界中，欲望主体要由它的对象来满足。但是，即使自然要求和需要得到满足，欲望仍然没有满足，主体还要冒生命的危险为更重要的东西而斗争，这就是对它自由的承认。自我依赖他人不是为了他人能满足它的自然要求，而是它需要他人的承认，对它自由的承认。承认概念才最终打破了笛卡尔—康德式的先验主义。

费希特在将承认说明为自然法权的先验条件时已经预见到了这一点。黑格尔更进了一步，在他看来，自我意识是

1　虽然科耶夫的解释被一些人津津乐道，先师王玖兴先生对它早有尖锐的批评，见崔唯航选编，《王玖兴文集》，第538页，河北大学出版社，2005年。

在共同体中并通过共同体完成的，是经过中介的主体间性。因此，自我意识本质上是一个主体间性的成就。这个成就需要自我将它从纯粹的自然生存中搜出，因为自由只表现在对自然生存的超越中。但恰恰因此，承认不是简单给予的东西，也不是自动就有的东西。它只能通过克服先在的拒绝和抵制的因素才能产生。因此，承认本质上包括和预设了异化、冲突和斗争，即使在这些因素没有经验层面表现的地方也是这样。[1]

　　承认并不只限于我—我（或我—你）间双向的关系，德国学者西普认为可以将承认区分为我—我间的二分关系和我—我们间三分关系两个层面。[2] 最初自我都是天真地自我确定，但对别人却绝对不确定。这种不确定是无法容忍的，自我看到自己因此受到了失去它自己的自我确定性的威胁。它寻求通过强迫他人承认来将自己私人的自我确定性提升为公共真理。但是，黑格尔非常复杂而巧妙地论证了反对别人的斗争就是反对自己的斗争。如果将他人根本消灭的话，要求的承认也就无从谈起了。所有追求承认的斗争过程第一个阶段的胜利者并没有消灭对方，他也没有得到完的承认。一方放弃他的承认要求以换取活命，从而表明他无法超越纯粹生存的自然层面。他承认另一方为

1　Cf. R. R. Williams, "Hegel's concept of Geist", in *G. W. F. Hegel: Critical Assessment,* p. 544.

2　Cf. Ludwig Siep, *Anerkennung als Prinzip der praktischen Philosophie: Untersuchungen zu Hegels Jenaer Philosophie des Geistes*（Freiburg / München: Karl Alber, 1979）.

主人，而主人并不承认它为平等的人，而只是一件东西——奴隶。这里只有不平等的片面的承认形式，主人和奴隶的二价模式。因为承认的这种不平等的形式与自我基本的社会的、相互依赖的本性相矛盾，它是一种不完满、不稳定的关系。承认的理想目标是平等的相互承认。"单方面的行动不会有什么用处，因为事情的发生只有通过双方面才能促成。……它们**承认**它们自己，因为它们**彼此相互地承认着它们自己**。"[1]

根据美国学者威廉姆斯的分析，在这样的相互承认中，一个新的社会实在产生了，它不仅仅是它各部分的总和。因为这新的实在不能由它的任何一个成员单方面行动完成，或由它的任何一个成员单独控制，它超越虽然也包括了原始的自我意识。相反，原始的自我意识不仅没有遭受损失反而有了扩展，我成了我们。[2]黑格尔把这个新的社会实在称为"精神"："既然自我意识是对象，所以它既是一个自我，也是一个对象。——说到这里，**精神**这一概念已经出现在我们前面了。意识所须进一步掌握的，关于精神究竟是什么的经验，——精神是这样的绝对的实体，它在它的对立面之充分的自由和独立中，亦即在互相差异、各个独立存在的自我意识中，作为它们的统一而存在：**我就是我们**，

1　黑格尔：《精神现象学》，上卷，第124页，贺麟、王玖兴译，商务印书馆，1997年。
2　Cf. R. R. Williams, "Hegel's concept of Geist", in *G. W. F. Hegel. Critical Assessment*, p. 545.

而**我们**就是**我**。"[1]

《精神现象学》里这段非常著名的话表明，在黑格尔那里，自我意识不是一种简单的自我可以反思地给予自己的意识形式，而是自我意识平等地、根本地依赖他者的中介。因此，自我意识和充分的自我认同不是反思的产物或理智的先天建构；它们是主体间互相中介的。自为存在是主体间承认的必要条件，但不是唯一条件或充分条件。[2]

黑格尔承认学说的贡献绝不在于主体间性，而在于在我—你主体间出现的第三者——我们，即社会共同体。根据威廉姆斯的分析，我们具有双向中介的三价结构。在承认的双方统一过程中，每一方既与对方处于极度的对立中，同时又是中介者，对方（另一个自我）通过它得到了承认（或没有发现承认）。除非主体间的中介是双向的，我们只有二价不平等的承认形式。但双向中介发生时，出现了一个高出于原来两个自我之上的第三者，即我们，或社会自我。这个我们是这个双向承认过程的产物，因此这个我们不是先验意识或结构。作为具体的普遍，它包括它的成员的联合行动，也是这个联合行动（双向承认）的结果。这个我们是一个社会无限物，它不能被还原为标准的主体-客体认识论及其诸范畴。[3]这就是为什么我们用标准的认识论模式

1　黑格尔：《精神现象学》，上卷，第122页。

2　Cf. R. R. Williams, "Hegel's concept of Geist", in *G. W. F. Hegel. Critical Assessment*, p. 545.

3　Ibid., p. 546.

去理解黑格尔哲学总觉得不那么妥帖。

如果黑格尔的"精神"是以主体间性的社会存在为底色的话，那么他的形而上学或存在论就绝不可能是前康德的旧形而上学和旧存在论，将它理解为一种逻辑的上帝创世说就很难站得住脚了。然而，黑格尔是复杂的，在他后来的思想发展中，似乎放弃了这种主体间性的精神概念，而转向了一种绝对唯心论的精神概念。哈贝马斯就认为黑格尔那种主体间性的精神概念也许只限于一个阶段，他后来的绝对精神概念是"孤独的"。因为精神与自然的关系不可能是对话关系，而是外化关系，自然是精神的外化，这就是说，自然不再是精神的他者，而就是绝对精神自己。绝对精神与自然的统一不是我与你的统一，而是我与自己的统一。自然不是精神的对方，而是精神的镜像（Gegenbild）。绝对精神的运动归根结底还是自我反思模式的运动，我就是我们的精神最终回到"我就是我"的先验哲学老路上。[1]

哈贝马斯的看法得到了德国哲学家托伊尼森的支持，虽然他也用主体间性的思想来解释黑格尔的精神概念，但他同意黑格尔有两个不同的绝对精神概念，并且认为"黑格尔从来没有令人满意地澄清作为中介起作用的精神和作为理解那个主体间性的中介的自我意识的精神之间的关系。一个令人满意的解释原则上是被排除的，因为一系列把我们从上帝交给精神，从精神交给自我意识，从自我意识交

---

1 Cf. Habermas, "Labour and interaction: Remarks on Hegel's Jena *Philosophy of Mind*", pp. 574-576.

给一个通过在他者中发现自己而构建的自我同一性的解释，然后一个将这整个系列总结为由一个单一的自我意识把握和统一的最终解释，是不能解释这个中介的"[1]。这样，在哈贝马斯和托伊尼森看来，黑格尔其实有两个并不一致也无法一致的精神概念。一个是主体间性的精神概念，它导致自由共同体的形成。另一个则是斯宾诺莎和亚里士多德式的泛神论的神学精神概念，它导致主体间性的精神概念毁灭而成为实体形而上学。

　　遗憾的是，我国学者对于黑格尔承认的思想以及围绕这个思想展开的主体间性的精神概念没有给予足够的注意。相反，哈特曼"黑格尔的全部体系即宗教哲学"和罗森克朗茨的黑格尔的"逻辑学就是哲学的神学"的观念却深入人心。结果，一方面我们将黑格尔的形而上学视为前康德的旧形而上学，没有丝毫积极意义。另一方面，我们没有看到黑格尔的精神概念对传统主体概念的超越，以传统主体概念去理解黑格尔的精神概念，以为自由是主体的结果，而不知在黑格尔那里自由是主体间性的产物，它的前提不是传统意义上的主体（即原子式个人和自我意识），而是社会共同体。正是那种对黑格尔形而上学的传统理解，使得我们实际上对黑格尔的精神概念缺乏深入的研究，"精神"在我们的心目中不是上帝的代名词就是"客观化的"人的主观意识和思维（即所谓"无人身的主体"），只有这样，

1　Michael Theunissen, *Hegels Lehre vom absoluten Geist als theologisch-politischer Traktat*（Berlin: Walter De Gruyter, 1970）, S. 58.

黑格尔的哲学是认识论才讲得通。但黑格尔的精神首先是一个存在论的概念，可正如泰勒所说，在今天的世界上，说上帝创造世界还有人信，说宇宙是由精神创造或设定的没有一个人会相信。[1]

这种我们也不相信的黑格尔的本体论，从根本上影响了我们对他哲学其他方面的研究。既然黑格尔哲学是宗教的上帝创世说的哲学论证，那么作为认识论它又会有多少正面意义呢？除了谈主观能动性，谈事物总是变化发展的这些笼统的真理，我们对黑格尔认识论的研究远比不上对康德认识论的研究。面对一部分实证主义倾向的西方哲学家以自然科学的名义对黑格尔哲学的批评，我们只能保持沉默。这就解释了为什么对黑格尔认识论的研究就像对他的形而上学的研究一样，除了重复几十年说过的话之外，基本已经绝迹。至于黑格尔的辩证法，曾经是我们黑格尔研究的重点，也是黑格尔哲学中最为我们肯定的部分。我们试图通过所谓"体系与方法的矛盾"将辩证法作为一种正确的思维方法从黑格尔的体系中切割出来。可是，黑格尔与海德格尔一样，方法对他们来说不是主观的思维方式，而首先是事物本身的展开方式，是事物的本质。我们明明知道这一点，可因为已经全盘否定了他的存在论，我们不能不实际上将辩证法主要视为主观的思维方法，甚至提出：对世界的本质观点只有立足于人自身的主体性立场才能真正

1　Cf. Charles Taylor, *Hegel*, p. 538.

得到理解和把握。"[1]另一方面，对黑格尔的辩证法的研究往往限于重复教科书总结的三大规律。面对丰富的世界，辩证法反而越来越显得机械和教条。黑格尔试图通过辩证法让我们看到世界的复杂性，可是，辩证法在变成主观思维方法的同时，却失去了它在世界中的根据。这样，对黑格尔的辩证法的研究似乎也已走到了尽头。而这些现状，除了外部原因外，都与我们对黑格尔形而上学和存在论的理解有关。黑格尔是体系哲学家，他始终坚持真理是整体，对作为他哲学的核心的形而上学的理解不可能不影响对他哲学的整个研究。

"文革"以后的黑格尔研究有个明显的特点，就是强调黑格尔哲学的主体性，却没有很好地辨析，黑格尔的"主体"与康德或笛卡尔的"主体"有何区别。如果黑格尔哲学也是主体哲学的话，那么他的"客观唯心论"又"客观"在何处？如果黑格尔的确是用主体间性的精神概念来克服先验哲学的主体概念的话，那么这个精神概念与他唯心论的精神概念，即与上帝相等同的绝对精神的概念又是什么关系？它们是彼此排斥、截然不相容的吗？如果回答是肯定的，那么原来流行的对它神学创世说的理解就基本无大错。如果是否定的，那就牵涉到要对他整个形而上学重新作出评价。这是一个非同小可的任务，远非一两篇论文所能完成。

从目前国外的黑格尔研究来看，后一种回答的可能性是

<hr>

1　邓晓芒：《思辨的张力》，第 501 页，湖南教育出版社，1992 年。

存在的。很难想象，作为一个辩证法大师，黑格尔会完全抛弃在对方中发现和认识自己的思想，会最终认定一个绝对同一、我=我式的绝对精神和上帝。黑格尔在《哲学全书》"绝对精神"这一部分关于绝对精神说过这样一段话："绝对精神是永恒自在地存在着，同时又不断回归自己和回到自己的**同一性**；这一个作为精神的东西存在的普遍**实体**是**自在又在一种知中**的判断，它本身**为这种知**存在。宗教，正如这个最高领域的特点可以被一般描述的那样，既可以被看作出于主体并处于主体，又可以被看作客观地出于绝对精神，绝对精神作为精神存在于它的共同体（Gemeinde）中。"[1] 这段话一开始对绝对精神的规定"自在存在着、不断回归自己和回到自己"似乎是一个我=我的唯心论规定。可是，最后"存在于它的共同体中"似乎又回到了"我就是我们"的主体间性的规定。绝对精神存在于它的共同体或它的全体成员中，即使不能理解为存在于他者中，至少也不能说他者被取消了吧？关键是，绝对精神作为自我同一，究竟是黑格尔批评过的谢林式的无差异的同一，还是黑格尔一贯主张的经过中介的充分同一或有差异的同一？如果答案是后者，那么还有一个进一步的问题，就是这种中介与作为社会-主体间性的基本模式的相互承认有无关系？我们的回答是肯定的。

在黑格尔的哲学中上帝与绝对精神常常可以互换使用。

---

1 Hegel, *Enzyklopädie der philosophischen Wissenschaften III,* Werke 10（Frankfurt am Main: Suhrkamp, 1986），S. 366.

在《精神现象学》中，黑格尔就已经提出神-人关系是一种承认，这个思想一直延续在《哲学全书》和《宗教哲学讲演录》中。在《精神哲学》中，他赞同地引证格舍尔关于上帝的如下说法："上帝作为精神是什么，要在思想中正确明确地理解这点，需要透彻的思辨。它首先包括这样一些命题：上帝只是就其认识自己而言是上帝；它的自我认识进一步就是它在人那里的自我意识和人**对于**上帝的认识，它发展为人**在**上帝中的自我认识。"[1]这里上帝与人的关系不是基督教那种绝对的服从与被服从的不平等关系，而是主体间性的相互承认的关系。上帝只有在与人的关系中才存在，这在《宗教哲学讲演录》讨论上帝存在的证明时表述得最清楚："如果事实上宗教得理解为从我们到上帝的关系，就不允许有上帝独立的存在；**在人那里的自我意识和人对于上帝的认识，它发展为人在上帝**，是我们**设定**、产生的东西。……但一种片面的关系根本不是关系。……在宗教关系中不仅意味着我们处在与上帝的关系中，而且也意味着上帝处在与我们的关系中。"[2]上帝要靠人中介，人也要靠上帝中介，这个中介，应该就是上面所说的那个 Gemeinde，上帝与人的关系。Gemeinde 不但可以译为"共同体"，也可译为"团体"或"全体成员"。它实际上是一种主体间的关系，张颐对此有精辟的阐发："夫团体（即 Gemeinde）固具有完

1　Ibid., S. 374.

2　Hegel, *Vorlesungen über die Philosophie der Religion* II, Werke 17（Frankfurt am Main: Suhrkamp，1986），SS. 382ff.

全统一性，团体与团员，固皆为精神的存在者；众团员之所以能团结，全团体之所以有统一，固因有一公共精神贯注于全体；然吾人于此，只能谓此公共精神在各团员之意识中，及各团员之精神为此公共精神之所挈摄，所弥纶；然不能谓各团员之精神，在此公共精神之意识中，尤不能谓各团员之精神在此公共精神所贯注之团体意识中。"[1] 按照这个解释，绝对精神存在于它的共同体或团体中，也就是存在于社会-主体间性的关系中。另一方面，如果人本身不是黑格尔坚决反对的孤立的原子式的个人，那么上帝与人的关系甚至都不是如马丁·布伯这样的神学家理解的我—你对话关系，而是比对话关系更丰富的主体间关系。

四

现在的问题是，黑格尔哲学中的上帝，究竟是否就是基督教意义的上帝或一般宗教意义的上帝，还是可以有别的理解。这对张君劢式的对黑格尔形而上学的上帝创世说式的理解能否成立至关重要。不仅如此，不仅黑格尔的上帝概念，更有黑格尔哲学与宗教的关系，是理解和评价黑格尔哲学的关键。黑格尔死后黑格尔左派和黑格尔右派对他的宗教观各执一端，在哲学史和思想史上产生的重大影响

---

[1] 张颐：《黑格尔与宗教》，《资产阶级学术思想批判参考资料》，第九集，第338—339页。

就足以证明这一点。在我国，张颐先生是第一个对此问题有比较深入研究的人，可惜他的研究成果似乎未得到应有的重视。

张颐承认，黑格尔哲学与宗教关系甚为密切，黑氏的全部哲学与宗教不能分离，上帝是他的哲学与宗教的共同对象，但这是否就等于他的哲学是宗教神学，则尚有疑问。[1]虽然在黑格尔那里上帝与绝对互换为用，但黑格尔哲学中的上帝与宗教上神学上的上帝大有不同。不同在于，黑格尔的上帝就像他讲的绝对一样，没有"身"（person，一般译为位格），所以不是个别存在者。黑格尔的绝对既非有"身"，则谓之上帝，即不合宜。此外，宗教所言上帝，无所不知；而绝对虽为理性，虽为智慧，一切知识皆从之出，却与宗教上讲的"上帝全知"有别。宗教的上帝无所不能，但绝对却不是这样。宗教的上帝可使崇拜者发生热烈情绪，绝对虽孕育万化，却冷酷无情。凡此种种都说明黑格尔的绝对与宗教上神学上所言之上帝之概念不合。所以，张颐的结论是：黑格尔所言的绝对，"决不得谓之谓上帝。而黑氏不言'绝对'时所引之上帝，又与'绝对'全同；故其结果，即黑氏哲学中无上帝"[2]。这个结论相当大胆，因为在黑格尔一生的著作中，有关上帝的论述比比皆是，如果黑格尔哲学中无上帝或不必有上帝，那么如何来解释这

1　参看张颐：《黑格尔与宗教》，《资产阶级学术思想批评参考资料》，第九集，第336—337页。

2　同前，第339页。

个现象？张颐的回答是原因有二。一是当时宗教还有相当势力，黑格尔必须将上帝和宗教挂在嘴上，以免像康德和费希特那样因宗教问题贾祸。二是黑氏之与宗教，已视为与哲学难解难分，几无二致。它们都以绝对真理谓目标，但宗教的形象语言更容易为一般人理解，所以即使谈上帝与宗教也能帮助显明哲学道理。[1]

张颐的解释显然是想将黑格尔的上帝概念从根本上勾销，以间接证明将黑格尔哲学理解为哲学的上帝创世说为非。张颐的解释虽有一定道理，但不够周全，尤其是第一原因和第二原因略有抵牾。若黑格尔真认为宗教与哲学几无区别，谈宗教只是以比较直观的语言在谈哲学，那么也就无所谓迫于形势不得不然的说法。他有关宗教的言论应该是出于本心，而非出于权宜之计。由此可见，黑格尔与宗教的关系可能比张颐揭示的更为复杂一些。

黑格尔从青年时代起，就对宗教有强烈的兴趣，他最早的一些著作，都是以宗教为对象的。他对宗教问题的关心一直保持到晚年，勒维特甚至因此称他为"最后一个基督教哲学家"[2]。所以宗教问题在黑格尔那里不是一个如张颐的解释所暗示的那样的附庸性问题。不过，张颐要人们在读黑格尔有关宗教的文字时"须善为解读，不能墨守其字

1　参看前书，第344—347页。

2　Karl Löwith, *From Hegel to Nietzsche,* trans. D. Green（Garden City, N. Y., 1964），p. 47.

面所陈之义耳"[1]，的确是一个重要的提醒，因为在宗教问题上我们可以在黑格尔那里发现彼此矛盾的说法，需要我们深入思考，而不是仅凭某些文字就得出最终的定论。

但这个提醒对无论什么观点，包括张颐自己的观点也有效。这就要求我们对黑格尔的任何文字不能持简单的态度，而要将它们放在与黑格尔自己与之对立的相反言论的矛盾中来考虑。例如，黑格尔在《精神现象学》的序言中说过这样的话："如果人们避免使用上帝这样的名称，可能是有好处的，因为这个词汇并不同时也直接就是概念，而仅仅是个地道的名称。"[2]这似乎是证明了张颐的说法，黑格尔哲学中无上帝，黑格尔自己都建议最好不要用上帝这个名称，因为它仅仅是个名称，而不是概念。然而，黑格尔自己不但不避免使用这个名称，反而将它作为自己哲学的核心概念来使用。并且，在《宗教哲学讲演录》中他明确表示："宗教的对象和哲学的对象一样是在其客观性中的**永恒真理**本身，是上帝，只有上帝，以及对上帝的阐释。哲学不是世界的智慧，而是**非世界的东西**的知识，……是永恒的东西、上帝是什么和来自它本性的东西的知识。"[3]

如果是出于形势所迫而不得不虚与委蛇，也没有必要这么郑重其事地宣布上帝是哲学的对象，尤其是他已经宣布

1　张颐：《黑格尔与宗教》，《资产阶级学术思想批评参考资料》，第九集，第 347 页。

2　黑格尔：《精神现象学》，上册，第 45 页。

3　Hegel, *Vorlesungen über die Philosophie der Religion I,* Werke 16（Frankfurt am Main: Suhrkamp, 1990）, S. 28.

过哲学的对象是永恒真理和永恒理性。如果说这是因为在讲宗教哲学，那么为什么要在《逻辑学》中说理解的内容是**"上帝的展示，展示出在永恒本质中的上帝在创造自然和一个有限的精神以前是怎样的"**[1]？也许张颐会说："盖其原由于大多数人皆舍弃推理思想，而乐取外表存在之形。"[2]这种解释国外也有人提出过，但黑格尔的著作毕竟不是写给那些"舍弃推理思想"的人看的。此外，黑格尔认为，宗教与哲学内容相同，形式相异。它们的对象都是普遍的独立自存的理性，但哲学以概念思维的方式与它的对象相联系，而宗教则用形象思维的方式。[3]而这恰恰是宗教的缺点而不是宗教的优点，"那些属于单纯的表象形式而不属于概念的形式，像'堕落'以及'儿子'等名词，也同样把概念的环节倒过来降低为表象，或者把表象带进到思想领域"[4]。宗教表象由于这样将概念的因素降低到形象思维的水平而不能把握自己的内容。只有哲学的概念形式才适合它和哲学的共同内容。既然如此，黑格尔不太可能为了便于不擅推理思想的人容易理解而使用上帝这个概念。

从黑格尔对上帝的大量论述来看，他绝不是将它作为一

1　黑格尔：《逻辑学》，上册，第31页，杨一之译。

2　张颐：《黑格尔与宗教》，《资产阶级学术思想批评参考资料》，第九集，第344页。

3　黑格尔：《哲学史讲演录》，第一卷，第64页，贺麟、王太庆译，商务印书馆，1981年。

4　黑格尔：《精神现象学》，下卷，第246页，贺麟、王玖兴译，商务印书馆，1983年。

个权宜之计、可有可无的名称来使用，而是将它作为自己哲学的核心概念。不过，黑格尔的上帝不等于基督教的上帝，这点张颐没说错。如果"黑格尔哲学中无上帝"的"上帝"是指基督教的上帝，那也可以成立。而要说这个"上帝"是指任何宗教意义的上帝，则恐未必。黑格尔的上帝概念也不能简单理解为就是理性主义意义上的"宇宙全体之基本原理"。因为在宗教问题上，黑格尔既不是一个绝对的唯理论者，也不是泛逻辑主义者。他的上帝概念也完全体现了他的这个立场。

毫无疑问，上帝概念在黑格尔那里首先是一个哲学概念而不是宗教概念。既然已经有了绝对和绝对精神的概念，为什么还要有上帝的概念？这要看黑格尔哲学的任务是什么。如果它只关心给我们绝对的知识，那么根本就不需要上帝的概念。在《宗教哲学讲演录》中，黑格尔说信仰、认识和行动是基督教的拱心石，他的思辨哲学其实也是以这三种关心为动力。他也说知识和绝对知识，可他讲的知识不是知性认识意义上的旁观者的知识，而是存在的知识；不是近代那种处处分裂的局部知识，而是有机统一的整体知识。这样的知识是绝对，是无限，是客观。这意味着它不是任何人主观的产物，而是存在的客观条件。但它又以与人的关系为条件，它只有在人那里才能证明自己的存在或者说认识自己。绝对也好，精神也好，似乎难以天然就是这种关系。而根据基督教的教义，上帝必然与人发生关系。青年黑格尔在批判犹太教时就指出，在犹太教那里，上帝是统治者和发号施令者，而基督教通过耶稣使得上帝与人的关系成了父子关系，即由外在关系变成了内在关系。他一贯坚持上帝**就是**与人的关系和产生与人的关系；上帝不是与世界相分离的最高的本质，不是人的自我意识的彼岸，没有世界的上帝不是上帝；上帝是在人的认识中认识自己的自我意识，绝对精神就是神性和人性的统一，等等。当然，除了上帝与人的关系外，上帝与自然的关系也是顺理成章的事。

但是，这绝不等于说黑格尔真像勒维特说的那样是"最后一个基督教哲学家"。正如张颐指出的那样，他的上帝概念"绳以通常宗教上神学上之概念，不得谓之上帝"[1]。首先它不是一个人格神，倒是一个哲学概念。如前所述，宗教作为一种直接性思想根本不能掌握它的内容，"因此，作为宗教对象的上帝就被明确地限定于**抽象的上帝**，限定于没有规定的超感性事物，而宗教在其内容方面也被简化到了最小限度"[2]。所以黑格尔要对上帝概念进行哲学的改造，要证明"最高意义的理念是上帝"，必须将上帝概念化以使它绝不会陷于有限而只能是具体的无限。这种具体的无限就是自己与自己相区别，自己成为对象，当作这区别中与自身同一。这也就是黑格尔哲学追求的有差异的同一。有差异的同一不是静止的状态，而是一种运动，"上

---

1 张颐：《黑格尔与宗教》，《资产阶级学术思想批评参考资料》，第九集，第 342 页。
2 黑格尔：《逻辑学》，梁志学译，第 146 页。

帝本身就是这种运动，只是通过这种运动才是活生生的上帝。……上帝是向有限东西的运动并通过这种运动扬弃有限的东西成为自己"。[1]

但是，黑格尔承认，仅仅这样将上帝概念化还是不够的，这种上帝概念是"片面的"，因为它对生活，对活生生的、实际信仰的内容"无动于衷"。上帝的概念不能只是一个与人无关的"客观真理"，而必须具体化，即被人承认和掌握，使这个真理成为他们生活和行动的指南。[2] 就此而言，黑格尔的上帝概念与莱辛的《人类的教化》和康德的《纯粹理性范围内的宗教》中的上帝概念有明显的区别，后者基本是一个唯理论的概念，而前者首先是一个实践哲学的概念。也因为如此，它不是唯理论意义上的"宇宙全体之基本原理"或"知识"。

与康德不同，尽管黑格尔被许多人视为绝对的唯理论者，但他对启蒙主张的那种理性的世界图景是心存疑虑的，他看到生活并不只有理性（否则就是抽象），非理性的东西在生活和宇宙中同样起着重要的作用。克洛纳首先指出黑格尔第一次将非理性带入哲学的确是慧眼独具。黑格尔将上帝概念作为他哲学不可或缺的核心概念，就有这方面的考虑。人不仅仅有理性，而且还有意志和情感。上帝不

1　Hegel, *Vorlesungen über die Philospophie der Religion I,* Werke 16（Frankfurt am Main：Suhrkamp, 1990）, S. 192.

2　Cf. Laurence Dickey, "Hegel on religion and philosophy", in *The Cambridge Companion to Hegel,* edited by Frederick C. Beiser（Cambridge: Cambridge University Press, 1993）, pp. 316–317.

但是知识的对象，也是崇拜的对象，它牵涉到虔诚和情感。上帝体现了人与绝对心灵上和情感上的统一。有了它，人与绝对就不再是冷冰冰的主体—客体的对立关系和异化关系。固然如查尔斯·泰勒所说"哲学中与绝对的和解以生活中的和解为先决条件"[1]，但一个知情意统一的哲学概念不也可提醒我们生活应该统一而不是分裂吗？

回到黑格尔的上帝概念。用查尔斯·泰勒的话说，它是一种不同寻常的置换，它"保留"了基督教的"形象"（即教义），但抛弃了它的本质。它不是一个有神论（无论是一神论还是泛神论）的概念，但也不是一个无神论的概念。[2]这意味着传统有神论和无神论的定义对黑格尔的上帝概念都是不合适的，因为归根到底它是一个哲学概念，而不是宗教概念，也不能是宗教概念。即便如此，我们仍然面临如何解释像**"上帝在创造自然和一个有限的精神以前是怎样的"**这种说法的任务。

透彻地分析这句话的意义，需要对黑格尔的上帝概念有系统而深入的研究，这远远超出了这篇论文的范围。这篇论文在这里所能做的，只是根据上述基本思想提出一些粗浅的尝试式的解释。首先，由于黑格尔断然拒绝宗教表象思维（形象思维）方式，一个如《创世记》所写的那种创造世界的人格神，是他不可能接受的，因为那将意味着上帝是有限，而不是无限。也因此，他说的创造绝非宗教创

1　Charles Taylor, *Hegel*, p. 486.

2　Ibid., p. 494.

世意义上的创造，而必须与他特有的上帝概念联系在一起才能得到正确的理解和解释。我们更须注意的是，那句话是出自《逻辑学》，黑格尔用它来规定他的逻辑学的内容，那么很显然，"上帝"在这里是一个逻辑概念，它意指的应该是世界（并非维特根斯坦意义上的逻辑世界）的逻辑根据和逻辑整体，而非发生学意义上的创造者。而这里的"创造"无非是指这个逻辑意义的上帝在逻辑地在自然和人类世界中展开。这种逻辑的展开用黑格尔比较好懂的话说，就是从抽象到具体。黑格尔在《逻辑学》的最后是这样来描写逻辑展开为自然或"外化"为自然的："我们过去作为开端的东西是存在，是抽象的存在，我们现在则达到了作为**存在**的**理念**，但这种存在着的理念就是**自然**。"[1] 作为理念的自然是在思想中被把握的自然，而非与人毫无关系的自然。上帝作为存在的整体同时作为存在的逻辑条件，是自然和认识自然的存在论前提。如果是这样的话，那么无论是从宗教神学还是从绝对唯理论的先验哲学去理解黑格尔的上帝概念，恐怕都会使我们失去对黑格尔哲学的正确理解。

1　黑格尔：《逻辑学》，梁志学译，第379页。

回到事物本身

一到德国，马上会对"人杰地灵"这句话有切身的体会。在这个为全人类贡献了那么多伟大的哲学家、思想家、音乐家、文学家和科学家的国家，几乎每到一个地方，都会使你想起那些不朽的伟人。我是通过胡塞尔和海德格尔才知道弗莱堡的。胡塞尔曾在这里长期工作，而海德格尔先是在这儿求学，继而继承他老师胡塞尔的教职在这儿长期任教。弗莱堡不仅是现象学运动的主要基地，而且也是新康德主义西南学派的重镇。胡塞尔的前任就是西南学派的主将李凯尔特。因此，一到弗莱堡，我就去了弗莱堡大学。当时正是假期，整座大楼空无一人。徜徉在弗莱堡大学宽敞的楼道里，只有孤寂的足音与我相伴。望着那一间间无人的教室，我不禁叹息：余生也晚，不能一睹哲人的风采。

然而，哲人虽逝，真理长存，他们的思想早已使我心驰神往。这几年来我一直在和他们进行着艰难的对话和交谈。他们深奥莫测的语言常常使我困惑、苦恼、焦虑、不安。他们要说的究竟是什么呢？难道仅仅是形而上学的抽象思辨，一种只有少数天才才能参加的智力游戏？如果不是，又是什么呢？任何书上都找不到现成的答案，倒是弗莱堡这座城市本身，给了我前所未有的启示。

弗莱堡坐落在著名的黑森林的边缘，景色秀丽，气候宜人，是一座相当漂亮的城市。德国大部分地方天气都不太好，经常是阴天，而弗莱堡据说是德国日照最多的地方，灿烂的阳光是弗莱堡人的骄傲。郁郁苍苍的施瓦本群山环抱着这座古城，山上森林密布，城里城外到处是鲜花和草坪。教堂的钟声和着鸟鸣随风飘荡，给这座城市增添了几分幽雅和宁静。城内许多街道两旁都有潺潺流水，这是由中世纪的灌溉渠改造的水渠，它使这座城市更加迷人。城内绝少现代的高层建筑，为了保持这座城市原来的风貌，弗莱堡市政府曾把一些古老街道已铺上的水泥路面拆毁，重新按照过去的样子铺上鹅卵石。这固然有德国人迂腐死板的成分，但不尽如此。这也绝非老年人的怀旧情绪使然。弗莱堡虽然有着悠久的历史，但却是一个年轻的城市。说它年轻，是指它17万居民中年轻人占很大的比例，不像有些德国城市，几乎成了老年人的天下。正因为如此，弗莱堡是敏感的，它要保持过去的风貌，不是为了过去，而是为了未来，未来在规定着过去。德国的城市一般不是由基督教民主联盟执政，就是由社会民主党或自由民主党执政，而弗莱堡人却让绿党来掌管市政。绿党和那些由职业政客组成，有着垄断财团背景的政党不同，它的主要政纲就是保护环境，保卫和平。弗莱堡到处都有保护环境的宣传品，有时你的信箱里也会塞进一份这种东西。在市中心的卡尔广场，四周都是漂亮的建筑和花木。可一根乌黑难看的枯树干被一个冷酷丑陋的水泥四方形死死地固定在广场中央。最初我以为这又是什么现代派的"杰作"，但它和周围环境的强烈反差马上使我醒悟过来。设计者是用这么一个不协调的形象来提醒人们：不要破坏事物本身。

弗莱堡的这一切，自然会使一个研究哲学的人想起胡塞尔"回到事物本身"的著名口号。这个口号其实最初是在19世纪由黑格尔在他的《哲学全书》的导言中提出的。只是当时人们沉醉于科学和理性的胜利，没有去思索它的含义。胡塞尔在20世纪重新提出这个口号，自然不是重复黑格尔，而是有他自己的意思在内，但我仿佛觉得，人们可以设想，是否在更深的意义上他们有着相近的意向。"回到事物本身"这个口号从字面上看非常明了简单，但其内涵远非如此。从表面上看，胡塞尔只是为了要人们把对于事物的一切成见和定见悬置起来，在原初意向中直接感受把握事物。这当然并不错，但仅仅理解到这一步恐怕还不够，还必须从本体论上去理解。在这里，胡塞尔本人的意向究竟是什么并不重要，关键是不从本体论立场去理解的话，"回到事物本身"就不能成为现象学的一个基本立场和路标。

现象学对于未来哲学的最大贡献也是在这一点上突破了传统哲学的束缚，而进入一个新的境界。有人认为胡塞尔晚年提出"生活世界"的概念多少是同海德格尔与他的分歧有关，但我觉得如果从本体论的角度来理解"回到事物本身"这个口号的话，那么"生活世界"是现象学思想的题中应有之义。胡塞尔一生著作等身，他提出过许多令人费解的概念，作过无数细致复杂的论证，但其最终目的，难道不是要"回到事物本身"？当然，在对"事物本身"的理解上人们完全可以和胡塞尔不一致，甚至可以和他有根本的分歧，但"回到事物本身"这个口号在 20 世纪的提出，毕竟是代表了一种新的哲学倾向。

正因为现象学传统在很大程度上是由"回到事物本身"这个口号体现的，所以对"事物本身"的理解就成了问题的关键。"事物本身"不是康德意义上的物自体，更不是任何形而上学意义上的基本质料和本原。事物本身只是一个无穷大的意义源泉，这样一个无穷大时时反衬出人的有限性，时时提醒人们勿把有限当无限，囿于一己之见，而忘了事物本身具有与时消长的无穷意义。"事物本身"从整体上看就是希腊哲人说的 physis，或老子说的"自然"。这个"自然"不是事物的"本性"，而是事物的"本然"。"本性"是固定的东西，因而是有限的；而"本然"在永恒生成，因而是无限的。正因为它是无限，所以才会"知无涯"。"生有涯"的人一定要说自己最终找到了事物的本性，那他就把自己限制住了，他再也看不到任何新的东西。

正如当代哲学人类学的大师阿诺德·盖伦说的，人天生是一个文化的生物。文化规定了大的世界及人在此世界中的地位，但文化必然以某种确定的模式出现。这样，人们往往把某一文化模式或某一文化时代的定见误以为是事物的本然，而把自己封闭在自己造成的偏见之中。从这点上来看，一定的文化或思维模式就像希腊神话中可怕的美杜莎的头一样，看一眼就会使人凝固僵化。但人类天性中又有不安于现状的一面，人类中特别敏感的那些人总会在自己的文化中看到极为可怕的东西。而既然未来尚难逆料，为了突破目前的文化定势，人类一直在喊"回到……"去。但所有这些呼喊都不是为了回到过去，而是想着将来。但是，"回到事物本身"的口号还完全不同于卢梭的"回到自然去"的口号只是一种感伤的文化乡愁，而是要从根本上突破近代思维的固定模式，从而看到从前看不到的许多东西。

当然，弗莱堡人力图在他们的生活中使自然更其自然，而不是破坏自然，未必是因为有了"回到事物本身"的口号，两者也绝不能画等号，但也绝非像卢梭那样要"回到自然去"。他们是要让自己成为自然的一部分，让自然的生命成为自己的生命，所以他们把大块石头搬进商场，咖啡座旁往往就是不绝的流水，每堵墙上都挂着常青藤，每个窗户都摆满了鲜花。人的行为总是反映着一定的文化意向。弗莱堡人的行为，难道不是在体现一种正在悄悄进入西方文化的新的因素吗？在西方世界到处展开的"绿色和平"运动不只是一种社会活动，而且也是一种新的文化征兆。

卢梭也好，华兹华斯、夏多布里昂或梭罗也好，他们凭着诗人的敏感直觉到了某种东西，但在他们的时代他们只能以自己的离群索居或忧郁诗行来表达他们的不满和抗议。可今天弗莱堡人却在他们的日常生活中表现了某种新的文化倾向。不是回到自然去，而是让自然回到我们中间来！前者是消极的，后者是积极的。前者仍然不自觉地把人和自然分开，而后者认为自然和我们是不可分的。弗莱堡人自发地站在阳光下纵情歌唱不是为了表演，不是为了金钱，而是因为生命的需要。

如果说弗莱堡人表现了某种新的文化倾向，那么"回到事物本身"则是用清楚明了的语言说出了这种文化倾向。正因为如此，在 1988 年 8 月英国举行的世界哲学大会上胡塞尔和现象学是一个热门话题就绝不是偶然的。

尽管东西方哲学和文化差别很大，但胡塞尔哲学绝不仅仅对西方人有意义。20 世纪范围广阔的现象学运动使西方思想从根本上开始摆脱近代形而上学的思想框架，充满了新的活力。西方思想比以前开放得多，也灵活得多，更能接受新的东西，这也就向真正了解东方文明迈出了关键的一步。与此同时，在和现象学的诸位哲人大师打交道的过程中，东方人不仅对西方文化有了进一步的了解，而且也对自己的传统有了新的认识。人们开始认识到，用黑格尔或韦伯对于中国文化的观点来认识东方文明是何等的荒唐和错误；只有不用自己头脑思想的人才会把汤因比或费正清奉若神明。真正构成一种文明核心的伟大思想是超时代的，它们不仅是人类智慧的结晶，而且也是人类得以不断超越自身的智慧源泉。用工业社会、后工业社会之类靠不住的线性发展模式来衡量思想的价值，本身就是缺乏思想的表现，而因此不去创造性地理解和更新自身的传统，将永远找不到超越自身的出发点。

现象学也好，海德格尔哲学也好，它们的所谓"终极关怀"在我看来绝不是形而上学的抽象思辨，而是要重新找到人类在这个星球上更好地生活的根本。它只是人从存在的角度不断地重新认识和理解自己。正因为如此，伽达默尔才一再强调释义学的最终结果是实践哲学。

实践哲学是目前德国哲学界的一个大热门。胡塞尔、海德格尔传统的哲学家在谈实践哲学，批判理论派的哲学家更是把实践哲学作为自己的本分，甚至那些受了英美语言哲学影响的人也在谈实践哲学。这种实践哲学不同于柏林或法兰克福有些激进的教授谈的紧密联系现实社会问题的那种所谓理论联系实际、用理论指导实践活动的实践哲学，而是站在人如何更深刻、更全面地理解自己的存在的角度，来探索人类文明更为合理的结构和模式；不是如何去做一件具体的事，而是要知道怎样存在才更合理，才更加符合人性和人类良知，才更有利于人的全面发展。有了这种认识，正确地行动是题中应有之义。

如果哲学孜孜以求的是人对自身的不断认识，那么一切哲学最终必然都是这种意义上的实践哲学，由此来看，那种中国没有哲学，或只有政治哲学或道德哲学的说法实在是有点无知。不言而喻，中国哲学和西方哲学有着根本的差别，但这种差别不等于它们没有共同关心的问题，尽管着眼点也非常之不同。因此，对于今天的中国哲学家来说，要紧的不是用翻译过来的西方哲学的语言来构想什么本体论或认识论，而是站在中国人的文化立场上积极地用自己的语言来思想。

当年胡塞尔和海德格尔曾一再强调，现象学不是给予什么结论，而是要你自己也去如此思索或"哲学"一番（在西方语言中，"哲学"一词有动词形式，许多哲学家都喜欢用这个动词来指自己的专业工作），所以现象学更具有开放性和持久的活力。我们的传统和所面临的问题和西方人相当不同。别人的任何结论都不能代替自己的思想。没有思想就没有真理，没有真理就不会有自由。正像弗莱堡大学正门墙上镌刻着的那句格言"真理使你们自由"，但卢森堡的那句名言"自由就是不同思想的自由"也同样值得牢牢记取。

海德格尔：德国和欧洲及其超越

一

在英美学术界，德国哲学家往往被认为对他们国家的悲剧负有一定的责任，因为据说他们大都是文化民族主义者，有些甚至是狂热的日耳曼沙文主义者。他们不但对他们统治者的倒行逆施没有任何抵制，反而还推波助澜，摇旗呐喊。他们的思想则往往成了诸如纳粹主义、种族主义和反犹主义的理论来源。不但像《第三帝国的兴亡》这样记者写的历史书这么说，而且严肃的学术著作往往也这么说。[1] 由于

---

1 最有影响的一个例子也许是 Fritz Ringer 的 *The Decline of the German Mandarins*（Cambridge: Harvard University Press, 1969）；最近的一个例子则可看 Hans Sluga 的 *Philosophy and Politics in Nazi Germany*（Cambridge: Harvard University Press, 1993）。

英美学者往往把自己国家视为西方民主的正宗，而曾与它们为敌打过两次世界大战的德国自然是邪恶的专制恶魔的化身，因此，主张德国的民族文化和民族性就是主张专制，反对民主。这种本身不一定正确的"政治正确"的逻辑至今还有相当的影响，以致即使在德国本土，今天谈论德国的民族特性或文化特性还是一件有风险的事，一不小心就会被戴上"纳粹"之类的可怕帽子。

至于早已被很多人视为"纳粹分子"的海德格尔，按照那种"政治正确"的逻辑当然也一定是狂热的德意志中心论者和民族主义者。各类研究海德格尔的传记和专著往往都对他有这样的指控。[1] 当然，"证据"可以说"比比皆是"。从海德格尔发表的第一篇关于桑塔克·克拉拉的亚伯拉罕的文章，到他关于施拉格特的演讲，充满"祖国""德国""人民""家乡"的字眼。而这些在他的指控者眼里，已足以坐实他"德意志民族主义者"的罪名。更不用说他臭名昭著的校长就职演讲和1935年的《形而上学导论》了。读过这些文字的人，即使不带任何偏见，也会认为，即使不能说海德格尔是种族主义者或反犹主义者，说他是德意志民族主义者应该是没什么问题的。

---

1 传记最有名的自然是 Hugo Ott 的 *Martin Heidegger: Unterwegs zu seiner Biographie*（Frankfurt am Main: Campus, 1988），以及 Rüdiger Safranski 的 *Ein Meisteraus Deutschland: Heidegger und seiner Zeit*（München: Carl Hanser Verlag, 1994）。著作可看智利人维克托·法里亚斯的《海德格尔与纳粹主义》，郑永慧等译，时事出版社2000年版；美国人理查德·沃林的《存在的政治》，周宪、王志宏译，商务印书馆2000年版。

然而，海德格尔是一个纯粹的哲学家，又是一个思想极为深刻复杂的哲学家。说他是纯粹的哲学家，就是他对任何重大问题的思考都是从哲学本身出发的；也因为如此，他的政治立场的确不能与他的哲学分开，而应认为是属于一体的。说他的思想极为深刻复杂，是说我们不能简单地用断章取义的办法，从他著作中孤立地抽出一些话从字面上来理解。这种做法即使对一个普通人也欠妥，遑论对海德格尔这样的大哲学家。对于海德格尔来说，哲学不是通常意义上的"理论活动"，而是我们的存在方式，在此意义上哲学与历史并不是毫不相干的东西，而是相互关联甚至互属的东西。因此，我们对海德格尔的哲学言论，不但要放到他整个哲学的语境中去理解，也必须放入时代的语境中去理解，这样才能得出正确的结论。

其实，海德格尔并不是像有些人以为的那样，从一开始就是一个狂热的民族主义者。在第一次世界大战期间，的确有不少哲学家发表过狂热的民族主义和沙文主义的支持战争的言论，如海德格尔的老师、新康德主义者李凯尔特和他的同辈人马克斯·舍勒。但是，我们却不能在这一时期的海德格尔那里找到相似的言论。相反，我们在他1919年夏季学期的讲稿中发现，通过对狄尔泰关于启蒙时代普遍历史思想的研究，他看到启蒙时代第一次使西方人能够超出民族来看问题。将"人类团结"理解为"它此在的意义"，[1]

1　Heidegger, *Zur Bestimmung der Phiosophie. Gesaunausgabe Bd. 56/57.* Frankfurt am Main: Vittorio Klostermann, 1987. S. 132.

并且,他在那时已经对启蒙划分"文化民族"(Kulturnationen)和"自然人群"(Naturvolkem)提出了批评。

在海德格尔看来,第一次世界大战是欧洲无意义的自我毁灭。原因是欧洲各民族国家不能创造性地解决它们的问题,而是投入到外在的统治世界的斗争中去。[1]欧洲危机的根源在于在精神上为虚无主义所支配,而在政治上则陷入不断的军事冲突。问题在于播下了虚无主义的种子并使它得以生长的欧洲,能否在自己内部找到解毒药来对付可以预见的崩溃。

但是,在第一次世界大战结束后的十年里,除了《存在与时间》粗略地将个人的命运与一个民族的命运联系在一起外,海德格尔似乎没有更多地涉及"德国"或"欧洲"的问题。[2]1929年席卷西方世界的经济危机以及它在德国国内政治上的激烈反应,恰好与海德格尔在《存在与时间》出版后陷入的宗教与哲学信念的危机重合。这使他的思想目光从书斋转向了现实。他发现,第一次世界大战之后十年间欧洲的思想(显然也包括他的《存在与时间》)根本不足以应对德国乃至欧洲所面对的危机。只是从这时开始,

---

1　Otto Pöggeler, *Heideggers politicshes Selbsiverstundia* [A] *Heidegger and die praktisehe Philosophie*, hg. Von Annemarie Gethmann-Siefert und Otto Pöggeler [C] .Frankfurt am Main : Suhrkamp, 1988. S. 20.

2　按照德国海德格尔研究专家 Otto Pöggeler 的说法,我们可以把海德格尔对此在的生存要素(Existenzial)的分析看作一个对此在反时间结构的说明(Cf.Otto Pöggeler, "Heideggers politisches Selbstverst and nis". S. 44.),在此情况下,对于存在论来说,似乎只要谈论抽象的个体此在就足矣,没有必要对此在本身作进一步界定,也不可能涉及此在的历史经验。

德国问题和欧洲问题更直接地成为他的思考对象。[1] 虽然这也导致了他不幸卷入政治，但这并不等于他这方面的思考是非哲学的。相反，他始终是从哲学去看政治，而不是相反。一个典型的例子就是他的校长就职演讲。

这篇演讲的标题似乎就很"民族主义"："德国大学的自我主张"。海德格尔一开始就提出"德国大学的本质"的问题，然后说德国大学是要从科学出发，通过科学来教育和培养"德国民族命运的领导者和卫护者。追求德国大学本质的意志就是追求科学的意志，就是追求德国民族历史精神使命的意志。这个民族是一个通过其国家认识自己的民族"。[2] 在论述了德国大学所要追求的科学的本质后，海德格尔给大学生提出了三项义务：他们在民族共同体中的义务；在其他民族中对这个民族的荣誉和命运的义务；以及对德国民族的精神使命的义务。[3] 在演讲快结束时，海德格尔说："我们想要的是：我们的民族完成它的历史使命。"[4]

那么，这究竟是怎样的一种使命？是德意志民族战胜其他民族、称霸世界、统治地球的使命，就像最狂热的纳粹

---

1 在海德格尔哲学中，"德国"或"欧洲"首先不是一个地缘政治的概念，也不是一个文化概念，而是一个哲学概念，必须根据他的存在史的思想来理解。

2 Heidegger, *Die Selbstbehauptung der deutschen Universität*（Frankfurt am Main: Vittorio Klostermann, 1990）, S. 10.

3 Ibid., S. 15.

4 Ibid., S. 19.

分子所想象的那样，还是完全不同的一种使命，这种使命不仅是德国的，也是欧洲-西方的？对于任何不带偏见读过《德国大学的自我主张》的人来说，答案是不难找到的。海德格尔所说的始终是"德国民族的历史精神使命"，而不是任何别的什么使命。这种使命不仅是针对"德国命运极端艰难的时刻"，更是针对"西方的精神力量已经衰亡，西方本身也开始分崩离析：这个垂死的虚假文化也已坍塌，使所有的力量都陷入混乱并在疯狂中窒息"[1]。诚如匈牙利哲学家费赫（István Fehér）所说："校长就职演讲归根结底可以看作戏剧性地号召挽救一个衰落的文化，建立一个新的精神世界。"[2]

从歌德和荷尔德林的时代开始，德国思想家中就一直有人认为德国人对西方文明，尤其对西方的精神世界负有特殊的使命与责任。第一次世界大战所暴露出来的西方文明的严重危机，使更多的德国知识分子具有这样的想法。深受荷尔德林影响的海德格尔也不例外。他同样认为德国人或德意志民族在拯救西方文明中有着关键的作用。理由是德国处于欧洲的中心，它自己促成了现代虚无主义和发展

---

1 Ibid., S. 19.

2 István Fehér, "Fundamental Ontology and Political Interlude", in *Martin Heidegger. Critical Assessment*, vol.4（London and New York: Routledge, 1992）, p. 177.

了"权力意志"，[1]更重要的是德国文化与西方文化的本源——希腊文化之间有一种密切关系。所以，"德国人，只有德国人才能在西方历史中拯救西方"[2]。"这个行星在燃烧，人的本质脱了节，只有德国人才能深思世界历史，如果他们发现并保持'德国特性'（das Deutsche）的话。"[3]

这些话听上去的确像是充满了民族自大和民族沙文主义色彩，但我们应该注意最后那句话是有条件的，就是德国人得知道"德国特性"为何物。正是在这个问题上，海德格尔与狭隘的德意志民族主义，更不用说与纳粹民族主义有根本的不同。对于海德格尔来说，"德国""德国人"或"德国特性"从来就是一个问题，而不是一种同质的既定性质，如一般英美人对自己的"身份"（identity）那么确定无疑。所以，海德格尔在他写于1936—1938年的主要著作《哲学贡献》中，郑重其事地提出了"我们是谁"的问题，并且明确指出，它绝不是"生物自由主义"，即近代形而上学所追求的"自我确定性"（Selbstsicherheit）问题。相反，人的自我性（Selbstheit），无论是历史的人的自我性还是民族的自我性，都是一个事件发生的领域，人在这个领域中才最终拥有自己。"所以一个民族的存在是种种本质规定

1　但海德格尔并不认为尼采的"权力意志"的学说是尼采或德国人的发明，而只是西方形而上学传统的结果，它命名了这个时代的特征（Cf. Heidegger, *Heraklit*, *Gesamtausgabe Bd. 55,* S. 107.）。

2　Heidegger, *Heraklit. Gesminusago*: *Bd. 65* [M] Frankfut am Main: Vittorio Klostermann, 1979.

3　Ibid.

的一种特有关系的存在。"在此意义上，有"更多的东西"属于一个民族的"存在"[1]。这就是说，一个民族的存在不仅仅有它自己，还有并且一定有他者的因素。海德格尔对荷尔德林诗歌的阐释，明白无误地证明了这一点。

1941年至1942年冬季学期的课程，海德格尔讨论的是荷尔德林的诗歌《怀念》。在这个课程中，海德格尔反复和雄辩地阐述了异己的东西（die Fremde）与自我发现的关系这个主题。他明确提出精神必须与异己的东西打交道，不是为了迷失在异己的东西中，而是为了在异己的东西中为自己做准备和使之强大。[2]与纳粹对德国民族特性的鼓吹针锋相对，海德格尔说："特性（das Eigene）不是通过粗暴强制地拽住自己的本性就可以达致的，好像它是一个可以科学地固定的事态。特性也不像教条那样鼓吹自己，通过规定来实现自己。特性是最难找到也最容易失去的东西。"[3]之所以如此，是因为人们往往不明白，"特性并不在于一种自我封闭、在自身就能培养的气质。特性恰恰与一个他者有关"[4]。培育德国特性的那个他者，就是希腊。

对于海德格尔来说，希腊是德国的源头，也是德国的典范。追求德国的历史使命，就是"要为我们的此在重新赢

1　Heidegger, *Beiträge zur Philosophie, Cesauntausgabe Bd. 65* [M] Frankfut am Main: Vittorio Klostermann, 1989.

2　Heidegger, *Hölderlins Hymne Andenken* [A] *Geamtausgabe Bd. 52* [C] Frankfurt am Main: Vittorio Klostermann, 1992.

3　Ibid.

4　Ibid.

得科学原初的希腊本质的两个显著特征"[1]。希腊科学（哲学）的这两个基本特征在一般人看来可能是自相矛盾的。这就是：知识一方面是对命运无能为力的理论，是对存在沉思的追问；但它又是一种"实践存在"的最高方式，人的最高方式。所以。对希腊人来说，科学（哲学）不是一种"文化财富"，而是整个民族-国家此在最内在的决定性核心。[2]很显然，海德格尔希望德国人不要将希腊人开创的这个"开端"（Anfang）作为一个早已被抛在后面的东西，而应作为自己追求的目标来理解。"开端作为伟大事物预先超越了所有将来的事物，因此也预先超越了我们自己：开端已经闯入我们的未来，它站在那里，遥遥地支配我们，命令我们重新把握它的伟大。……只有当我们坚决服从这种遥远的命令以重新赢得开端的伟大，科学才会成为我们此在最内在的必然。……一旦我们服从开端遥远的命令，科学就必将成为我们精神-民族此在的基本事件。"[3]海德格尔的"希腊"与"德国"都是一个哲学-历史，或存在史意义上的概念，而不是一个民族国家单位。他（从30年代开始）始终是以存在史的眼光，也就是哲学的眼光来观察德国和西方的命运的。[4]对海德格尔的立场无论是批评还是辩护，

1　Heidegger, *Die Selbstbehauptung der deutschen Universität*（Frankfurt am Main: Vittorio Klostermann, 1990）.

2　Ibid.

3　Ibid.

4　存在史是后期（成熟期）海德格尔最基本的思想之一，可惜始终未引起人们的足够重视。由于兹事体大，容当日后另文论述。

只有把握了这一点，才有积极的意义。

二

这当然不是说海德格尔只有哲学立场而没有政治立场；而是说我们不能将他哲学著作中出现的"德国""德国人"和"民族"之类的词加以简单的民族主义的理解。毋庸讳言，像多数现代人一样，海德格尔也有一定的国家和民族意识，但他的国家和民族意识与纳粹或其他任何狂热的民族主义与沙文主义毫无共同之处。正如 Pöggeler 所指出的："海德格尔 1933 年加入的那个'觉醒'（Aufbruch），是一种民族主义的觉醒，是要恢复德国的尊严……是要让自己顺应威尔逊的民族自决的纲领。"[1]而且，海德格尔的民族关切包含社会关切在内：通过大家从事共同的工作，克服工人失业和农民与小资产阶级生活无着。[2]纳粹民族主义和其他许多政治民族主义有一共同特点，就是强调中央和国家的权威。但海德格尔却正好相反。尽管他作为校长想与希特勒建立个人关系，以实现他"领导元首"的痴心梦想，但他仍然两次谢绝柏林大学的聘请，表明他不想看到德国

---

[1] Otto Pöggeler, *Heideggers politicshes Selbsiverstundia* [A] *Heidegger and die praktisehe Philosophie,* hg. Von Annemarie Gethmann-Siefert and Otto Pöggeler [C] .Frankfurt am Main: Suhrkamp, 1988.

[2] Ibid.

被置于柏林的中央集权之下。他甚至主张让巴登州反对柏林这个中心，始终视德国为欧洲诸民族之一。[1] 我们也不能说海德格尔是一个文化民族主义者。因为文化民族主义的一个基本特征是强调自己民族文化的特殊性，而海德格尔却是基于他的存在史的思想，始终坚持希腊思想（哲学）是德国思想（哲学）的本源。没有希腊开端的德国哲学是不能想象的。如果说德国和德国人负有特殊的使命的话，那也是因为德语与希腊语和希腊思想有特定的内在的亲缘性。[2]

正是由于从存在史的角度来观察德国和德国思想的特性和命运，对于海德格尔来说，不存在一个"纯粹的"德国。德国从一开始就被由希腊哲学开其端的西方形而上学所支配，它和其他西方民族一样分有由此而来的西方的命运。根据海德格尔存在史的思想，古希腊思想的开端在柏拉图那里发生了转折性的变化，这个开端的变化奠定了西方哲学的基础，也决定了随后各个世纪西方哲学和西方世界的命运。德国哲学不但不能避免这种命运，而且这也就是它的命运。例如，德国近代哲学同样体现了数学性东西（Das

---

1　Otto Pöggeler, *Heideggers politicshes Selbsiverstundia* [A] *Heidegger and die praktische Philosophie,* hg. Von Annemarie Gethmann-Siefert and Otto Pöggeler [C] .Frankfurt am Main: Suhrkamp, 1988.

2　海德格尔甚至说是法国人越来越促使他相信这一点，当他们开始思想时，他就说起德语（参见德国《明镜》周刊对海德格尔的采访，中文译文由熊伟翻译，刊载于《外国哲学资料》第5辑，商务印书馆1980年版，第159—189页）。

Mathematischen）居支配性地位的特点。

在海德格尔看来，数学的本质是最高的基本定理的自我规定，任何进一步的规定都必须从这些最高的基本定理出发，照这些基本定理来进行。就此而言应该认为数学最初与数和空间毫无关系，因为它们在量的方面可以数学化（mathesis），它们才成为狭义的数学领域。因为思想是根据存在的东西来规定自己的，所以思想和言说的基本规则、矛盾律，必定不仅成为思维顺序的规则，而且也是存在的自我规定。数学的本质还在于将思想的一切规定组织在一个统一的序列中，将自己奠基为"体系"。从笛卡尔开始，从数学定理成为一切存在的自我规定最高的基本定理开始，哲学才得以能够有体系和构造体系。柏拉图和亚里士多德都没有体系，更不用说古人了。康德在《纯粹理性批判》中第一次指出思维在其限度内的优先权，但即使他也还没有体系，因为对于康德来说，思维、判断力，作为经验的对象存在的规定的上诉法庭，仍然是不可动摇的。哲学的体系是在黑格尔的《逻辑学》中出现的，黑格尔所称的"逻辑学"就是通常人们所谓的形而上学、存在论、存在的学说。思想作为存在的本源，以最深刻、最基础的体系形态包含在黑格尔的《逻辑学》中。从柏拉图和亚里士多德以来的西方哲学之路在黑格尔的逻辑学中得到了完成，但从它开端以来的西方哲学之路却并没有完成，它仍然没有解决，仍然被误解。尼采虽然和荷尔德林一起重新唤起了人们对前苏格拉底哲学的注意，但他在哲学的基本问题即存在问题上仍然持有 19 世纪的误解，他的形而上学陷入了永恒轮回学说的死胡同。[1]

正如德国哲学的问题本身是欧洲-西方哲学问题的一部分一样，德国问题也就是欧洲-西方的问题。1935 年出版的《形而上学导论》再清楚不过地表明了海德格尔的这种思路。在那部著作中，他令人印象深刻地提出了欧洲正处于俄国和美国巨大的两面夹击中。在他看来，从形而上学上看，俄美本质上是一样的：同样令人绝望的失控的技术和闻所未闻的群众组织的疯狂。[2]

欧洲处于俄美夹击之中势若累卵并不是海德格尔的发明。早在《形而上学导论》发表前整整 100 年，托克维尔在《论美国的民主》中已经预言，150 年后，美国和俄国将瓜分世界。俄国的危险在于它那种与政府领域和宗教或准宗教领域拜占庭式的混合共生的威权专制；而美国的危险是多数人专制。它可以通过多数人的一致来压制任何不同观点和任何创造性的冒险。通过公开或隐蔽的帝国主义，俄国和美国已经获得了巨大的领土。但美国人对印第安人的剥夺是"用十分巧妙的手段，不慌不忙，通过合法手续，以慈悲为怀，不流血，不被世人认为是违反伟大的道德原则，就达到了双重目的。以尊重人道的法律的办法消灭人，可谓美国人

---

1 Heidegger, *Europa and die deuasche Philosophie, in Europa and die Philosophie* [M]. hrsg. von Hans-Helmuth Gander Frankfurt am Main: Vittorio Klostermann, 1993.

2 Heidegger, *Einführung in die Metaphysik* [A] *Gesamtausgabe Bd. 40* [C] Frankfurt am Main: Vittorio Klostermann, 1983.

之一绝"[1]。

这种想法对于生活在欧洲中心的德国人来说，当然会有强烈的同感。海德格尔的同时代人雅斯贝斯在 1932 年就明确表示，美国和俄国将瓜分世界，德国的使命就只有作为一个精神的力量。[2] 在这一点上，海德格尔与雅斯贝斯是完全一致的。只不过雅斯贝斯面对这样的世界更注意的是人类生活的边界处境（Grenzsitionanen）和个人间的交往沟通；而海德格尔却更着眼于德国对于欧洲-西方的责任："这个民族作为历史的民族，把它自己，从而把西方的历史从其未来发生的中心处放入存在诸种力量的源始领域。"

而德国之所以能承担这样的使命，是因为它是一个"形而上学的民族"[3]。也因为如此，海德格尔讲的德国拯救自己从而也拯救欧洲-西方，与纳粹征服欧洲进而称霸世界的帝国野心风马牛不相及。

根据海德格尔存在史的思想，哲学或者形而上学，不是人类精神能力所产生的"文化产物"或文化成就。那样的话哲学就成了一个现成的东西（das Vorhandene）。相反，哲学是真正源始的东西，形而上学是源始的发生（Ereignis）。

1 托克维尔：《论美国的民主》，第 378 页，董果良译，北京：商务印书馆，1991 年。

2 Otto Pöggeler, *Heideggers politisches Selbsiverstundia* [A] *Heidegger and die praktisehe Philosophie, hg. Von Annemarie Gethmann-Siefert and Otto Pöggeler* [C] . Frankfurt am Main: Suhrkamp, 1988.

3 Heidegger, *Einführung in die Metaphysik* [A] *Gesamiausgabe Bd. 40* [C] Frankfurt Main: Vittorio Klostermann, 1983.

当然，这只是对西方而言，并且，正是它造就了西方，而不是相反。"在希腊时代，存在者的存在就成了值得思考的东西，这就是西方的开始，就是它命运隐蔽的根源。"[1] 正是这个命运决定了西方的历史，也塑造了西方人。"哲学在其本质上是希腊的，这句话说的只是：西方和欧洲，并且只有它们，在其最内在的历史进程中源始地是'哲学的'。"[2] 但说西方和欧洲是"哲学的"，并不是说只有西方人才擅长哲学思维，而是说由于他们对存在者的存在的思考，世界得以根据存在天命式的种种形态时时在西方确定自己和揭示自己，而形而上学的伟大思想家对存在的阐释总是与存在的天命相应。在此意义上，存在的天命就是世界的天命，这种天命长时期只限于西方，但随着现代技术和工业的扩张，它已经成了全球的天命。[3] 因此，要拯救西方，只有对其天命的源头——存在本身进行存在史的反思。也就是说，这是一个哲学的任务，而不是政治的任务。作为一个"形而上学的民族"，德国的历史使命在此，而不在任何别的地方。

　　1936 年 4 月，海德格尔在罗马作了题为"欧洲与德国哲学"的报告。报告一开头就说，我们的历史此在越来越紧迫和清楚明白，它的未来就只有非此即彼的两个可能：

1　Heidegger, *Vorträge und Aufsätze* [M]. Pfullingen: Neske, 1978.

2　Heidegger, *Was is das-die Phiosophie* [M]. Pfullingen: Neske, 1956.

3　Heidegger, *Zur Sache des Denkens* [M]. Tübingen: Max Niemeyer Verlag, 1969.

欧洲得到拯救或它的毁灭。欧洲要得救需要做到两件事：（一）保持欧洲民族对亚洲民族的领先；（二）克服它自己的无根状态（Entwurzelung）和分崩离析，但后一件事是前一件事的条件。不克服欧洲自己的无根状态和分崩离析，就不能保持对亚洲民族的领先。但这两件事都要求这些在在最高的准则下从根本上起变化。这种变化只能作为对迄今为止的历史——它的本质形态和时代创造性的阐明发生。[1] 鉴于西方历史的哲学性，或者说形而上学对西方历史的规定，那么对迄今为止的历史的阐明就既不是继续保护纯粹的传统，也不是创造新的东西或准备创造新的东西，而是追索这历史的源头，也就是海德格尔说的"开端"（Anfang）。"当我们继续从源始的开端问西方哲学的基本问题时，我们只是在为我们称之为拯救西方的任务工作。"[2] 由此可见，即使认为德国负有拯救西方的使命，这个使命对于海德格尔来说也是纯粹哲学的，而不是政治的。而拯救之道无非是通过追问真理的本质的问题来继续和深化存在问题，因为这是欧洲各民族源始的本质之所在，也是它们统一的根据。

1　Heidegger, *Europa and die deuasche Philosophie, in Europa and die Philosophie* [M]. hrsg. von Hans-Helmuth Gander Frankfurt am Main: Vittorio Klostermann, 1993.

2　Ibid.

三

作为一个纯粹哲学家，海德格尔基本上从哲学意义上来理解"德国"和"德国人"。对于海德格尔来说，哲学并不是以匿名的德国民族的命运的名义故意表现一种使命的行为，而是坚持古代就已产生的欧洲各民族的共同任务。[1]在这一点上，他和他的老师胡塞尔并无二致。胡塞尔在《欧洲科学的危机和先验现象学》中也认为希腊哲学是西方-欧洲的根源。因此，欧洲或西方具有一种"精神生命的统一性"。无论对于胡塞尔还是对于海德格尔，德国精神的危机必然是欧洲精神的危机，谈论这种危机，必然也必须上溯到希腊。德国的非德国性，更确切说，德国的欧洲性，根源就在这里。要辨认德国，必须要进入欧洲；希腊把德国和欧洲连为一体，不能分开。从莱布尼茨开始，德国哲学家中就有这么一条基本思路。

早在近代开始时，莱布尼茨就追问过"欧洲的本质之本源和根源"。之所以会追问这个问题，是因为他已经思考了存在者的若干种统一：个别和特殊统一于一般，个人和民族统一于世界，等等。那么，欧洲各民族统一的根源究竟在哪里？莱布尼茨的回答是，在流变的语言之源，即后来称为印度日耳曼语系的日耳曼-凯尔特原语言中，它把欧洲各民族和国家中的西南欧说罗曼语的人和东欧斯拉夫人联系在了一起。

---

1 Manfred Ridel, *Heideggers europäische Wendung*.

原语言的这种普遍地流动的，并不排斥民族、国家和地区的个别性是普遍性。这使莱布尼茨看到，除了数学与自然科学那种逻辑必然的本质规定外，还有一种对只有在事实世界中可能和实现的"本质"的存在论规定。这种存在论的本质规定就是那样一些真理，它们可以超出对词义的暂时领会，变得越来越清楚，最终成为相应的知识，但也同样能又被遮蔽。不仅近代物理学以力学为基础是这样，近代政治学通过对自然法人类学还原的理解来给自己奠定基础也是这样，这种理解以法律的名义使强者得以为所欲为，迫使人们追逐权力。[1]

　　莱布尼茨承认，存在论的本质规定从根本上说都是事实真理，在世界发生的事件中才彰显出来。德国处于欧洲的中心位置就是一个事实真理。德国当时名义上是一个帝国，实际上是自由国家的联邦。莱布尼茨考虑的是如何保持这个分崩离析的帝国的和平，如何保持这个自由国家的联邦，使它成为一个有着固定的参议会、常备军和代表大会的国家。这个国家不像西欧的民族国家那么"实"，但欧洲中部的这种"空"的国家联邦，却可以限制任何一个西欧民族国家的任意的权力扩张。为此，需要有"共同精神"；但它不是莱布尼茨拒绝的那种唯一的、包容一切的精神，而是通过个人实现的一个民族的共同感（Gemeinsinn），只有从个人那里才能确定。莱布尼茨说，这其实就是英国人称为"公共精神"（public spirits）的东西。他在他的暮年

1　Ibid.

发现，这些精神在全欧洲都被流行的自由概念和高于一切的国家的权力政治所压制。这种精神疾病只有通过唤起反制的力量才能得到治疗。[1] 显然，在莱布尼茨看来，这种公共精神应该是德国的，也应该是欧洲的。

从康德经过费希特和谢林到法国大革命时代的黑格尔的唯心主义形而上学，把那种对于各民族、时代和地区在普遍历史基础上的一致与联系的思想叫作"精神"。在黑格尔看来，四分五裂的德国通过其古典诗歌和哲学，以"内在实现的自由的个体性"的基本原则统一它自己。个体性不再在法律的宪法中找到它的自由，但也不是在康德希望建立的一个欧洲各民族的联邦中找到它的自由。为了不至于陷于欧洲基础上的普遍历史事件中，而看到它与各邻邦民族本质的统一性，最终达到它自己的超主体的"概念"，德国精神坚持主体的"内在性"："精神"不是别的，就是各分离民族之间共属性和联系的思想。在《哲学史讲演录》中，黑格尔把西方哲学史只分为两个时期：希腊哲学和日耳曼哲学。他和莱布尼茨一样，认为信基督教的欧洲各民族，即使是非日耳曼民族，如罗曼语系的民族，"就它们属于科学的世界而言"，它们也受过日耳曼教化的熏陶，也可以被称为"日耳曼的"[2]，因为它们在罗马世界帝国的基础上通过种族和语言的亲缘关系，在整体上有一种新的形态

1　Ibid.

2　Hegel, *Vorlesungen über Geschichte der Philosophie.* [M] Werke 18. Frankfurt am Main: Suhrkamp, 1971.

的特征，这种形态就是欧洲的本质。它本身既不是"日耳曼的"，也不是"罗马的"，而是"西方的"：得追溯到古希腊人，希腊也是各斯拉夫民族历史的源头。但这并不等于说欧洲的本质是一个抽象的普遍性。相反，"欧洲的原则和特征是具体的普遍性，是自我规定的思想"[1]。或者说，"欧洲精神的原则是……自我意识的理性，它信任自己，因而它触及一切，以便从中想起自己"[2]。精神的这个纯化过程在西方历史中达到了顶点。黑格尔对欧洲科学和技术在近代历史过程中对整个地球的征服毫无保留。[3]

尼采就完全不一样了。他在《不合时宜的观察》中就对欧洲人提出了警告："19 世纪过于自负的欧洲人，你发疯了！你的知识没有结束自然，而在杀死你自己。"[4] 尼采对当时的欧洲-西方提出了他的诊断。他认为欧洲犯了三重罪孽：首先是对自然毫无节制的欧洲态度，"借助机器和技术工程人员毫不迟疑的发明，我们践踏自然"[5]。其次是对上帝，"亵渎神灵是我们对上帝的态度，它企图说明隐藏在巨大的因果蜘蛛网背后的某种目的蜘蛛和道德蜘蛛"。[6]

---

1 Hegel, *Enzyklopädie der philosophischen Wissenschaften III Werke 10*[M]. Frankfurt am Main: Suhrkamp, 1971.

2 Ibid.

3 Manfred Ridel, *Heideggers europäische Wendung*.

4 Nietzsche, *Unzeitgemäße Betrachtungen II* [A] *Sämtl. Werke hrsg. von G. Colli and M. Montinari Krit. Stud. Ausg. Bd.1* [C]. Berlin: de Gruyter, 1988.

5 Nietzsche, *Zur Genealogie der Moral* [A] *Sämtl. Werke hrsg. von G. Colli und M. Montinari Krit. Stud. Ausg. Bd. 5* [C] Berlin: de Gruyter.

6 Ibid.

最后是对人自己的态度："因为我们不允许用动物做实验，我们就用我们自己做实验，兴奋而又好奇地从活生生的肉体上撕下灵魂：我们又怎么会重视'灵魂'的'拯救'？"[1]除了这三种欧洲的基本病症外。他把德国对奥地利和法国的狂妄自大也包括进他的诊断中。他认为俾斯麦违背整个欧洲的意志建立普鲁士主导下的帝国及其后果，使德国精神偏离了它的历史起源。[2]

在德国统一之初，尼采曾经梦想一个"精神德国"，能找到自己这个"精神德国"，能把在黑格尔那里辩证地克服的内在世界和外部世界的对立，即一方面坚持突破常规的内在性同时却在外部生活上随波逐流，甩在后面。为此，尼采不仅向古典哲学和诗歌的代表人物求助，而且也向当时还根本毫无名气的荷尔德林求助。和莱布尼茨一样，他也把语言看作"我们德国性的奥秘之所在"。但这种德国性"只有通过混合与更换种种民族性和伦理，才能像通过一种形而上学魔法一样拯救它自己并从而拯救德国精神"。[3]但随着俾斯麦帝国在"民族妄想"中的建立，尼采的美梦很快就破灭了。随着德国在经济和政治上上升为世界强国，尼采与荷尔德林一样试图寻找一个精神的中心点，"祖国的灵魂"在那儿能一下子完全展现。尼采发现，精神自我

---

1 Ibid.

2 Manfred Ridel, *Heideggers europäische Wendung*.

3 Nietzsche, *Unzeitgemäße Betrachtungen* [A] *Sämtl. Werke, hrsg. von G. Colli und M. Montinari. Krit. Stud. Ausg. Bd. I.* [C]. Berlin: de Gruyter, 1988.

更新的美梦在"官方德国"民族主义和帝国主义追求霸权上破灭了，但必须以另一种方式来挽救。因此，他躲开俾斯麦帝国而转向欧洲。但这种转向并不意味他离开了《不合时宜的观察》的思想。相反，它使这种思想得以进入其最本己的起源，回到"欧洲本质"在希腊人那里的起源和根源。[1]

德国哲学家曼弗雷德·里德尔（Manfred Riedel）在他的论文《海德格尔的欧洲转向》中将海德格尔与尼采相比，说他和青年尼采一样，一开始希望德国能在精神上自我更新，等到这个美梦破灭后就和后期尼采一样，在欧洲-西方历史的基础上去理解所发生的一切。[2] 的确，海德格尔在这方面与尼采颇为相似，在对"官方德国"不抱希望后，他们都把眼光转向荷尔德林，转向古希腊。但是，与尼采不同，更不用说莱布尼茨和黑格尔，海德格尔不满足于做一个"好欧洲人"。"欧洲"和"德国"一样，对他仍然是个问题。上溯到古希腊，上溯到西方思想源始的开端，并不是要在那里找到解决当前危机的灵丹妙药，更不是要复古、要恢复开端时的思想。由于西方对于存在的理解不仅是西方人的天命，随着西方现代性的扩张也成了"地球人"的天命，所以海德格尔要通过揭示西方思想的有限性来揭示未被展开的未来的可能性。换言之，为了克服形而上学就必须表明它的局限。

1　Manfred Ridel, *Heideggers europäische Wendung*.

2　Ibid.

所以，海德格尔说哲学在其本质上是希腊的，或欧洲和西方在其最内在的历史进程中源始地是"哲学的"，不应该理解为反映了一种西方中心论的思想，而是正相反。哲学是西方的并且决定了西方乃至全球的命运，恰恰表明哲学是有限的，它解决不了西方的问题。回到西方哲学历史的开端绝不是出于历史学的好奇或复古，实际上就是要发现在开端的决断中已经设下的局限。如果西方思想本身对这种局限无能为力的话，那么在另外异己的开端中寻找新的可能性似乎是必须的和不可避免的。这就是海德格尔为什么说，与希腊思想对话是为不可避免的与东亚世界的对话做准备，是那个对话的先决条件。[1]

早在《存在与时间》中，海德格尔就已经提出了正确理解他者的生存论前提为何的问题。[2] 海德格尔明确指出：这种对他者的理解"不是一种由认识得到的知识，而是一种源始的生存论的存在方式，它才使认识和知识可能"[3]。在常人千篇一律的存在方式中，在日常的共在中，自我实际上遗失了，根本不可能有真正的对他者的理解。溶化在日常性中的我只能在千篇一律的可能性的视域中认识自己和认识他者。只有在本己存在的样态中，他者才能在他的他者性上有意义，我们才能看见他者和他所体现的生存可能性。换言之，只有在生存中，即对存在本身的理解中，我

---

1 Heidegger, *Vorträge and Aufsäze* [M] Pfullingen: Neske, 1978.

2 Heidegger, *Sein and Zeit*, Tübingen Max Niemeyer, 1967.

3 Ibid.

才能理解他者，提出他者的问题。在他者体现的他的源始的可能性上理解他者，对于本己的生存来说，是它自身完全洞明的条件。另一方面，必须看到，"这些最本己的可能性是由有限性规定的……但此在面对这些可能性而成为自由的时候，此在就制止了一种危险，不再会由于自己有限的生存理解而否认他者超过它的生存可能性，或由于误解强使它回到自己的生存可能性上去。"[1] 这就是说，此在只有接受自己的被抛性和历史性，接受它的独特性，它才能承认他者存在的可能性，才能理解他者的可能性。此外，"决心成为自己才使此在有可能让共在的他者在他们最本己的能在中去'存在'。……只有从决断的本己的自我存在中才能产生真正的彼此存在"[2]。很显然，此在在为它自己源始的可能性操心时必然涉及对他者的理解，由这种操心产生的接受曾在的自我是"作为共在的此在对他者的能在有所理解"的条件。[3]

从 20 世纪 30 年代开始，海德格尔的思想逐渐从生存论的基础存在论"折回"到存在史的思想，对作为自我存在的此在的操心在存在史思想中变成和拓宽为本质的、开端性的对存在本身的开放性的操心。[4] 与海德格尔的前期思想相比，他的存在史思想无论在深度还是在广度上都不可同

1　Ibid.

2　Ibid.

3　Ibid.

4　Heidegger, *Wegmarken, Gesamtausgabe Bd. 9* [M]. Frankfurt am Main: Vittorio Klostermann, 1976.

日而语。通过这个思想，海德格尔对西方历史和当今世界做了无与伦比的深刻而全面的分析、思考和批判。简而言之，如一位奥地利学者所概括的，存在史的思想一方面通过思考确定了近代和当代对存在的理解的历史根源，决定性地洞察了它的局限；另一方面它努力在考察各个决定西方命运的时代的过程中理解地展示西方思想的第一个开端。[1]

存在史的思想还使人们看到，西方思想的开端的有些源始要素，在西方思想中被遮蔽和遗忘已久。对于习惯了形而上学传统的西方人来说，就像是他者的东西一样。[2]人们甚至会把这些（前苏格拉底的）思想解释为纯粹是近代理性原始的前形式。[3]然而，恰恰只有深入到习以为常的概念和问题可能性的原初根源，我们才能发现它们的局限性。这就同时打开了通向他者的可能性的大门，因为这样就没有理由用它们作为评判其他思想方式的当然标准。海德格尔说他阐释前苏格拉底哲学是为了与东亚思想的对话做准备，其实就蕴涵了这个意思。只有在与非西方思想方式的对话中，才有可能产生一种变化了的或不同的世界天命（Weltgeschick）。海德格尔在阐述荷尔德林的诗时曾这样提问："欧洲……难道必须先成为日暮之乡，世界天命的另一个黎明才能由此准备它的破晓？"他接着说："这个

1　Rainer Thumber, *Der Rückgang in den Grund des Eigenen* [M]. Europa and die Philosophie.

2　Heidegger, *Grundbegriffe Gesamtausgabe Bd. 57* [M]. Frankfuert am Main: Vittorio Klostermann, 1981.

3　Ibid.

问题听上去是狂妄而任意的，但有其根据：一方面是在一种本质事态中，另一方面是在一个本质猜测中。这个事态就是当前全球-星际的世界状况在其不会错失的本质开端上彻头彻尾是欧洲-西方-希腊的。但猜测的却是：自行转变的东西只能由其开端储存的伟大来转变。因此，当前的世界状况只能从其天命般决定我们时代的伟大开端接受一种转变或也许是它的准备。然而，无法回到开端。向我们迎面而来的当前只有变得渺小才能成为伟大的开端。但这种渺小也不再能保持其西方的日渐单一。它要向少数几个伟大的开端开放。"[1] 很显然，在海德格尔看来，西方思想只有放下身段，与其他的思想进行平等的对话，它才能重新恢复它在古希腊起始时的那种丰富和伟大；世界天命的转机才不需要以西方的没落为代价。

由此我们看到，一个最德国、就他的欧洲-西方哲学的造诣来说也是最欧洲-西方的哲学家，通过他的存在史的思想，不但超越了德国，也超越了欧洲。但这种超越却不是脱离，而是开放：向自己的局限性开放，向自己的他者开放。他不但把这种开放视为西方命运的转机，也把它视为人类命运的转机。而那些指责他的德国性的人，如哈贝马斯，却至今坚持着欧洲中心论的立场。

1　Heidegger, *Erläuterungen zu Hölderlins Dichtung（1936—1938）*[A]. *Gesautausgabe Bd. 4.* [C]. Frankfurt am Main: Vittorio Klostermann, 1981.

海德格尔公案

风乍起

在仍保持着大自然之纯朴美的多瑙河和博登湖之间，有一座毫不起眼的德国小城，叫麦斯克什（Meβkirch），海德格尔就出生在这儿的一个教堂司事的家庭里。

多年后，当他成了举世闻名的大哲学家时，他仍然对自己的故乡一往情深，亲切地称它为"干草山的家乡"。麦斯克什说是个小城，实际上不如说是个村镇更合适。它四周都是农田，平缓的山坡上处处可见放牧的牛羊。到了收获季节，空气中弥漫着干草的香味。海德格尔自然也忘不了这儿蜿蜒曲折的"田间小路"。他当年还是个中学生时，就常常夹着一本书，穿过文艺复兴时期的城堡，来到离城堡只有几步远的田间小路，盘桓终日，漫游在古希腊的精神王国里，在那条用整块木头做成的长凳上，他思考着自己毕生孜孜以求的存在问题。就是从这儿的"田间小路"他走向了后来使许多哲学家既困惑又着迷的"林中路"，最后又回到这儿的"田间小路"。这儿是海德格尔永久的故乡。他就葬在这儿的栗子树下，鲜花和落叶点缀着他朴素的坟墓。

1989 年是海德格尔诞生一百周年，他长眠在麦斯克什也已经十四年了。但"盖棺论定"这句话对他却一点也不适用。海德格尔生前死后，关于他的争论就始终没停过。这些争论不仅涉及他的思想，而且也涉及他的"历史问题"——他和纳粹的关系。当然，后一个问题又是和前一个问题有着密切关系的。正因为海德格尔是一个无法忽视的哲学大家，他的思想不仅在 20 世纪产生了巨大的影响，而且必然会影响下一世纪，所以人们对后一个问题的争论就格外感兴趣。战后至 20 世纪 50 年代，关于海德格尔是纳粹、他的思想充满了法西斯主义的说法在一些西方国家很普遍。但翻阅有关这方面的文献，可以发现大都是抓住一些表面现象进行攻击，没有深入的分析和批判，因而也就没什么说服力。20 世纪 60 年代以来，随着人们对他哲学的深入了解与热衷，人们一度"淡忘"了他的"历史问题"。然而，就在海德格尔"热"得连中国知识界的许多人也动不动来两句"存在"和"此在"时，却半路杀出个程咬金，一个叫维克多·法里亚斯的人在法国出版了一本叫《海德格尔和纳粹》的书，把那桩旧公案又翻了出来，并且"上挂下连"，把海德格尔的全部历史一起否定，毫不含糊地认定：海德格尔从来就是一个不折不扣的纳粹分子。这一下，"风乍起，吹皱一池春水"，欧洲学术界顿时热闹起来。

法国学术界对此事的反应，裴程君在《读书》1988年第八期上有详细的描述，本文不再赘述。本文只想说一下德国学术界对此事的反应。法里亚斯这本书在德国学术界当然也引起了震动。有人为此编了一本题为《海德格尔的争论》的书，最近在德国出版。这本书是本论文集，既有伽达默尔写的关于《存在与时间》的纯学术论文，又有许多关于海德格尔对法国哲学界和文化界的影响的文章。编者是否想用这种婉转的方式来解释法国学术界对海德格尔问题的关注不得而知，但有一点是肯定的，就是德国人对自己同胞的这个敏感的"历史问题"同样毫不含糊。书中有一篇与哈贝马斯的谈话。这位当今德国哲学界的头面人物斩钉截铁地认为海德格尔是纳粹。这个指控虽不新鲜，但出自一个著名哲学家之口自然就加重了它的分量。

但是，问题并非如此简单。说海德格尔是"纳粹"，有三种可能的情况：一是他在行动上就是一个纳粹；二是他在思想上是纳粹；三是他在行动和思想上都是纳粹，光说他在思想上是纳粹，显然缺乏说服力。如果海德格尔的哲学真像阿多诺说的"字里行间渗透了法西斯精神"，那么恐怕也不会只有他和"批判理论"诸子看得出来。事实上哈贝马斯在自己的著作中就多次严肃认真地讨论过海德格尔的思想。这表明，无论人们对海德格尔个人好恶如何，他的思想是每个真正的思想家必须认真对待的，说他的思想是法西斯主义，无论如何是缺乏根据和说服力的。

然而，这样一个大哲学家为什么一失足成千古恨，会干下那件不可原谅的"蠢事"，这又绝不是能用一些诸如"一时糊涂""政治上的幼稚"或"智者千虑，必有一失"之类的话可简单解释的。说到底，海德格尔是德国文化的产物，海德格尔的言行放在他生活的历史背景下，作为一种社会文化现象来看，就要复杂和深刻得多。这马上就涉及对那一段德国历史本身的再理解问题。另一方面，海德格尔在纳粹统治时期的言行，并非他思想之路上一个偶尔例外的插曲。因为在1930年到1936年这段时期，他正经历一个从基础存在论向存在的历史追溯的"折回"过程。那篇成为他是纳粹的主要证据的校长演说无论如何不是一篇可以忽视的文献。

总之，不管怎么说，正如海德格尔自己在《真理的本质》中所说的，思想争论的结束是一个哲学家真正的死亡。人们对海德格尔问题争论得越激烈，越说明海德格尔思想本身的生命力。本着这种精神，德国海德格尔学会在他家乡麦斯克什开了一次专门讨论海德格尔的"历史问题"的会。他们认为对于这个问题的激烈争论是对这位思想家的最好纪念。

海德格尔在"抵抗"？

以往德国学术界对海德格尔"历史问题"的态度往往是我们所谓的"不因人废言"，把他的思想和他的为人分开，以至少为他的思想辩护。现在情况不同了，人们不再是辩护人，而是法官，人们要从一切可找到的来源中追究历史事实，从而确定它们与他思想的关系。

要把海德格尔打成纳粹，必须坚持他在思想和行动上都是纳粹，他的行为和他的思想有必然的联系；否则光说他只是在行动上是纳粹是很难说得通的，毕竟海德格尔不是一个等闲的思想家。但指控海德格尔是纳粹，又必须从他的行为着手。若无他在任弗莱堡大学校长期间的所作所为，恐怕没一个人会说他是纳粹。法里亚斯看来深谙此道，所以在他的书中不遗余力地试图证明海德格尔从行动到思想都是纳粹。

但在海德格尔学会的这次会上，弗莱堡的梯耶恩（Hertmur Tierjen）却反其道而行之。他在引用大量迄今尚未发表和尚未被人用过的文献材料基础上，推翻了一些关于海德格尔的"诬陷不实之词"，得出了截然相反的结论。例如，说海德格尔与当局积极合作，参与了后果严重的1933年8月21日的巴登州高校通告一事就根本站不住脚。说他处心积虑要谋取弗莱堡大学校长职位也纯属子虚乌有。但最使人吃惊也最有挑战性的是梯耶恩把海德格尔那篇引起人们极大非议的1933年5月27日的校长演说说成是反法西斯主义的演说，并用了"抵抗"（Widerstand）一词，把它看作海德格尔与纳粹发生关系的主导动机。梯耶恩并不想否认海德格尔与纳粹有牵连，而是要更清楚地理解他究竟起了什么作用。

梯耶恩发现，海德格尔与纳粹的关系从一开始就灾难性地混淆了次要因素和决定性因素，他在政治上误解了国家和社会的概念。海德格尔想要在纳粹思想家弗里德里希·瑙曼所理解的意义上来了解这两个概念。另一方面，大学校长演讲又是相信在纳粹统治下有可能革新大学而造成的。海德格尔在 1937 年回顾这段历史时希望"也许人们有一天会理解（我）想要干和开始干的事"。梯耶恩把海德格尔走向希特勒归咎于他的"权谋性的行为概念"，认为通过对领导人朝另一个方面上施加影响可以控制国家社会主义运动。海德格尔自己在 1950 年 4 月 8 日给雅斯贝斯的信中就提到他的"权力烟雾"。"我根本上只是梦想在我脑海中浮现的'这所'大学，但同时却误入官僚机器，在势力影响、权力斗争和拉帮结派中失落了……我所谈的都是不可原谅的；它只能解释年复一年越来越多的恶意和增长着的耻辱在直接和间接地一起起作用。"

梯耶恩还根据海德格尔始终区分世界观与哲学，拒绝对纳粹意识形态来说是绝对权威的生物学的生命概念，指明海德格尔从一开始就和纳粹的世界观处于对立状态，并且已经意识到这一点。1934 年他从校长职位上退下来后，从他的荷尔德林和尼采的课开始，就明确了他与纳粹政权的思想分歧。1937年他说国家社会主义是一种"空洞的世界观"，血统和种族的思想是"纯粹的愚蠢"。他拒绝纳粹的"民族"概念，嘲笑所谓民族科学的思想。所以他的思想很快就被当作"犹太的"和"异端"来攻击。1935年和1943年大学里的大检举运动把他的哲学作为民主的、和国家社会主义不相容的东西来批。海德格尔因此从说和想要"破坏"的道路转到了如他在1937年秋天在工作圈子里所提出的"彻底改变纳粹的世界观"。这当然不会是武器的批判，因为他绝对相信思想的劳作和真理的本质。

梯耶恩这个案翻得太大了，不可能不在会上引起激烈的争论，并且其激烈的程度和直截了当都是无可挑剔的。没有任何一个棘手的问题没有被触及。许多人都无法接受"海德格尔在抵抗"这样一种说法。同样是弗莱堡来的马克斯·缪勒就提出，"'抵抗'这么大个词"在这里是否用的是地方，梯耶恩没有看到他所说的抵抗和行动上的抵抗的原则区别。缪勒也拒绝像梯耶恩坚持的那样，把海德格尔走向希特勒理解为是因为海德格尔认为唯有那样才可能开始改变希特勒。法兰克福的牟逊（Hermann Mörchen）则认为没有任何东西能证明海德格尔是反法西斯的，海德格尔误入歧途是本质性的。他与纳粹的牵连正是他的局限所在，只有通过这才能理解海德格尔。

柏林来的海培尔（Hans-Peter Hempel）却持相反的看法。他认为海德格尔就任大学校长无非是要进行根本的大学改革，这是他不可原谅的幼稚所致，大学校长演讲也应如是理解。海德格尔在 1968 年对他说过"如果我还年轻的话，我就要向你们证明"，他当时担心的是大学改革是否会成功。他也确实没有成功。弗莱堡大学的海尔曼教授（Friedrich Wilhelm von Herrmann）在闭幕报告中说，要从真理的本质根基上来革新大学，海德格尔在这里是强意义上的幼稚。对于纳粹的世界观海德格尔不是一直没有抵抗的。但是一个不能像海德格尔那样思想的人，听了大学校长演讲后会干些什么？这个问题问得颇为深刻。人们可以同情和谅解海德格尔当时的处境，原谅他书生的"幼稚"，但思想和行为作为历史事实，就超出了主观的范围，而构成了历史世界的一部分。在这里，衡量的标准只是真理和正义，而不是任何别的东西。否则，一切都是可以原谅的。

历史责任

德国学术界对于海德格尔与纳粹的关系问题的讨论，意义远远超出了这个问题本身。对于海德格尔在纳粹时期所作所为的探讨，必然要进一步引起人们对纳粹这一历史现象本身进行深刻的反思。许多德国人都认为他们在这方面一直做得还很不够。战后德国人对纳粹的滔天罪行的揭发、控诉、批判和忏悔一直不遗余力，但在如何深刻地理解和认识纳粹这一历史现象方面，就相对缺乏深入细致的工作。另一方面，外国人在了解了纳粹的罪行之后，都会问这样一个问题：为什么像德意志这样一个优秀的民族竟然会产生出这么一大批恶棍，竟会有如此黑暗的时期？许多人又会几乎是同义反复地回答："只有德国才会产生这样的人和事。"这个回答虽过于简单，却有一定的道理。凡是知道第三帝国历史的人，都会对这样一个事实有深刻的印象，即希特勒不是靠武力政变上台的，而是靠选票上台的，虽然其中也不乏阴谋手段。这就是说，是大多数德国人选择了希特勒，并支持他打到最后一天。翻开当时的记载一看，可以发现德国知名知识分子，包括诺贝尔奖获得者，为纳粹高唱赞歌的大有人在。与他们相比，海德格尔可说是小巫见大巫。但是，大是大非问题有个度，过了度只不过是五十步与一百步的区别。因此，海德格尔干的那件蠢事是谁也帮他开脱不了的。

但是，如果我们把海德格尔与纳粹的关系不是作为一个个人的行为来看，而是作为一种社会文化现象和历史现象来看的话，就会发现问题更为复杂。不少德国知识分子有着崇拜和屈从于权势的传统。虽然也有尼采和爱因斯坦这样始终在权势面前保持着独立人格和良知的知识分子，但许多人却是思想的巨人、行动的侏儒。歌德在王公贵族面前诚惶诚恐的故事是大家都知道的。康德和黑格尔又何尝不是这样？尼采就是因为康德屈从权势才认为康德也不够伟大，虽说他非常尊敬康德。第一次世界大战爆发时，几乎所有的德国知识分子都"响应政府号召"鼓吹民族沙文主义和战争，表现出极大的热忱，却把自己服膺的人道主义精神和和平正义的理想抛到九霄云外。在真理和权势面前他们选择了权势，在人类利益、民族命运和个人利益之间，他们选择了个人利益。无怪乎当年马克思和尼采对德国人的市侩庸人气那么深恶痛绝，批判斥骂不遗余力了。可悲的是，不知究竟是书生的迂腐，还是为了求得良心上的平衡，抑或只是自我开脱，他们总是认为历史的进程是由权势人物决定的，甚至认为国家政权就是上帝的意志或真理的化身。黑格尔《法哲学》中那句名言"存在的就是合理的"，其实说的就是这么个意思。在这个意义上普鲁士政府把他作为官方哲学家并没有看错人。他们又总是把自己为权势所驱使说成是可以以此来影响或改变统治者，促进社会进步，这样就为他们听命于权势找到了漂亮的借口，他们就可以心安理得地继续在书斋里寻找他们的真理，继续舒舒服服地当他们的教授、院士或校长，继续做上流社会体面的名人，受到小市民的崇拜和尊敬，而不必流亡或进疯人院。

在这样的历史文化背景下来看海德格尔在纳粹时期的所作所为，就一切都是可理解的了。作为德国知识分子，海德格尔所干的那些事和许多人比起来，实在算不了什么。比如不理他的老师胡塞尔，未尝不可用胆小怕事来解释。但是，使一个有着非凡头脑的大哲学家做出这种不可原谅的蠢事的根本原因，却远不是算不了什么，而是值得继续深究的。如果标榜服膺真理、主张正义的知识分子不能用自己的行动来维护真理和正义，那么真理和正义还有什么价值？知识分子本身又还有什么价值？并非每个人都有布鲁诺的勇气，但至少应该做到：在不能说真话的情况下，也决不说假话；在无力与魔鬼抗争时，也决不把灵魂抵押给魔鬼。德国学术界对海德格尔"历史问题"的争论，从更深的层次看，也是对自身的历史命运进行痛苦的再反思。问题的焦点在于：在现代社会中，知识分子究竟应该起什么作用？在国家和民族的命运处于危急关头时，知识分子是大声疾呼，奋起抗争，还是龟缩一旁，保持沉默，或者甚至充当帮闲和帮凶，助纣为虐？

当然，德国人的账无需我们去替他们算。德国学术界一再围绕着海德格尔公案展开争论倒是提醒了我们，不要光顾着看热闹，是否也应该好好地算一算自己的账，对自己的过去进行认真严肃的回顾和反思？"文革"已过去了多年，不仅控诉，揭发得还很不够，很不彻底，痛定思痛的深刻反思更是少。中国人惯于把一切事情委过于一个人或几个人，却没想想为什么会出现几亿人听一个人或几个人的这样荒唐的事。独裁者之所以成功是因为大家心甘情愿被他统治。把一切灾难归咎于个人的另一面是相信社会和历史的发展取决于最高统治者。所以，我们的历史工作者往往在"历史唯物主义"的名义下替历代帝王说好话。秦皇汉武、唐宗宋祖之类不用说了，连商纣王和隋炀帝也都有人翻案，却忘了"历史唯物主义"最根本的原理就是人民创造历史。既然历史是统治者决定的，那么一切"唯上"的不光彩行为就有了一个"促进社会进步"的动听借口。但是，促进大学根本改革的"动机"能为海德格尔走向希特勒辩护吗？如果德国知识分子对纳粹上台负有不可推卸的责任，那么我们中国知识分子是否也应对自己祖国的命运承担一定的责任？

比起德国人来，我们的确有"宽容"的"美德"，每次灾难过后，我们总是既往不咎，一切向前看。又总是认为"受蒙蔽无罪，反戈一击有功"。因此，尽管在历次不得人心的"运动"中许多"德高望重"的人都有上乘卖力的表演，但事过之后照样"德高望重"。把一切推给魔鬼，自己自然仍然是天使。而任何时候又总是需要有"德高望重"的人，海德格尔如果在中国绝对不会有问题。相反，他可以因纳粹让他去挖战壕而赢得更多的同情和尊敬。但是知识分子如果只是充当"名流"，点缀"升平"的话，他的社会责任何在？他的独立人格何在？

在一个现代社会中，知识分子应该既是文化的传承者和创造者，又是现实的批判者和社会的良心。这是他的三种基本责任。知识分子应该既是赛先生，又是德先生。在这方面，把爱因斯坦和海德格尔加以对照是很能说明问题的。一个是大科学家，一个是大哲学家，两人都对人类文化产生了重要的影响。但是，在正义遭到践踏的时候，一个挺身而出，维护人类的良知和正义；一个却幻想魔鬼能做好事而与魔鬼妥协。爱因斯坦是现代知识分子的完美典范，而海德格尔的学术成就再大也无法洗刷他人格上的耻辱。知识分子只有自觉地履行他的三种社会责任，才有独立人格可言，才能作为一个独立的社会阶层在现代社会中积极存在。"铁肩担道义，妙手著文章"，"五四"先贤曾以此自励和自许。愿今天的知识分子也能有这样的风范。

哲学与实践

　　海德格尔一度向纳粹输诚，直到今天仍是西方学术界的一个热门话题。其实，在纳粹统治期间，甚至在纳粹上台前，德国哲学界"佳人作贼"者大有人在，只不过海德格尔树大招风，人们对他更为严格而已。尽管在纳粹统治期间的确有不少德国哲学家由于他们的哲学观点、他们的政治倾向或他们的种族而被驱逐、被处决或被迫沉默，但不光海德格尔，许多德国哲学家都发现很容易把自己及自己的哲学思维与新的纳粹现实联系在一起。

　　例如包姆勒，他以研究康德的第三批判开始其学术生涯，后来又成为尼采的研究者。但他长期以来就代表纳粹事业积极活动。1933年他担任了柏林大学新设的一个哲学和政治教育学教授。1934年被罗森贝尔格任命为"总体精神与意识形态教育与训练管理局"科学部的头目，八年后被指控在这一机构中策划一所纳粹大学。包赫，耶拿的哲学教授，1933年和哈特曼一起对希特勒及其政权表示敬意。包赫最初是一个新康德主义者，是李凯尔特和文德尔班的学生，曾一度任《康德研究》杂志编辑。从第一次世界大战后，包赫就成了民主国家直言无忌的批评者。此人后来建立了德国哲学学会（DPG），说是要与外国思想侵入德国哲学作斗争。这个学会从一开始就是德国哲学中民族保守成分的避难所，吸引了像李凯尔特、威廉·冯特和弗雷格这样的头面人物。在学会领导人中，哈特曼也许是最知名的。像包赫一样，他最初是一个新康德主义者，也是一个客观价值论者。哈特曼很早就把自己和许多右翼事业联系在一起，虽然他在政治上一般没有包赫那么显眼。1933年，包赫、哈特曼和德国哲学学会宣布他们完全支持纳粹革命。

认同纳粹事业的德国哲学家远不止这些。有人甚至醉心于种族思想。史华兹便是其中之一。他是一位宗教哲学家，对艾克哈特和神秘主义特别有兴趣。早在1922年，他就当上了格赖夫斯瓦尔特大学校长。他也是一份主要的德国哲学杂志的编辑。在纳粹上台前十年，他就公开支持他们。威廉·冯特的儿子马克斯·冯特，也是如此。他是耶拿的哲学教授，一位学识渊博的德国哲学史家。他坚信种族主义理论，最终竟从伟大的德国思想家的各族特性中去演绎他们的思想。他也是魏玛民主的敌人。除了哲学家外，哲学相近学科的有哲学倾向的学者中一些出类拔萃的人物也颇有人要么想帮助，要么去迎合纳粹制度，如政治学家施米特、社会学家傅莱耶和人类学家盖伦。

这张名单上的人数和他们代表的哲学流派之多，着实令人吃惊。纳粹能容忍这么多不同的思想派别当然是因为纳粹是用政治而不是哲学来给自己定位的。除了种族主义外，它并无自己的哲学。因此，它可以容忍不同的哲学观念继续竞争，只要它们遵守某些明确的意识形态限制。当然，所有的思想学科最终都应在意识形态上统一是纳粹的既定方针。这样，政治话语就必然强化这些学科中的正常争论，学科内部的不同意见现在被定位为政治斗争。争论的各方都希望用政治因素来提高自己的学科权威和权力。这种情况当时在物理学、数学、化学、地理学、生物学、医学和药学等学科都发生了，遑论哲学。不同学派之间的争论和斗争变成看谁能产生纳粹哲学，看谁已正确认识了这一运动内在的"真理"和"伟大"。哲学家的目光短浅和愚蠢适足衬出纳粹意识形态掌门人的精明。与其用行政手段强迫一律，不如让他们自己去斗个你死我活。在社会生活各方面日益政治化和意识形态化的大气候下，他们早晚会向权力输诚以换取官方认可或支持的独尊地位，从而最终心甘情愿地认同纳粹政权及其意识形态。

事实也正是如此，但并不像初看时那么简单。不管怎么说，从专业角度来看，这些人都称得上是名副其实的学者，都多少还保有学者的自尊和自持。并且，德国文化中学术独立的传统对他们多少仍有影响。因此，哲学家向权力靠拢或认同在这里表现为非常复杂的动机和情况。即如包姆勒这样哲学成就平平，要不是他不幸卷入政治，没什么人会记起他的名字的人，多少还坚持哲学的独立地位。虽然他在意识形态上感到与纳粹很协调，但他并不宣称能从他的哲学体系中导出国家社会主义来。在柏林大学的就职演说中他说道："我的任务是描绘政治的，即真实的人的形象，而不是从这个学术位子上去从事政治。"这篇演说正好是在大学烧书前的那天发表的，因此，在演讲结尾时，他对将要去烧书的学生说，"你们现在要去烧那些异己精神用德语语词来和我们斗争的书了"，但他告诫学生，这个行动只是象征性的，这并不是在实际焚烧政治敌人。那个敌人仍需与之进行一场语词的斗争。即使在这些赤裸裸的意识形态语言中，仍可看出包姆勒对哲学与政治的有意区分：政治行为只是象征性的，语词（也就是思想）的行为才是根本性的。在纳粹这种集权政治下，强调哲学与政治的分际就意味着大学的独立性必须予以尊重。果然，他直截了当地说："德国大学不能成为一个外在于它的意志的执行工具，它有自己与全体的关系。政治和精神在象征中得到统一，但却是不同的部分。在解释象征上我们是自由的。"尽管与老的自由制度不同，新制度希望在象征上都一致，但仍得有"对此时此地发生的事的最真实、最深刻解释的斗争"，语词不能由行政命令来规定。

但上述这种区分不仅被用来维护哲学的自主性，也被包姆勒用来批评某些别的哲学立场不合时宜。他主要针对的是老的唯心主义和人文主义的传统。他认为它们本质上是一种死板抽象的思想体系，专心于语词和概念，是一种纯理论的、反政治的立场。这种塑造了德国大学的哲学过时了。哲学不能归结为政治的象征领域，但对政治作哲学解释必须以接受既定的政治现实为基础。因此，包姆勒认为他自己的政治现实主义是适时的。在他的就职演说中，他毫不含糊地说："我将用政治人的真实形象来代替新人文主义人的图像。我将重新确定理论与实践的关系。我将描述我们实际生活的秩序。"在他看来，现在有了一个历史的、倾向具体的、现实主义的概念。按照这个新概念，人得理解为始终属于一个特殊的种族和民族。新人的典范不再是受过人文主义教育的个人，而是"政治战士"。哲学的任务就是解释这个新概念。这样，对政治的哲学解释最终成了拙劣的对政治的哲学注释。哲学的独立性在不知不觉中最终被"自由的"自己取消了。

在包姆勒发表他的就职演讲十七天后，海德格尔也发表了他那篇至今聚讼纷纭的就职演讲。即使是那些熟悉海德格尔哲学风格的人，依然会对这篇演讲的修辞结构和思路感到困惑和迷惘。因为很显然，这绝不是一篇简单的应景文字或即兴演讲，而是发自作者情感深处的肺腑之言。透过那使人捉摸不定的思路和海德格尔特有术语表达出来的那种深沉的悲怆和希望，使人感到这绝非一般的哲学演讲，也不是严格的政治演讲。这篇演讲的复杂在于它把各个海德格尔——《存在与时间》的海德格尔，德国现代史上的海德格尔，德国文化传统中的海德格尔，弗莱堡大学校长和教授的海德格尔，以及德国人的海德格尔，以一种迄今为止最海德格尔的方式结合在一起。对于惯于从某一方面了解和理解海氏的人，困惑是自然的。

尽管如此，在这篇题为《德国大学的自我主张》的演说中，海德格尔念兹在兹的首先还是"学"，而不是"政"。在他看来，问题是是否还可能有知识。他要人们回到早期希腊哲学家那里去找答案。他们不是把知识理解为理论，而是理解为把此在（Dasein）作为一个整体来磨砺和接受的力量。这种知识可以定义为"在存在的东西的永远遮蔽的整体中疑问地把握一个人的根据"。"疑问本身是知识的最高形式。"现在到了把学术自由的自由主义概念搁置起来的时候了；必须重新思考把大学划分为各个学科的做法；学生从现在起必须服兵役和劳役。但这并非表明海德格尔有意臣服新政权：希特勒和国家社会主义都非常策略地未被指名提及。当然，海德格尔在这里也不是继续他以前的哲学话语。这里发出的既不是一个职业哲学家的声音，也不是一个政治行政官员的声音，而是一个精神领袖的声音。演讲一开始，海德格尔就开门见山地声称："就任校长就是承诺在精神上领导这个高等学术机构。"正是以这样一种领导的名义，海德格尔开始描述德国大学面前的根本任务，这就是需要改造德国大学和整个德国现实。但关键是"科学与德国的天命必须一起以这个本质意志掌权"。海德格尔提醒他的听众，"一切关于事物的认识都隶属难以抗拒的天命，在它面前无能为力"，除非它发展它最高的蔑视。在这"德国的天命极度困苦"的关头，必须通过使自己朝向科学的终极关怀而使德国人民的精神使命成为自己的使命。但既然"一切科学都是哲学"，那就意味着科学应直面"诸如历史、语言、人民、习俗、国家，诗、思想、信仰、疯狂、死亡，法律、经济和技术，这些人的历史此在塑造世界的力量"方能有所成就。只有专心致力于这些主题，德国大学和德国人民才能完成他们的历史使命。

很显然，这绝不是一个要接受或迎合纳粹意识形态的人的邪词遁词。海德格尔实际上是想要为自己的哲学目的利用那个时机。也差不多是在那个时候，他告诉雅斯贝斯他的最终目标是"领导元首"，即领导希特勒本人。在海德格尔看来，在这一时刻需要的只是科学与天命、哲学与政治走到一起。海塞1945年在非纳粹化审判时写道："在现代世界的困难形势下，在1914年以后德国的困难形势下，纳粹在1933年作为一个有着许多许诺但还不明确的运动掌了权。1933年春天，在与马丁·海德格尔博士教授长时间的友好交谈中，我们得出结论，这个运动对于德国来说将是某种方式的天命，一切都在于为它创造一个理智和道德核心。"然而，残酷的纳粹政治却无情地证明了这些哲学家自以为是的道德盲目和政治幼稚。他们不得不为这种幼稚付出惨痛的代价。现代利维坦岂容哲学家向它布道，要么迎合和充当喉舌，要么屈服和沉默。第三条道路需要巨大的道德责任心和勇气。不幸，出于种种要把哲学和政治联在一起的企图，人们往往以历史、必然性或天命的名义置道德于不顾。

如果包姆勒和海德格尔是要用哲学去解释或引导政治，那么包赫及其德国哲学学会则是要主动用哲学去迎合政治。这个学会 1933 年 10 月在马格德堡举行的第十二届年会，主题是"目的、意义和价值"。但其真正的目的是要"探讨真正的德国意识形态"。包赫一贯反对欧洲大陆从克尔凯郭尔以来的生存哲学，认为德国哲学是伟大的唯心主义传统的继承者，而他的客观价值论和有机整体理论是这个传统自然的延续。他相信这个理论也应该是新德国的哲学。德国哲学学会其他的领导成员也都认同他的这一信念。在这次年会的欢迎致辞中，学会主席、心理学家克鲁格说，学会早就感到需要使德国的价值观念对当代生活产生良好的结果。同时他说："哲学洞见和时代需要之间需有密切的协调。哲学家和政治家的共同点比人们通常想象的要多。正如德国哲学家认可强有力地重整国家秩序，国家反过来也能要求哲学站到它一边，成为一种塑造民族的力量和权力。"欢迎致辞后就是唱德国国歌和纳粹党歌。接着，大会主席宣读希特勒的贺电，"祝真正德国哲学的力量为建立和加强德国的意识形态作出贡献"。大会也给希特勒发了回电，感谢他良好的祝愿和对他们的信任。

在回顾德国现代哲学史上这令人难堪的一页，以及在评估海德格尔的政治问题时，人们往往着眼或强调哲学家的道德责任。这自然没错。康德认为理论哲学是中性的，而实践哲学才是与道德相关的。因此，海德格尔专家佩格勒教授就曾暗示，海德格尔政治上"落水"是由于他哲学中缺少伦理学（实践哲学）。但比实践哲学更为根本的，恐怕还是哲学家本人的实践及实践理性。哲学家毕竟无法置身于生活世界之外。因此，哲学家无法回避政治。但问题是哲学家如何在哲学与政治的张力中保持其实践理性？黑格尔在《哲学史讲演录》中曾提醒人们：哲学整个来说是一个危险的事业。不仅对它的批判对象，而且对它的实践者——哲学家，哲学都是危险的。这后一种危险在于：哲学要求哲学家不仅在理论中，而且也在他的实践中证明它。

哲人与爱

在常人眼里，哲学家似乎应与爱情无缘。从柏拉图开始，一直到叔本华和尼采，著名哲学家中单身汉不胜枚举。只是到了 20 世纪，才风气一变，哲学家纷纷"世俗化"，连海德格尔这样的人也结了婚，不仅结婚，而且还有一段延续了半个世纪的婚外情，并且，情人是他的学生。本来海德格尔由于在纳粹统治时期那段不光彩的经历，一直受到世人诟病；现在再加上师生恋的婚外情，更使人们愤怒。在满足了人类的"窥私"后，人们纷纷发表义正词严的道德谴责或政治审判，以此表示自己的正义感和政治正确性。两位当代最优秀的哲学家之间的爱情似乎除了作为茶余饭后的谈资与表示道德倾向与政治觉悟的材料外，别无任何意义。当然，更有人在看了艾丁格（Elzbieta Ettinger）写的《汉娜·阿伦特论马丁·海德格尔》后，在《纽约时报》上写书评说，这个故事告诉人们两个重要的教训：第一，对天才的盲目崇拜是危险的；第二，无论多么伟大包容的爱情，从客观的角度看来，都是十分愚蠢的。这种后现代的高论的确十分聪明，但总让人觉得说这话的人的血液温度接近鱼类。

汉娜·阿伦特和海德格尔的情感经历，无论如何有不同寻常的地方。首先，两人都是当代一流的哲学家，彼此相爱逾五十年，中间虽有波折，甚至有在外人看来难以消除的隔阂（一个是犹太人，极权主义的深刻剖析者；另一个是纳粹追随者，至少在纳粹统治时期对犹太人的态度令人齿冷；更有各人世俗的婚姻状况的障碍），然而，在历经战争、流亡、天各一方等事变后，在岁月滤尽性欲、野心、名声等一切外在因素后，从满头金丝到两鬓霜雪，此情依然，此心依然。尽管他们之间也有猜疑和分歧，但他们毕竟带着不绝的情和相爱的心，先后走向了另一个世界。真实地、不带偏见地了解并理解两位哲人之间的这段感情经历，对于理解这两位哲学大师和他们的思想，对于理解人性的复杂都是有益的。

汉娜·阿伦特（1906—1975）是海德格尔最有才华、最有成就也最出名的学生之一。她出生在哥尼斯堡一个典型的、同化了的犹太人家庭。自幼聪明过人，14岁时就对哲学产生了兴趣。她读了同乡康德的《纯粹理性批判》，并很好地掌握了希腊文和拉丁文，17岁时组织了一个学习和阅读古代文学的圈子。在中学毕业前，她就去柏林听哲学家与神学家瓜蒂尼（Romano Guardini）的课，并阅读克尔凯郭尔的著作，正是在那里她听说了海德格尔其人。后来她回忆时写道："关于海德格尔的传说非常简单：思想又有了生命；人们以为已经死了的过去的文化财富，他使之说话，在这过程中证明它们有完全不同于人们多疑地猜想的东西；有一位教师，人们也许能学习思想。"这样，阿伦特就去了马堡，海德格尔正在那里教书。

　　一到马堡，阿伦特就以她剪短的发型和时髦的服装成为众人注目的对象。最有魅力的是从她双眸发出的吸引力。她20年代短时间的朋友本诺·范·维泽（Benno von Wiese）在回忆录中写道："人们的视线一旦潜入她眼底，一定害怕得不再敢上来。"由于她经常穿着优雅的绿衣裳，同学们都称她为"绿衣人"。牟逊（Hevmann Mörchen）描述道，当年在食堂里，只要她一说话，甚至邻桌的谈话也停了下来。人们只是要听她说话。她总是带着自信同时带着羞怯出现。但是，在与著名神学家布尔特曼谈她出席他的讨论班的条件时，她直截了当地对布尔特曼说："不能有反犹的评语。"布尔特曼以他沉静友好的方式向她保证：万一竟然出现某种反犹的表现，"我们两人将对付这情况"。德国著名哲学家汉斯·约纳斯就是在布尔特曼的讨论班上认识阿伦特并和她订交的。他说大家都感到阿伦特是女性的一种例外。人们在她身上发现"一种强度，一种坚定，一种对于质的敏感，寻求本质的东西，一种沉思，这些给了她某种魔力"。

这样一个从外表到内心都异常出色的女学生引起了海德格尔的注意。两个月后，1924 年 2 月初，海德格尔请她去他的办公室。后来海德格尔常常愉快地回忆起当时的情景，她如何从门口进来，穿着一身雨衣，用帽子低低地遮着脸。和与布尔特曼谈话不同，她表现得非常羞怯，嗓音也不听使唤，只是低低地说"是"和"不"，声音低得几乎听不见。她一瞬间就感到不可抗拒地被这个她所敬佩的人吸引了过去。1924 年 2 月 10 日，海德格尔给她写了第一封信。开头用非常正式的称呼："亲爱的阿伦特小姐"。他夸奖她灵魂与精神的素质，鼓励她要坚定不移地忠实于自己。这是一封实事求是、同时充满感情的信。（可艾丁格却将它说成"抒情诗般的赞歌"。）阿伦特显然被征服了，四天后，海德格尔就在信上称她"亲爱的汉娜"了。这以后事情的发展和任何这类事大同小异。事情必须绝对秘密，不能让任何人知道，阿伦特接受老师制定的游戏规则。来往的讯息都编了密码，约定的幽会精确到分秒。开灯关灯，开门关门，开窗关窗这一类自古情人所用的老一套表示机会和危险的标志，哲学家也用。毕竟，他们也是人。用不同常人的标准来对他们的行为加以评判并不公正。

用常人的标准，这种浪漫的师生恋一开始就包含着不幸的因素：海德格尔比阿伦特大十七岁，已是两个孩子的父亲。他娶了一个反犹的、有虚荣心的妻子。她非常看重家庭的名声，始终疑心重重地注意着丈夫周围的女学生。她尤其拒绝阿伦特，因为海德格尔公开地表现出偏爱她，也因为她是犹太人。在这种情况下，要想始终保守秘密是很难的。但阿伦特从未要求海德格尔作什么决定，虽然一种不踏实的感觉始终在折磨着她。她对他的爱是不顾一切的、献身的，虽然不能排除崇拜名人的因素和情欲的因素。对海德格尔来说，阿伦特的委身是他的福气，但他也并不想从中担起什么责任。他对阿伦特的情感无疑包含着肉欲的因素，更为自私，然而他的确也欣赏阿伦特过人的才智。最重要的是，他们之间有一种一般情人间所无法有的从感情到思想和心灵的内在了解和沟通。海德格尔在给阿伦特的信中一再向她保证，她比任何人都更了解他。的确是这样，尤其是在哲学上。正因为如此，尽管有那么多严重的内外障碍，他们的爱情终于维持了下来，并且不仅构成了他们各自人生的一部分，而且也构成了他们思想的原动力。海德格尔真爱阿伦特，至死方休。他不仅将她看作一个理解他的女人，而且也将她视为"存在与时间"的缪斯。他向她承认，没有她，他不可能写出《存在与时间》这部传世之作。但他一刻也没有认识到，他也可以向她学习。相反，在他眼里，阿伦特应该是个听话的学生，应该什么也不写。然而，阿伦特还是写了，虽然有相当的独创性，但思想的基本源头是在她的老师那里。1960年当她的主要著作《人类的境况》德文版出版时，阿伦特给海德格尔寄了一册样书，在附信上她写道："没有我在年轻时在你那里学到的东西，这本著作是不可能出现的。它是直接从马堡最初的那些日子而来的，从一切方面看几乎都归因于你。"这段话虽说有点夸张，但基本上符合事实。正是这样一种从思想到心灵的沟通，才使他们的感情不致重复大部分这类私情始乱终弃的悲剧。

但是，他们的秘密交往在实际生活中时间越长越难保守秘密，阿伦特逐渐开始感到害怕。终于，一年后，海德格尔提出分手，让阿伦特去海德堡跟雅斯贝斯学习。但这绝不是爱情的结束，而只是空间的分隔。在这期间其实阿伦特也想到过要离开马堡。毕竟她也要她的自我。然而，她还是不能抛开海德格尔，虽然她不告诉他自己在海德堡的地址，却暗中希望他能来找她，并找到她。当海德格尔从约纳斯那里得到了她的地址后，他们便又恢复了书信往来，并且在20年代末还有过幽会。在1929年夏末的一封信中阿伦特"大胆地"提醒海德格尔"我们的爱在延续"。

然而，他们的恋情不久便遇到了深刻的危机，并中断了十几年，导致这一切的不是任何社会势力，而是政治。1933年初，也就是在阿伦特去美国前不久，她给海德格尔写了一封信，信中她问起她听到的关于他的种种令人不安的消息是否属实，比如不让犹太人参加他的讨论班，不向犹太同事打招呼，不让犹太博士生通过博士论文，等等。海德格尔用愤怒的语调回了一封信，从这以后，直到1950年他们才恢复通信。在那封回信中，海德格尔历数了他对犹太学生的种种帮助，花了许多时间在他们身上，尽管这将影响他自己的工作。犹太学生在危急时总来请他帮助，有人请他为其博士论文说话；还有一个犹太学生送给他一本自己写的内容广博的书，他马上写了书评；还有犹太学生让他帮助获得补助金，他也办了。平心而论，海德格尔在此信中说的他为犹太学生"效劳"，都属他的职权范围。但也正是在这封信中可以看出他自然而然地在德国人中区分犹太人和非犹太人，并且信上的口气和措辞让人觉得犹太人是纠缠不休的。但阿伦特听到的那些事，虽未发生在当时，却在以后几个月中发生了。他不再与犹太同事有私人来往，也不再授予他的犹太学生博士学位。即使对他的恩师胡塞尔，他也板起了面孔。而对纳粹运动却情有独钟。由于这些劣迹，他在战后理所当然地受到盟军的整肃，被剥夺了教学的权利。

而阿伦特作为犹太人，早在希特勒上台的当年——1933年，为躲避纳粹的迫害就移居美国，她的不少朋友和熟人都死于纳粹的屠刀下。对于她所尊敬的老师兼她深爱的情人的那些丑行，阿伦特痛心疾首，欲哭无泪。虽然她从未原谅过海德格尔的这类丑事，但她仍然冷静地将这一切归结为海德格尔人品的缺陷。战后她和她在海德堡的老师恢复了通信，很自然的一个话题就是他们共同的朋友海德格尔在刚刚过去的那场历史风暴中的所作所为。他们认为海德格尔是这样一个人，比起他的思想激情来，他的道德敏感性简直没有生长。雅斯贝斯写道："人能作为不干净的灵魂——对他毫无触动的不干净，也不断从那里挣扎出去，而是漫不经心地继续生活在污秽中，——人能在不诚实中看到最纯粹的东西吗？——这是非常奇怪的，他为了要认识某些今天几乎无人注意的东西。"而阿伦特的回答是："您称为不干净的东西，我称之为意志不坚，但是在这个意义上，他并不是字面意义上说的那样，也不是确定地有什么特别的坏。然而他在这种情况下生活在一种深度中，有一种不会让人轻易忘记的激情。"

尽管在理智上她对海德格尔有比常人更深的了解，但在感情上仍不能原谅他。不仅不能原谅，而且是切齿痛恨。在谈到海德格尔对他的恩师胡塞尔的态度时，她说她在海德格尔那里看到了"一个潜在的凶手"。因为海德格尔的态度使胡塞尔的心都碎了。雅斯贝斯说："您对海德格尔的评判我完全赞同。"尽管如此，他们与海德格尔的关系都没有到此为止。但正如爱不能忘，恨也不容易马上消失。阿伦特在1948年还劝阻她的朋友施特恩贝尔格尔（Dolf Sternberger）不要在《新评论》杂志上发表海德格尔的《论人道主义的信》。1949年9月1日雅斯贝斯告诉她，他偶尔与海德格尔通过几封信。她回信说："因为众所周知，人们并不始终如一。我很高兴。我无论如何不会。"但雅斯贝斯不仅恢复了与海德格尔的通信，而且还积极奔走致力于取消不准海德格尔上课的禁令，尽管当初正是他所写的海德格尔在纳粹时期的行为鉴定才使盟军禁止海德格尔教书。1949年初他给弗莱堡大学校长写信，称"海德格尔教授先生由于其在哲学方面的成就，是全世界公认的当代最重要的哲学家之一，在德国没有人超过他。他的几乎隐蔽的、与最深刻的问题联系在一起，只是在他的著作中间接可辨的哲学活动使他今天在一个哲学贫困的世界上也许是一个独一无二的形象"。雅斯贝斯在这里所表现出来的哲人风范，足为后世楷模。不知是否由于雅斯贝斯的努力，海德格尔在1949年3月以"随大流者（Mitläufer）无须制裁"的结论解脱，不许上课的禁令也随之取消。

同年11月，阿伦特受"在欧洲重建犹太文化委员会"的委托到欧洲旅行四个月，整理被纳粹剥夺的犹太文化事业。行前有一朋友问她是对巴塞尔（雅斯贝斯的住地）还是对弗莱堡（海德格尔家庭所在地）更向往，阿伦特说："亲爱的，对弗莱堡感到向往要有非常的勇气——但我没有。"1950年1月3日，在她去弗莱堡几天前，还写信给她的丈夫亨利希·布吕歇尔说："我是否会去看海德格尔我还不知道……我让一切听凭偶然。"这恐怕有些言不由衷。虽然当她不久前拜访雅斯贝斯时，还在雅斯贝斯给她看海德格尔写给他的信时说"卑鄙"，但她一到弗莱堡就通知海德格尔马上去她的旅馆。海德格尔交给旅馆柜台上一封信，邀请她去他家，顺便告诉她海德格尔夫人已知道他们的事。但在递交了这封信后他又让侍应生向阿伦特通报他来了。两天后在给海德格尔的信中阿伦特告诉他："当侍者说你的名字时……好像时间突然停止了。因为我突然意识到，我得到了你我以前都无权得到的东西，对冲动的束缚……仁慈地保护我没做出唯一真正不可原谅的不忠行为，丧失我的生命。但你应该知道（因为我们没有许多和过多公开的交往），如果我这么做，只是出于高傲，即出于纯粹疯狂的愚蠢，不是出于种种原因。"这里说的"种种原因"

指的是海德格尔的纳粹过去。这显然不能吓住她，使她不与海德格尔相会。她讲的"高傲"是担心又被海德格尔迷住。然而，1950年2月9日她给海德格尔的信表明，她又开始对海德格尔着魔了。在那封信上她对他说，他们十七年后的重逢"证明了整个一生"。在给朋友的一封信中，她将他们十七年后的重逢称为悲喜剧。那个以其艰深的思想而著称的哲学大师在她房间里就如一只"痛饮过的卷毛狗"。从旅馆出来，海德格尔就回到自己家里等着阿伦特同天晚上来访。虽然海德格尔原来是想让海德格尔夫人和他们在一起，但结果还是他们单独在一起。阿伦特非常兴奋，因此，她在给自己的丈夫的信上说："在我看来，在我们生活中我们第一次相互说话。"她的角色已不再是女学生了，而是一个饱经沧桑、劫后余生的政治哲学家了。刚刚完成的一部著作《极权主义的起源》，给她带来了世界声誉。海德格尔谈了他怎样卷入政治，并称之为"鬼迷心窍"，抱怨人们对他的谴责。阿伦特看到的是一个自以为是、后悔莫及、愁眉苦脸的人，觉得应该帮助他。从此她给海德格尔在美国找出版社，订合同，照料他著作的翻译，给他寄食品、书和唱片。他也含情脉脉地不断给她写信，多次在信中附上草梗花茎，在信中写他的工作，描绘自己窗外的景色，提醒她以前在马堡穿的绿色衣裳，同时也一直在信中转达他妻子艾尔弗里特的问候。

总之，1950年的重逢使这对情侣恢复了中断十七年的爱情，政治留下的阴影不能说完全消散，但已不能阻止他们心灵和身体的拥抱了。阿伦特在给自己丈夫布吕歇尔的信中这样写道："归根结底我是幸福的，事实证明：我绝未忘记是对的。"这次重逢开始了他们关系的新的一章。这次他们已不再偷偷摸摸，也不想保守秘密。海德格尔一开始就想让海德格尔夫人也进入他们的关系，但两个女人始终无法相处得很好，除了妒忌之外，还有关于犹太人观点的分歧。她们两人在一起经常发生关于犹太人的争论，毕竟海德格尔夫人是一个无可救药的反犹太主义者和纳粹追随者。经过这么多年时间的过滤，阿伦特也觉得自己不欠海德格尔夫人什么，她毕竟没有破坏他们的家庭，如果说她和海德格尔的私情伤害了她，那么后来她所饱尝的孤独和嫁给一个自己不爱的人（她的第一位丈夫），也已经惩罚过她了。现在她和海德格尔只有精神上的亲近。两年以后，1952年5月19日，阿伦特第二次访问海德格尔家，这次他们单独在一起只有不多的几小时。她又一次被他的哲学迷住。他和她一起透彻地讨论了他的讲稿《何谓思想》中的一些段落。她在给丈夫布吕歇尔的信中说，在这样的时刻她"确信基本无危险"，阿伦特把自己看作"更好的"海德格尔的保护神，在这里女人的天性压倒了一切，爱情使她暂时忘掉了海德格尔的那段不光彩的经历。《人的条件》德文版出版后，她在一张从未寄出的纸上写道："人类的境况／此处的题献处空着／我怎么竟把它献给你／亲爱的人／我忠于他／也不忠于他／两者都以爱。"

但海德格尔的心胸却远没有那么磊落，1955年阿伦特又去了德国，但这次却未去看海德格尔。"我没有去，在我看来这是海德格尔与我之间的默契。"她在给自己丈夫的信上如是说。这次去德国是为在德国出版的《极权主义的起源》做宣传。这次德国之行非常成功，人们到处请她演讲，她成了一颗耀眼的学术明星。虽然这部著作中的一些基本观点海德格尔也同意，但对于书中写的"暴民和精英的联盟"他一定会不快。更主要的，海德格尔对她的成功一定不甚高兴。后来在给雅斯贝斯的信中她说："我知道，我的名字在公众中出现，我写书，等等，他都不能忍受。"考虑到这些因素，她决定不去看海德格尔。1961年夏天，在参加艾希曼审判，并发表了《艾希曼在耶路撒冷》，从而在以色列和美国引起轩然大波后，阿伦特又来到德国。她去了弗莱堡，并写信告诉海德格尔她何时在那里，他可以找到她。但没有回音，以至于她不知道海德格尔是否在城里。她应邀到弗莱堡大学一位法学教授家过节，她向主人表示她很想见见她学生时代的熟人，著名的现象学家奥根·芬克，叫主人也请芬克来。但邀请被芬克"粗鲁"地拒绝了。整个事情过程使阿伦特认为是海德格尔在背后说动芬克这么干的。这种猜疑当然得不到证实，但他们的爱情"游戏"又一次"突然中断"了。这次中断延续了五年。这次是海德格尔先伸出手去，写信给阿伦特祝贺她60岁生日，并附了一首题为《秋》的诗。

这时，他们都已进入了生命的深秋，绚烂归于平淡，激情渐趋平静，情欲、野心、妒忌、猜疑也早已渐次在人生的地平线上隐退，时间过滤了一切人生的杂质，剩下的是经历了几十年风雨沧桑的情感：婉约，深切，真挚，宁静。1967年，在十五年之后，这对哲人情侣又重逢了，这次仍是阿伦特去看海德格尔。就在上一年从海德格尔寄给她祝贺60岁生日的诗《秋》中，在优雅的音调里她听到了生命黄昏时分的情感。现在，海德格尔快八十岁了，她要再来看看他。她带来了生日祝贺，带来了爱，也消除了前些年的烦恼和不愉快。两年后，海德格尔八十寿辰前不久，阿伦特和她的丈夫一起去看海德格尔——她永远的老师和情人。气氛是诚挚融洽的。海德格尔在赠给这对夫妇的书上题献："给汉娜和亨利希——马丁和艾尔弗里特。"一年以后，亨利希·布吕歇尔逝世。阿伦特将余生献给了她最终未能完成的巨著《精神的生命：思想—意志—判断》。她在那里发展的思想比任何别处表达的思想都更接近海德格尔。她不再中断同海德格尔的联系，每年都去看他。但他们已来日无多。1975年12月4日，阿伦特去世。五个月后，海德格尔也跟着去了。留下他们的哲学以及他们的爱情，任由后人评判。

在1971年阿伦特发表了题为"海德格尔八十寿庆"的文章，扼要地介绍和分析了海德格尔哲学的特点、意义以及与这个世纪的关系，在高度评价他的哲学成就的同时，在文章最后也深刻批评了他转向纳粹的丑行。阿伦特一直到最后都是清醒的，爱并未模糊她的正义感和是非感。这样，她实际上维护了她的爱不受纳粹丑恶政治的玷污。她对待爱就像对待真理和正义一样的热烈与真诚。在这样伟大的激情面前，她是否爱错了人，以及他们的爱道德与否，已经是次要的问题了。巴尔扎克说过："真正伟大的爱情与文学杰作一样地不寻常。"

而拥有这种不寻常的爱是人生的至福。

永远的阿伦特

1972 年 11 月在多伦多，加拿大社会和政治思想研究学会举办了一个关于阿伦特的学术会议，在会上，有人这样问她："你是什么人？你是一个保守主义者？你属于自由主义者？在当代的种种可能性框架中你站在何处？"阿伦特的回答是，她不知道。她真的不知道，也从来没有知道过。她认为她从未占据一个这样的位置。左派认为她是保守主义者，保守主义者则认为她是左派或外人或天知道是什么。阿伦特说她对此不感兴趣。她不相信以这种方式可以澄清20 世纪的真正问题。

然而，对于已经习惯了意识形态或冷战思维的人来说，不属于任何一个派别的政治思想家是无法想象的。控制人们的"不是……就是"的思维方式使得阿伦特很长一段时间成为一个无法"戴帽"或贴标签的另类，一个十足的边缘人，她的思想不是被误解，就是被认为不值一顾。例如，以赛亚·伯林在与一个伊朗哲学家的谈话中就轻蔑地表示，他认为阿伦特并没有提出什么观点，他也未发现她的著作中有任何引起人的兴趣，引发人思考或对人有启发的观点。她的观点只是一连串形而上学的自由联想。她从一个句子跳到另一个句子，之间没有任何逻辑的联系，也没有理性或想象的联系。并且他引用犹太学者索勒姆的话说，任何有修养而又严肃的思想家都无法容忍她。

这当然是一个极端的例子。知道和喜欢阿伦特的人，肯定要比知道和喜欢索勒姆的人多；稍有学术头脑的人都会认为阿伦特是原创性思想家，而伯林则不是。事实上近一二十年以来人们对阿伦特的兴趣正在持续而稳步地上升，阿伦特是 20 世纪最有原创性、最伟大的政治思想家之一，正在得到越来越多人的认同，以至有人认为她已不再边缘。其实，一个思想家边缘与否，不一定视其人气而定；边缘与否，在于是否能纳入或融入主流，不入（主）流就难免会屡遭误解；因为不入（主）流的东西用习惯的思路的确是无法理解的。阿伦特的创见和远见使得任何有头脑的人都不能无视她的存在；而主流意识形态的破产也迫使人们寻找新的思想资源，这些都是阿伦特地位不断上升的客观原因；但人们对阿伦特不断增长的兴趣并没有与对她的理解的增长成正比。阿伦特自称对理解最感兴趣，可是她却一直难以得到真正的理解，这不能不说是个遗憾。这也决定了她仍然只是一个边缘人。

阿伦特之难以被理解，首先是因为人们无法将她归类。在经历了一个充满意识形态对立和抗争的世纪后，不用某种主义，人们已很难辨认一个思想家了。但现行的各种主义对阿伦特似乎都不合适。她父母都是社会主义者，她热爱的第二任丈夫海因利希·布吕歇尔在青年时代就是卢森堡和李卜克内西领导的斯巴达同盟的成员，是坚定的社会主义者，德国共产党的早期领导人。但阿伦特自己从来就不是社会主义者，也从未要是社会主义者。虽然她对资本主义几乎全盘否定，但并没有因此就拥抱社会主义。她对马克思高度尊敬，却又对他的思想不以为然。

按照某些人的逻辑，不赞成社会主义，反对集权主义，批评马克思，就一定会是自由主义。但就像阿伦特从来不是社会主义者一样，她也不是自由主义者，并且她公开说她"从来就不相信自由主义"。她对自由主义的不屑一顾从她的大量著作中很少讨论自由主义思想家的观点也可见一斑。她对集权主义的批判和抨击并未使她转向自由主义，相反，她并不认为自由主义所拥护的那个制度与集权主义毫无关系。她亲历的麦卡锡时代的美国加强了她的这个信念。

从表面上看，阿伦特似乎言必称希腊，讨论问题喜欢上溯到西方传统的这个源头，但她却不是一个保守主义者。她从来不相信我们可以恢复传统，也不认为这有任何意义与必要。相反，她认为每一代人都应该重新去认识传统。她谈论希腊或罗马，绝不是要恢复传统的概念与范畴，而是要在传统的框架之外重建过去的意义。只有通过这样拯救过去，我们才能恢复我们生活的意义，看清我们今天的生存状况。在对待传统和历史的问题上，她深受本雅明的影响。虽然传统已经破碎，我们注定要生活在时代的废墟中，但衰败的过程也是一个结晶的过程。我们应该像潜海探珠的人那样，潜入大海深处，将经历了沧桑巨变仍以结晶的形式存活下来的珍珠和珊瑚带出海面。不是为了过去，而是为了现在和将来。她始终记得托克维尔的名言："当过去不再照亮将来时，人心将在黑暗中徘徊。"从过去拯救值得保存的东西不是为保存而保存，而是为了重新发现过去，赋予它今天的意义。阿伦特从来不把过去看作今天的出路或药方。相反，她认同她老师海德格尔的解构释义学，不惜对传统施暴，深挖（空）传统，为的是找出它"积极的可能性"。阿伦特不是要恢复传统，而是要超越传统。

　　也许最适合阿伦特思想的帽子是共和主义，许多人都这样认为。共和主义可分为古典共和主义和现代共和主义两种。古典共和主义强调人的德行，强调万众一心，公众利益高于一切。但阿伦特恰恰否定德行在政治中的作用，在她看来，德行仅与私人行为有关，在公共事务中不应有其地位。阿伦特虽然也强调公共利益，但前提却是人的多样性，只有在承认人的多样性前提下，强调公共利益才不致成为集权政治的借口。现代共和主义不再强调人的德行，而是承认人性的幽暗面，从而注重制度设计和权力制衡。但阿伦特对此并不很感兴趣，她关心的是如何始终能有让不同的人可以自由讨论的公共空间。现代共和主义借助人民主权的思想来证明代议制民主的正当性，但阿伦特始终不相信在代议制民主下人们能享有真正的民主和自由，而不是少数人的垄断或多数人的暴政。她心目中的民主只能是直接民主。

在今天这个政治思维仍是主义至上的时代，阿伦特看来注定是无处安顿的边缘人。其实，阿伦特自己一点都不在意自己的边缘地位，相反，她好像要刻意保持这种边缘性。在给她以前的老师雅斯贝斯的一封信中，她说，她越来越感到，只有在社会边缘的人才能有尊严地生存。她公开说她不爱任何民族，任何群体；既不爱德国人，也不爱法国人或美国人。她不但不愿意被归入任何群体，而且连她生来就有的身份——犹太人和德国人最初都不愿承认。她首先是汉娜·阿伦特，然后才是德国人和犹太人。她的犹太血统使她无法认同自己是德国人，虽然她不懂希伯来语，却深爱德语。她最初也没有感到低人一等，虽然反犹情绪始终在东欧弥漫。但纳粹开始迫害犹太人时，她便不但承认自己是犹太人，而且还积极参加犹太复国主义运动。用她自己的话来说，就是："如果一个人作为犹太人被攻击，他必须作为犹太人保卫自己。不是作为德国人，不是作为世界公民，不是作为人权的持有者，或无论什么。"

在讨论犹太人认同问题时，阿伦特提出了"贱民"（pariah）和"趋附者"（parvenu）这两个概念。在她看来，犹太人在被当地的主流社会视为局外人的时候，他有上述这两种选择。一种是趋炎附势，努力向主流社会靠拢，争取被同化；努力向上爬，争取被主流社会吸纳，成为他们中的一员。世俗的成功是他们的唯一追求，千辛万苦得来的小小成功都会使他们忘乎所以，任何些微的失败都会使他们觉得日月无光。知识分子之所以会妥协，就是因为他们太在乎被尊敬和被接受，希望"有影响"。她对阿多诺一直不以为然，除了因为当年不同意通过她的第一任丈夫君特·施特恩的教授资格论文外，还因为他在纳粹上台后试图通过将犹太父姓维森格兰特改为意大利母姓阿多诺而与纳粹暴政相安无事，当一个"例外的犹太人"。

而贱民，尤其是"自觉的贱民"，天生就是一个反叛者，她在《作为贱民的犹太人：一个隐蔽的传统》这篇文章中写道，自觉的贱民"是那些勇敢的人物，他们试图使犹太人的解放成为它真正应该是的那样——不是可以模仿非犹太人或有机会扮演趋附者，而是成为人的阶层"。自觉的贱民注定是反叛和孤立的，他不在乎别人的承认，也不怕"世人皆欲杀"的嫉恨。在阿伦特看来，罗莎·卢森堡就是这样一个自觉的贱民。她能忍受默默无闻和孤独，但不能忍受世上的不义。她自觉地和被压迫与被剥削者处于一个利益共同体。其实阿伦特自己也与卢森堡有许多相似之处：她们都是东欧犹太人，都是特立独行的思想家，都不顾一切要表达自己的真正观点，这些观点往往是非正统的；她们都极其热爱生活，都把个人自由与公共自由看得高于一切；她们的人格和她们的思想同样充满魅力。

"自觉的贱民"不是自觉地认同一个群体，而是自觉地实践自由。在犹太人遭迫害的时候，阿伦特义无反顾地认同犹太人共同体。但这并未使她在有关犹太人的问题上失去自己的头脑。相反，她坚持自己的冷静的观察和判断，甚至不惜与整个犹太群体为敌。围绕她的《艾希曼在耶路撒冷》一书展开的为期数年的激烈争论就是一个最好的证明。艾希曼是臭名昭著的"最终解决"或"大屠杀"的策划者和执行者，据目击者说，经他的手就杀了五六百万犹太人。战争结束后他逃到阿根廷躲了起来，1960年以色列特工在阿根廷将他抓获，押回以色列审判。阿伦特知道此事后向《纽约客》杂志要求作为特派记者去耶路撒冷实地报道这场万众瞩目的审判。《纽约客》杂志马上答应了她的请求。但是，阿伦特的一系列报道并不是单纯的记录式报道，而是一个一流政治思想家对人类历史上前所未有的恐怖罪行的深刻思考。这些思考是那样的不同寻常，那样的出人意料，甚至是那样的石破天惊，使得阿伦特几乎一夜之间成了犹太人的公敌。

　　阿伦特认为，审判的目的应该是表现正义，而不是别的。但这次审判却只是表现了其他的东西：痛苦、怯懦、背叛、耻辱，也许尤其是复仇。审判的正义在一开始就有一个可怕的报复的基础。因此，我们可以认为它是野蛮的。其次，正义的概念是根源于自然法，它要求人为了破坏了道德秩序本身而受惩罚。尽管如此，正义本身应该是一个普遍的标准。艾希曼应该为他的反人类罪，而不是反犹太人罪受审。

许多人的反感就是由此而来：为什么要提出这种区别？纳粹的罪恶如此巨大，艾希曼在其中的共谋责任，无论大小，都十分清楚，为什么不让这场审判本身作为一个象征性事件？为什么要提出像艾希曼应为反人类罪，而不是反犹太人罪而受审这样抽象的问题？这里涉及一个人的自我认同和世界概念的问题。在地方性认同和人类的普遍标准之间，始终存在着程度不同的、难解的紧张。尤其是犹太民族，它的文化和历史遭遇都使它偏重于地方认同。阿伦特却不然，她拒绝任何种族的或地方的认同，虽然她尊重犹太人复仇的呐喊。她藐视自由主义的废话，它们用高谈阔论"法治"来掩盖政治或地方的动机。她着眼的不是受害者，而是行为本身。在她看来，艾希曼只是一个"普通人"，既不是"堕落的人也不是施虐狂"，只是"极度和可怕地正常"。但一个普通人为何会犯下这样骇人听闻的滔天大罪，这才是阿伦特要追究的问题。

阿伦特还指出，以色列人一开始就试图将艾希曼不是作为一个人，而是作为一个象征来审判。在审判前，以色列总理本·古里安就说："在被告席上受到历史审判的不是一个个人，不只是纳粹政权，而是贯穿历史的反犹主义。"阿伦特敏锐地发现了藏在这个目的后面的几个动机：向世界表明犹太人的命运，以俘获世界各国的良心作为保卫以色列国家的一种手段；向散居在世界各地的犹太人表明作为少数族群生活的悲惨；向以色列人民表明犹太复国主义对于恢复犹太英雄主义的有效性。这些动机显然出于以色列国家生存的考虑，与正义并无关系。正是这种对以色列政府的诛心之论，激起了以色列人愤怒的风暴。

这还不算，阿伦特还要追究犹太领导人在战时的责任。他们不但没有领导犹太人反抗，反而逆来顺受，配合纳粹完成他们罪恶的"最终解决"。没有他们的配合与合作，如此庞大的罪恶计划是不可能完成的。这等于在以色列人和全世界犹太人的愤怒上又浇了一大桶汽油。德国犹太人协会马上公开向她"宣战"。多年的朋友纷纷和她断绝来往。来自全世界的口诛笔伐铺天盖地。阿伦特被指控为"反犹分子，一个纳粹的支持者和艾希曼无耻的辩护者"。但阿伦特并没有被吓倒，她始终坚持她的观点。

就像她写作的许多书那样，阿伦特在事实描述上常常有不实之词，但我们不能用实证主义的眼光来要求像她这样的思想家。在她那里，事实就像韦伯的"理想类型"那样，更多是论述的工具，而不是经验的证明。这就是为什么围绕艾希曼审判的争论早已烟消云散，但《艾希曼在耶路撒冷》仍拥有大量的读者。人们在其中不但分享阿伦特深刻的思想，更欣赏她惊人的勇气。身为犹太人，敢于说艾希曼是一个普通人在集权主义体制下犯了反人类罪，并对他在法庭上的表现作如实的描述，需要有惊人的勇气；敢于揭露以色列政府隐藏在正义要求下的其他动机，需要有加倍的勇气；敢于追问犹太领导人在纳粹罪行中应负的责任，需要有三倍的勇气。而这勇气，来自对真理不顾一切的追求。苏姗·桑塔格曾说："如果要我在真实与正义之间作选择——当然最好不作选择——我选择真实。"阿伦特看来也是这样。这种勇气的背后，是真正独立的人格和思想品格。在学术已成时尚的今天，这种品格已难得一见，这也是阿伦特为什么难以被理解的原因之一。

阿伦特独立的思想品格在她与她老师兼情人海德格尔的关系上也表现得非常充分。阿伦特对海德格尔的情感是很复杂的，大体上说，可以用"爱恨交加"这四个字来概括。一方面，她的确始终深爱着这位被她不知为什么称为"海盗"的老师，无论是 1926 年被迫离开马堡去海德堡改投在雅斯贝斯门下时，还是在分别十七年后两人再次重逢时，她对海德格尔的爱始终"就像第一天那样"，尽管其间她有过两次婚姻，以及之外的一些恋爱。即使她第二任丈夫的"伟大的爱"也不能动摇她对海德格尔的爱。虽然阿伦特喜欢用席勒一首诗中"陌生的姑娘"的意象自况，但她却不是天真烂漫的少女。强烈的感情并没有使她丧失理智，她对海德格尔的个人品德评价一直不高，甚至和她另一位伟大的老师雅斯贝斯说，海德格尔老是在撒谎。海德格尔在纳粹统治时期的"失节"更使她痛心疾首。但这些都无法改变她对海德格尔的爱。

难道阿伦特真是鬼迷心窍，或者像某个美国学者以为的那样，被海德格尔这个"巫师"施了魔法，不能自拔？当然不是。阿伦特和海德格尔的关系，除了男女私情之外还有思想上的密切关系。阿伦特对于海德格尔的哲学天才和他哲学的意义有足够的理解和欣赏，她自己的思想也受到海德格尔思想的巨大影响。在她的《人的条件》德文版出版之际，她写信给海德格尔说："它是直接从马堡最初的那些日子而来的，从一切方面看几乎都归因于你。"任何读过那本书且对海德格尔哲学有所了解的人，都不会认为阿伦特这只是场面上的话。事实上她本来是想将此书题献给海德格尔的。后来虽然没有这样做，但她还是在一张纸条上写下了她的肺腑之言："此书的题献空着。我该怎样题献给你，我信任的人，我忠于他，也不忠于他。两者都是为了爱。"的确，阿伦特从来没有背叛过她对海德格尔的爱；但她对海德格尔的思想和行为，都是有所批判的。她在"什么是生存哲学"这篇文章的一个注里提到海德格尔当弗莱堡大学校长时对胡塞尔的态度时，甚至说海德格尔是"潜在的凶手"。这大概就是她所指的对海德格尔的"不忠"，而不是说她还爱过别人。她对海德格尔的爱是她任何别的爱所无法代替的。

可是，在波兰裔美国人艾丁格笔下，特立独行的阿伦特成了完全丧失自我判断能力，一心一意将自己奉献给海德格尔，逆来顺受的"小女人"。按照她的观点，阿伦特在第二次世界大战后成了海德格尔在美国的代理人，不是忙着翻译出版他的著作，就是帮他洗刷那一段丑恶历史，尽量恢复他的名誉。而美国学者沃林（Richard Wolin）就更恶劣了。他在美国《新共和》杂志上发表文章说，阿伦特在《艾希曼在耶路撒冷》中以"平庸"来为艾希曼开脱与她在《海德格尔八十寿庆》的文章中为海德格尔洗刷之间有着一种隐蔽的相似。在他看来，阿伦特充其量是个"左派海德格尔主义者"，是个像她老师一样敌视民主和宪政政府的思想家。

然而，出于偏见的恶意中伤改变不了铁的事实。阿伦特虽然深受海德格尔的影响，却不是一个亦步亦趋的听话的学生，更不是逆来顺受的小女人。她独立的人格和思想品格同样表现在她与海德格尔不一般的关系中，她的感情从没有影响她的判断，虽然有时也会因此说些过头话。《什么是生存哲学》就是由于掺杂了个人感情因素而有些偏激的批判文章，但也可看出阿伦特对海德格尔的哲学不但是批判的，也是存在根本分歧的。即使在这篇不无偏激的文章中，阿伦特还是正确地指出，虽然像海德格尔和卡尔·施米特这样的学者一心希望能为纳粹贡献自己的思想，妄想成为纳粹的哲学王，但纳粹并不需要他们的思想，因为纳粹有自己的思想。纳粹罗致这些人只是想使他们的种族理论具有"科学性"。纳粹需要的是技术和根本没有思想的技术专家。像海德格尔这种人对纳粹来说并没有什么用。当然，这并不等于为海德格尔开脱。海德格尔道德和政治上的愚蠢是毫无疑义的。

与阿伦特1954年在美国政治学会发表的演讲《最近欧洲哲学中的政治关怀》不同，《什么是生存哲学》主要的着眼点还是哲学，其中对海德格尔的批判也集中于他的早期哲学，即他的基础存在论的思想。阿伦特认为海德格尔的基础存在论仍然是一种主体哲学，它通过将存在虚无化使得人占据了以前上帝占据的位置。人被还原为他的存在模式或他在世的功能。但基础存在论"不要一切从人的自发性中产生的，康德临时规定为自由、人的尊严和理性的人的特性"。也就是说，基础存在论否定人的自由和自发性，只有这样，才能从一个本体的自我变为一个生存的或现象学的自我。并且，这个现象学的自我也是一个与世隔绝，与他人没有往来的孤立的自我。阿伦特的这个批判不是毫无道理，但并不十分公正。阿伦特自己也承认，"海德格尔的哲学首先绝对地、不妥协地是此世的哲学"。这种此世的哲学怎么可能建立在一个没有世界的自我基础上？阿伦特又如何解释海德格尔将在世存在和与他人共在作为此在的结构特征？

阿伦特并非不了解她老师的真实思想，她之所以夸大了海德格尔基础存在论中的主体主义因素，很可能是出于政治的考虑而不是哲学的考虑。她在这里全部的批判之要点，就在于指出海德格尔通过将自我现象学化，也就是空心化以后，使人与自己的世界真正疏离，更不会去关心现实的公共的事务。海德格尔政治上的愚蠢，当与此有关。与现实世界的疏离，将日常生活视为非本真，使他不可能对现实政治有正确的判断。但不管怎么说，阿伦特在"什么是生存哲学"中对海德格尔哲学的批评是过于简单和偏激了，虽然她与海德格尔思想的距离是毋庸置疑的。

在《最近欧洲思想中的政治关怀》这篇演讲中，阿伦特对海德格尔的哲学不再那么偏激。她首先肯定海德格尔通过将黑格尔的历史性概念极端化突破了西方哲学的旁观者传统（即将人或主体视为存在或真理的旁观者），使得哲学思想有可能将自己重新定向政治世界。她认为哲学家不再以掌握智慧的智者自居，就使得人们可以根据人在政治领域中的基本经验重新考察整个政治领域。尽管如此，海德格尔自己并没有走到这一步。相反，他对常人（das Mann）和公共性（öffentlichkeit）的现象学描述恰恰重现了古代哲学家对城邦的敌意。不过阿伦特并没有完全否定海德格尔对此在的生存论描述，但海德格尔完全忽视了"政治的核心——行动的人"。因此，海德格尔的历史性概念很好地为理解历史做了准备，但却没有给新的历史哲学打下基础。海德格尔哲学对时代的一般趋势十分敏感，但却忘了政治科学的基本问题：什么是政治？作为一个政治存在者，人是谁？什么是自由？但是，阿伦特不再认为海德格尔的哲学是主体主义哲学了。相反，她认为，海德格尔对此在生存结构的分析彻底颠覆了笛卡尔主义关于一个完全脱离世界和他人的主体的偏见。阿伦特那样强调世界性和多样性的政治理论只有在这个条件下才得以提出。

《人的条件》是阿伦特著作中海德格尔影响最明显的一部，但在这部著作中，她与海德格尔的分歧也同样明显。在对现代性的诊断上她基本接受海德格尔的思路。但她并不仅仅诊断。虽然海德格尔为更世俗的自由概念开辟了道路，但在他那里公共领域仍然没有地位，而人的日常交谈只是非本真性的"闲谈"（Gerede）。但阿伦特却高度重视舆论和公共交谈，认为它们提供了公共活动的空间。她不像海德格尔那样对"存在的命运"感兴趣，她只关心具体的经验和事件。海德格尔对西方思想传统的解构性分析使她得以看透西方政治思想传统的弊病，但海德格尔自己并没有将他的解构活动推到现代政治的领域。相反，后期海德格尔对现代性病症的诊断使他走向"无意志意志"。而阿伦特却要通过强调政治行动、道德判断和人的自由的重要性，来重新开始。对于海德格尔来说，真正的行动是思；而对于阿伦特来说，行动恰恰不是思。即使在阿伦特这部最海德格尔的著作中，她与海德格尔思想的差异也是明显的。

在艾丁格和沃林之流看来，阿伦特写的《海德格尔八十寿庆》一文是她试图给她老师洗刷过去的明证。沃林认为阿伦特是通过否认海德格尔思想与他支持纳粹之间有本质关系来为她的老师辩护。阿伦特的确不同意阿多诺的海德格尔哲学是彻头彻尾法西斯主义的观点。她在这篇文章中认为"海德格尔比后来坐着审判他的人更快更彻底地改正了他自己的错误"的说法以及其他有些观点或有可商，但这篇文章绝不是为海德格尔的辩护词。在这篇祝寿文章中，阿伦特一方面高度评价了海德格尔的哲学成就，另一方面也尖锐地指出了海德格尔哲学的根本问题。海德格尔的问题是他要固守在一个脱离世界的思的居所，思本身只关心"不在场的事物"，所谓"存在的撤回"只不过是思要创造一个从世界撤回的"虚静之所"。然而，一旦世俗的事件将思想家从他的虚静之所拉回到人类事务的领域，他就立刻没有方向了。政治判断上的可怕错误就是这样产生的。

在未完成的《精神的生命》中，阿伦特用了整整一章的篇幅批判海德格尔。主要观点仍是海德格尔只注重不在场的东西，即撤回的存在，而对日常现实不感兴趣。在《精神的生命》中，阿伦特还提供了一个苏格拉底的形象与海德格尔形成对照。自称"精神助产婆"的苏格拉底也关心思，但他始终是在雅典的广场上，而不是在远离人间的虚静之所运思。他的思是为了培养人的日常思维能力，能反思和消解约定俗成的道德行为和社会规定的行为规则，即更好地运用自己的判断力和倾听良知的声音。苏格拉底的思与现象世界，即多样的人的公共世界有密切的关联。而海德格尔的思刚好相反。苏格拉底的思是判断的前奏，而海德格尔的思导致判断的死亡。海德格尔政治上的失足，从思想上来说，与他的缺乏判断能力不无关系。

阿伦特一直到最后都是独立和清醒的，爱并没有模糊她的正义感和是非感，也没有模糊她的理智。在她的"马丁"面前，就像在任何人面前一样，她始终是汉娜·阿伦特，一个"不用扶手思想"的人，一个既爱生命也爱真理的人，一个不顾一切要是自己的人。无论是中心还是边缘，对阿伦特来说都不重要，重要的是理解与判断：理解这个世界，并作出我们的判断。

正义是否可能

在第三帝国的嗜血群魔中，阿道夫·艾希曼是一个地位不很显赫，但却罪恶滔天的人。作为纳粹秘密警察犹太处处长，据目击者在纽伦堡纳粹审判法庭供称，经他手就杀了五六百万犹太人。据他的一个部下说，就在第三帝国行将崩溃前，艾希曼说过"他将笑着跳进坟墓，因为他欠着五百万条人命，而这将使他心满意足"。此人也曾出现在赫尔曼·沃克的畅销小说《战争与回忆》中，所占篇幅不多，但其凶狠残忍的形象，足以使人不寒而栗。

战争结束时艾希曼曾被捕，但却从一个美国拘留营中逃跑了，从此下落不明。天网恢恢，疏而不漏，1960年以色列特工在阿根廷又将他抓获，设法把他押回以色列交付审判。由于艾希曼是希特勒"最终解决"的主要执行者，这场审判举世瞩目。

杰出的犹太政治哲学家汉娜·阿伦特为此专程去耶路撒冷，为美国著名杂志《纽约客》现场报道这场审判。但阿伦特却没有写一般的新闻报道；而是掌握大量的背景材料，结合审判本身的内容，以哲学家的睿智和出色的分析技巧，深刻地揭示了此案本身及围绕着这场审判所表现出来的许多具有重大意义的问题。她的文章一开始作为系列文章发表，后来以《艾希曼在耶路撒冷》为题以书的形式出版。

然而，阿伦特的文章一发表，就在犹太人世界中引起轩然大波，人们就阿伦特在其中提出的尖锐而独特的观点展开了激烈的辩论。伦敦的《观察家》杂志在刊登这本书的若干章节的同时，报道说她"已被指控为反犹分子，一个纳粹的支持者和艾希曼无耻的辩护者"。

一个犹太人，一个自由和正义的不遗余力的捍卫者，一位以她对极权主义的透辟剖析蜚声世界的政治哲学家，竟然被如此可怕地指控，听起来简直不可思议。但如此激烈的反应恰恰表明阿伦特对艾希曼审判案的反思非同寻常的深度和原创性。

本来，像艾希曼这样人人皆曰可杀的恶魔，一般报道无非是揭露被告的罪恶，记录证人的控诉、法庭的判决，然后再说上一些诸如罪有应得，十恶不赦，正义得到了伸张，正义终于战胜了邪恶之类的话就万事大吉了。但阿伦特没有这么干。作为一个哲学家而非记者，她首先要提出的是问题，而不是路人皆知的结论。审判事关正义，她提出的也正是正义的问题。阿伦特认为："审判的目的应该是表现正义，而不是别的。"但这个审判却只表现了其他的东西：痛苦、怯懦、背叛、耻辱，也许尤其是复仇。《旧约》的前五卷和斯多葛学派都认为，没有约束的人是野兽，是卢梭和弗洛伊德所谓文明秩序或文明前的自然人，根源于良心（或者按基督教的观点，根源于原罪）的道德没有法律的外部力量不足以担负约束人的任务。因此，审判的正义在最初就有一个可怕的、报复的基础。我们现在可以认为它是野蛮的。其次，正义的概念是根源于自然法，它要求人因为破坏了道德秩序本身而受惩罚。尽管如此，正义本身应该是一个普遍的标准。艾希曼应为了他的反人类罪，而不是反犹太人罪受审。

许多人的反感就是由此而来：为什么要提出这种区别？纳粹的罪恶如此巨大，艾希曼在其中的共谋责任，无论大小，都十分清楚，为什么不让这场审判本身作为一个象征的事件？为什么要提出像艾希曼应为反人类罪，而不是反犹太人罪而受审判这样抽象的问题？这里涉及一个人的自我认同和世界概念的问题。在地方性认同和人类的普遍标准之间，始终存在着程度不同的、难解的紧张。尤其是犹太民族，它的文化和历史遭遇都使它偏重于地方认同。但阿伦特在她的书中却切断了这种紧张，认为有超越种族与国家之上的单一的普遍标准。在书的最后，她用自己的说法对艾希曼作出了判决。她拒绝任何种族的或地方的认同，虽然她尊重犹太人复仇的呐喊。她说，在这个事件中，如果艾希曼在布宜诺斯艾利斯街头被直接击毙——一个直接的复仇行动，正义可能被更好地满足了。她藐视自由主义的废话（尤其是以色列检察官Gideon Hausner的这类废话），它们用高谈阔论的"法律的统治"来掩盖政治或地方的动机。她认为此案死刑的合理性不是因为反犹太人罪，而是因为反人类本性罪。她着眼的不是受害者，而是行为本身。

正是这种排除"动机和良心"的问题，因为有罪和无罪在法律面前是一个客观的问题，坚决要坚持一个单一标准的意愿，给了阿伦特的书一种表面冷酷，甚至生硬的语调。从这个"客观"标准出发，她不仅审判了艾希曼，而且也审判了这场审判本身和欧洲犹太人在战时的行为；正是这柄双刃剑激起了巨大的愤怒，也正是这种对正义的强调，给了她的判决一种抽象的性质，一种距离。

任何对正义单一的强调都必然要将法律与道德分开；它把后者归到人与人之间的私人领域，而给法律一种形式的性质，这正如康德所说的审美判断那样，摒弃一切与美无关的因素，专注于美的形式性质。这种方法使阿伦特可以对正义在我们时代的遭遇有更深入的观察和更冷静的思考。她看到，在耶路撒冷的这场审判常常是一种"审判表演"，甚至时常是一场"群众大会"，而不是正义统治的法庭。从法律上讲，一个人必须不是因为他是什么或为了他代表什么而受审，而是为了他所做的受审，并只能是这样。但阿伦特发现，这个案子是建立在犹太人遭受的苦难上，而不是艾希曼所做的事情上，用检察官Hausner的话说，这种区分是不重要的。因此有五十多个证人的证词只说了自己的苦难，却与艾希曼的特殊行为无关。审判的气氛就是证人一个接一个试图引起听众对与被告的罪行没有任何联系的事的注意。"正义要求被告被起诉、辩护和判决，所有其他似乎是更重要的问题……应该被暂时搁置。"因为"审判的只是（艾希曼的）行为，而不是犹太人的痛苦，不是德国人民或人类，甚至也不是反犹主义和种族主义"。话似乎有理，可惜她自己也未做到。如果一场审判只能就事论事，那的确不过是一种以法律的名义和形式出现的报复行为。法律之所以不同于纯粹的报复，就因为它有道德的象征意义。

实际上以色列人和阿伦特都把艾希曼当作一个象征。艾希曼是什么象征？反犹主义的象征，当然。纳粹主义的象征，的确。这都不成问题。但什么是纳粹主义？什么是这种特殊的反犹主义？某种独特畸变的东西吗？德国民族特性中的一个因素，因此就意味着全体德国人都有罪？非犹太人的基督徒的某一方面，因此就是基督教历史特有的吗？是人类经常发作的攻击性疾病？对于以色列人来说，艾希曼似乎是所有这一切。阿伦特是以她自己的方式把艾希曼作为一个象征的。他是一个个人，阿道夫·卡尔·艾希曼的儿子；但他是一切人。对以色列人非常重要的德国人和非犹太人基督徒的地方认同对她来说是与问题不相干的。艾希曼只是一个"普通人"，既不是"堕落的人也不是施虐狂"，只是"极度和可怕地正常"。这个案子引出的问题是一个普通人要用多长时间克服他对罪恶内在的厌恶，一旦达到了那点在他会发生什么。

因此，对阿伦特来说，虽然基于正义的法则此案应该只处理个人，但艾希曼历史地是一种"新型罪犯"，他颠覆了近代司法系统中同行的假定：做错事的企图对于犯罪是必要的，他不能用以色列人试图运用的通行的成文法来审判。没有做错事的企图并不因为艾希曼是一个服从的士兵——所有士兵都这么做——而是因为艾希曼服从不同的法律，但阿伦特关心的还不是审判的方法，而是这个象征的性质。她坚持艾希曼不是像以色列检察官 Hausner 所讲的是一个"堕落的施虐狂"，一个"魔鬼"，而是一个普通人（《艾希曼在耶路撒冷》一书的副标题便是"一个关于罪恶的平庸性的报告"）。但一个普通人如何犯下了这样骇人听闻的滔天罪行？这才是阿伦特要追索的问题。

希特勒曾在论修辞学的手册上写道，群众示威"必须给小人物的灵魂烙上自豪的信念，虽然他是一个小人物，但却是一条巨龙的一部分"。艾希曼在纳粹这台机器上既不是齿轮也不是螺丝钉，这种形象是太勉强了，无助于理解人们对那种能让他们发泄他们对于重要地位和无限权力的饥渴与妄想的形势的反应，艾希曼在纳粹运动中看到了他的机会并敏捷地把握住了这些机会，他有一个领袖，一种合法性（纳粹的种族优越性思想），和一个允许他表现出他虚夸的巨龙的骄傲。但一个人怎么能如此积极地投身屠杀并那么容易就找到良心的宽慰和平静？他怎么对付由血淋淋的屠杀产生的可怕情感？对原始人来说，始终有共同的涤罪，但现代人需要巧妙的欺骗。艾希曼和纳粹通过使用"语言规则"（sprachregelung）来使他们与事件保持距离。例如，在希特勒的第一号战争命令中，"杀戮"一词便被"给予仁慈的死亡"所代替。在纳粹的"客观"语言中，集中营用"经济学"术语来讨论，屠杀是一个"医学问题"。所有官方通信都遵守这种"语言规则"，正如阿伦特所指出的，"很难在文件中找到像'灭绝''消灭'或'杀掉'这样大胆的词。给杀戮规定的代名词是'最终解决''疏散'和'特殊处理'。驱逐出境被称为'换住地'。但仅仅伪装是不够的。普通人在从事这种触动良心的行为时必须感到一种更高的目的，诸如'决定命运的战斗'（艾希曼称之为'中肯话'）这样的口号和警句的作用，就是用从事某种伟大事业的责任来淹没个人的感觉"，打动这些已成为刽子手的人心的只是正在从事某种历史性的、伟大的、独一无二的事情（"一个两千年发生一次的伟大任务"），因此它一定是难以承受的。阿伦特所有这些论证的要点是：像艾希曼这样的普通人，很容易成为一个将全部人口作为多余消灭的制度的一部分，他们不是以蒙古游牧部落的方式（那里至少是原始的功利主义在起作用），而是把它作为一个出于世俗意识形态无意识冲动的计划。没有任何约束，对于追求观念的人来说"一切都是可能的"。这个制度就是极权主义制度。

阿伦特关于极权主义的定义也解释了前面讲的艾希曼服从的那种法律的性质。极权主义不只是破坏私生活，用国家摧毁社会，这可说是绝不会完全可能的，很快就会失败，而是一种意识形态的创造——"种族"或"历史"通过元首或党来说话，它是更高的法律的统治。老式专制主义是一个人的专横意志，除了优势力量或传统外没有合法性。极权主义运动的力量在于创造一种合法性，这种合法性不仅凌驾于普通关于谎言、欺骗和偷窃的道德，而且把对于屠杀的顾忌贬为微不足道的资产阶级情感。极权主义社会通过创造出一种新型的对其目的的服从，既不同于军事化的政权，也不同于以前的专制主义。基督教的罪恶感迫使人们把有罪感内化为良心，用自律来代替外在约束；但极权主义在其追随者中灌输了一种免罪许可，它用更高目的来代替良心。虽然任何社会都不可能长期是极权主义的，因为没有某种强烈的忠诚、某个战时的敌人或通过恐怖产生的服从，人的多种多样的欲望是不可能被固定为一个目的的。但由于现代社会集中权力和国家强制行为操纵多数人的结构性倾向，极权主义的潜在性将会是一个不时来拜访的幽灵。

从阿伦特对艾希曼所犯罪行性质的分析不难看出，她认为以色列人并不理解艾希曼所犯罪行独特的新性质，这表现在他们将艾希曼一案看作调查反犹太人罪行。对以色列人来说，纳粹是反犹主义传统所犯的长长的一系列暴行之一。而在阿伦特看来，纳粹的罪行，理性地屠杀整个族群，是人类历史上新一套可怕的可能性的开始。

但以色列人一开始就试图将艾希曼不是作为一个人，而是作为一个象征来审判。在审判前以色列总理本-古里安就说："在被告席上受到历史审判的不是一个个人，不只是纳粹政权，而是贯穿历史的反犹主义。"阿伦特敏锐地发现了藏在这个目的后面的几个动机：向世界表明犹太人的命运，以俘获世界各国的良心作为保卫以色列国家的一种手段；向散居在世界各地的犹太人表明作为少数族群生活的悲惨；向以色列人民表明犹太复国主义对于恢复犹太英雄主义的有效性。这些动机显然是出于以色列国家生存的考虑，与正义并无关系。

以色列领导人是一个非常讲究实际的集团，他们对于大国的理想主义几乎不抱幻想。生存是他们的第一原则。为了生存，他们可以发动先发制人的战争和制造挑衅，而无视正义的原则，拉封事件就是一个典型的例子。在艾希曼审判前些年，以色列情报机构的特务放火烧了开罗的美国新闻处大楼，以嫁祸于埃及人，在美国煽起反纳赛尔情绪。当阴谋败露后，以色列情报机构伪造文书，证明当时的国防部长拉封批准了这次行动。拉封被迫辞职，虽然后来他不顾本-古里安的反对证明自己无罪，但他的政治生涯就此断送。以色列书报检察官有一年多不许讨论此事，全部细节至今仍不清楚。对于一个心灵上还留着德雷福斯事件伤疤的民族来说，拉封事件令人痛苦地提出了道德与政治权宜之计的关系问题。为了政治的权宜之计践踏正义的原则可以原谅，那么正义最终是否还能存在？在阿伦特看来，以色列用一个普遍要求（正义）来掩盖其地方性目的，说明它的动机是"意识形态"的。她的结论是：政治利益而不是正义的目的，构成了以色列政府的审判行为。正是这种对以色列政府的诛心之论，激起了以色列人愤怒的风暴。

但阿伦特并不到此为止。她还进一步追究犹太社会领导人在纳粹罪行中的作用问题。问题不是犹太人为什么没有抵抗。第二次世界大战的历史表明，没有外部支援，群众抵抗实际上是不可能的，波兰华沙的起义惨遭失败就是一个证明。但问题的关键在于："无论犹太人生活在哪里，都有公认的犹太领袖，这个领导层，几乎无一例外地以这种或那种方式与纳粹合作。全部真理是：如果犹太人真的无组织和没有领袖，那会有混乱和许多不幸，但牺牲者的总数几乎不会是在四百五十万到六百万之间。"这等于在以色列人的怒火上又浇上大桶汽油。这个问题成了关于阿伦特书的争论的风暴眼。但足够的证据表明，这并不是"全部真理"，这是一个数字的问题吗？说德国和匈牙利的犹太人是如此，但波兰和比利时的犹太人不是这样就够了吗？有好几打犹太人社会有与纳粹合作的委员会；这种合作被纳粹视作他们的犹太政策的拱心石。正是犹太人的合作才使纳粹完成逮捕、贴标记、分类、安排去死亡营的时间表和剥夺犹太社会财产的任务。当然，与罪犯合作，并且是在死亡的威胁下，的确与罪犯不可同日而语。但它毕竟构成了罪行的一部分。如果我们不能也不应该回避这罪行的话，那么也不能回避对这种合作在罪行中所起作用的思考。

阿伦特对问题的提出与剖析尖锐到了冷酷的程度，充分体现了一个真正哲学家的智慧和勇气。身为犹太人，敢于说艾希曼是一个普通人在极权主义体制下犯了反人类罪，并对他在法庭上的表现作了如实的描述，这需要有惊人的勇气；敢于揭露以色列政府隐藏在正义要求下的其他动机，需要有加倍的勇气；敢于追问犹太领导人在纳粹罪行中的作用问题，需要有三倍的勇气。阿伦特之所以要冒天下之大不韪，提出这些让她的同胞难堪和愤怒的问题，而不计自己的毁誉，关键在于她不把纳粹的罪行视为历史的局部与偶然。用她的话说："史无前例的东西一旦出现，就可以成为未来的先例，所有涉及'反人类罪'的审判都必须根据一个仍是一种'理想'的标准来判决。"在大规模屠杀已成为普遍时，以色列人再将艾希曼一案作为反犹太人的象征来审判，是以地方的标准来处理普遍的问题，完全误导甚至掩盖了纳粹罪行对于这个时代的真正意义。何况，如果只承认局部标准而无视普遍标准，任何罪行都可以找到堂皇的借口。例如，以色列特工在阿根廷绑架艾希曼就公然践踏了国际法。这样，将来某个非洲国家就可以去美国绑架一个种族隔离主义者，然后将他弄回加纳或几内亚审判他的反黑人罪。果真如此，任何正义的事业都将大打折扣。更重要的是，如果没有普遍的原则和标准，人类面临的那些普遍而严重的问题就无法得到深入的认识和解决。

当然，对于反本质主义不离口的后现代者来说，根本没有所谓"理想的"普遍的正义标准。果真如此，阿伦特对艾希曼审判所作的分析与追问基本归于无效。然而，这样一来，人类面临的问题将是：正义是否还有可能？

伽达默尔和哲学

2002 年 3 月 14 日，伽达默尔去世，标志着德国哲学一个时代的结束。伽达默尔一生横跨三个世纪。他生于 1900 年，即 19 世纪的最后一年，也是尼采去世的那一年，死于 21 世纪的第二年。他经历和见证了德国哲学与西方哲学的巨变，也是这个巨变的参加者。在海德格尔和阿多诺去世后，他和哈贝马斯成了当代德国哲学的象征。

然而，和与时俱进的哈贝马斯不同，伽达默尔更能让人们想起德国哲学的传统。《法兰克福汇报》发表的悼念文章称他是德国教授家族古典风范的最后体现，的确是一个中肯的评价。伽达默尔是现在已经罕见的那种传统德国人文学者，这类学者就是中国所谓的"通儒"，他们具有精深的人文修养和高雅的鉴赏品味。这些人对古典学术浸染很深，对近代文化更是如数家珍。黑格尔、狄尔泰、海德格尔就是这类学者的典型。

但是，在一些英美学者眼里，"德国教授"却意味着最好不过是在象牙塔里皓首穷经，不知有汉，无论魏晋，浑不管人间的冷暖是非；最坏则是自以为是，敌视民主，乃至对强权卑躬屈膝，卖身投靠。美国学者瑞格尔（Fritz Ringer）很有影响的《德国士大夫的没落》（*The Decline of German Mandarins*）一书更是使这种德国教授的形象深入英美人心，不但黑格尔和海德格尔被他们视为这种 German Mandarin 的典型，而且连伽达默尔也不脱此类嫌疑。

美国《在世哲学家文库》前些年编了一本长达六百余页的《伽达默尔的哲学》，其中有一位美国女权主义者，不但指责伽达默尔没有在他的哲学自传《学习哲学的年代》中提到他的母亲，没有说他的妻女姓甚名谁，更批评他"基本上只读至少两千年的书"，"明显漠视 20 世纪政治提出的问题"，完全与实际生活脱节。这表明了一种与生活世界脱离的哲学观，这种哲学观也违背了伽达默尔自己的释义学意识的思想，根据这种思想，历史不断地在人们的意识中起作用。在这位政治正确的女士看来，伽达默尔通过生活在象牙塔中逃避具体的生存，他的哲学没有适当地处理社会和物质生活的问题。她同时还含沙射影，深文周纳，说伽达默尔深谙存活之道，他不但没有在纳粹统治时期挺身而出做烈士，相反，为了他的存活和职业生涯，他能巧妙地玩弄一些花招，太太平平地度过了纳粹统治的岁月。

但战后德国知识分子试图理解纳粹现象时，伽达默尔却保持沉默。

这种政治指控的确如甘阳所说，让人想起了"文革"时期的专案组成员。这种被意识形态控制的人，当然不会懂得，真正的哲学从来就由现实问题激发，针对现实问题的，但哲学从来就不是政治表态，更不是意识形态的论证。哲学总是对时代的种种提出质疑，用歌德的话来说，就是"进行哲学思考的人都不会同意时代的看法"。这就是苏格拉底为什么被杀，而尼采何以见放。

哲学的这种天生的叛逆性决定了它不能体制化，一旦它被体制化，即成了学院哲学，哲学也就走向了死路。然而，哲学也难逃现代生活的体制化。哲学家要生活，要被人承认，不能不进入体制，进入大学。然而，这并不是说，在哲学教授中，我们无法区分真正的哲学家与哲学专家。前者与后者的根本区别就在于，前者以人类命运为念，而后者只想当个专家。在这些专家的努力下，哲学实现了条块分割，专业细化。从苏格拉底到海德格尔，古往今来的哲学家一个个成了专家们研究的"对象"，他们的思想被捣鼓得支离破碎，而他们的问题和哲学精神，却再也看不到了。

对于将哲学体制化和制度化的学院哲学，海德格尔深恶痛绝。他曾主动写信给雅斯贝斯，希望联手反学院哲学。伽达默尔进大学时，正值学院哲学——新康德主义统治着德国大学。新康德主义根本不能满足经历了第一次世界大战的强烈震撼、处于极度迷茫和困惑的青年人的精神需要。

现象学虽然与新康德主义不同，但却同样不能满足伽达默尔那一代人的需要。胡塞尔的一个学生用了整整一个学期去研究信箱是什么，这说明现象学同样无法向一战后迷惘的一代提供对现实的思考。海德格尔被当时的年轻人奉为思想界"秘密的国王"不是偶然的。伽达默尔在晚年回忆说，他们之所以被海德格尔吸引，是因为在海德格尔那里，哲学传统中发展的思想，只是因为被理解为现实问题的答案才具有生命力。

尽管很多人喜欢把海德格尔理解成一个云山雾罩的玄学家，其实他与柏拉图或黑格尔一样，是最具现实关怀的哲学家，这一点只要细读他与《明镜》周刊的访谈就可明白一二。海德格尔之所以在今天仍然具有不可抗拒的魅力，归根结底是人们在他那里读出了对人类当前困境最深沉的思考。当然，他对现实问题的关切是哲学的关切，而不是实践的关切，这也是哲学家的本分。一旦哲学家思出其位，不守本分，就难免历史-现实的作弄。古有柏拉图，今有海德格尔，都是这方面的显例。

2000 年伽达默尔 100 岁时，《明镜》周刊也采访了伽达默尔。《明镜》的记者一上来就要他向非哲学家解释一下哲学究竟是干什么的。在我们这个讲求功利的时代，《明镜》记者这个问题真是道出了千百万人的心声，其潜台词其实是"哲学有何用"。伽达默尔说，人们对哲学有非常不合理的期待，总以为它要么能代替任何科学，要么它能给建造世界的人以科学的总结。还有一个不合理的期待就是哲学应该或能够成为科学。也就是说，哲学应该像科学一样具有可证明性。但伽达默尔明确指出，可证明性不是哲学的事。《明镜》的记者（想必我们的读者也会）接着问，那哲学能做什么？人们可以从它那儿期待什么？伽达默尔的回答是：他觉得，学会继续问问题，而不是认为一切一开始就规定好了，是一个伟大的责任。人不能在设问时是为了得到重要的信息。"信息"这个词的意思已经是说，是的，有些东西已不需要再思考了。伽达默尔说，甚至人们称为傻瓜的人也有很大的哲学兴趣。《明镜》的记者马上说，但他们没有回答哲学问题的能力。伽达默尔回答道，哲学家也很少能回答。但他们至少能说，他们为什么不能回答这些问题。

由此可见，在伽达默尔看来，哲学的本分就是提出哲学的问题，或者说，关于现实的思辨的问题。他曾说，他在繁忙的教学之余写《真理与方法》，是感到有一种自然的需要，要思考通过从当前的哲学形势出发，他在教学中追溯的各种哲学道路，如何真正与今天相关。要真正理解伽达默尔的哲学，不可不认真对待他的这番自我表白。

伽达默尔在介绍他自己的哲学道路时说过，他的工作有两个主要的中心，这就是释义学和希腊哲学。如果我们对伽达默尔的哲学有真正的了解的话，就会发现这两个中心其实都最终归结到实践哲学。

释义学不是什么新东西，它起源于古希腊，施莱尔马赫将它引入哲学，狄尔泰更是极大地扩充了它的内涵；但在狄尔泰那里，领悟基本上仍属一个意识的行为。尽管伽达默尔在《真理与方法》中对狄尔泰释义学的解释的确不太公正，但释义学的基本行为——领悟，在伽达默尔那里的确有不同的含义。伽达默尔思想成长的哲学语境是主观唯心主义及其危机，以及人们重新接受克尔凯郭尔对黑格尔的批判。伽达默尔后来回忆说，这个批判给了领悟完全不同的意义。根据克尔凯郭尔，是他人打破了我的自我中心，给了我某些东西去领悟。这构成了伽达默尔哲学释义学最深的冲动。而海德格尔的"事实性释义学"，即他对领悟生存结构的展开，则使伽达默尔看到了领悟更广阔的境域。领悟不再是一种意识行为，而是人基本的生存方式，即他与世界的基本关系。

因此，释义学领域包括领悟展示自身的种种形式，从人与人之间的交际到社会控制，从社会个体的个人经验到他同社会打交道的方法，从由宗教、法律、艺术和哲学等构成的传统到通过解放的反思使传统动摇的革命意识。[1]伽达默尔发现，人对世界的一切经验都有本质的语言性，语言性渗透到人与世界的一切关系领域中，用他自己的话来说，就是"语言性深深地织入人类存在的社会性之中"。正因为如此，他的哲学释义学始终是围绕着语言性展开的，而语言的根本特征又不能不被他理解为对话，因为他始终坚持他人的特殊的自主性。他的释义学哲学的最高原则就是

---

1 Hans-Georg Gadamer, *Gesammelte Werke Bd. 2.* Türbingen: Mohr. 1986. S. 232.

保持自己向对话开放。

这个看上去平淡无奇的原则蕴含着重要的意义。保持向对话开放，首先就意味着让对话无限地进行下去；而要让对话无限进行下去，不能假定自己一定是对的。恰恰相反，对话的前提是对话的伙伴，即他人可能是对的，并且可能比我高明。如果预先假定对话有一个全知的主体，那么对话就不是对话，而是独白或者训话了。因此，伽达默尔坚决反对哈贝马斯将精神分析的治疗情况作为意识形态批判的范型。对话者中没有一个人是那个知道一切的心理医生，只有社会成员。不仅如此，伽达默尔还发现，哈贝马斯所谓没有强迫的自由对话实际上只是一个高度抽象的概念，完全没有看到人类实践的真正条件。在对话的目标上，伽达默尔也与哈贝马斯不同。哈贝马斯要通过对话达成最后的一致或共识；而在伽达默尔看来，人与人的领悟不可能完全重合，因此，领悟的一致并不是意味着差异被同一性克服，对话双方的差异永远存在。对话的目的是求同存异，让对话的主题带领我们走向进一步的问题。对话者自身的特殊倾向不是在对话中得到克服，而是在对话的发展中得到了表达。

伽达默尔与哈贝马斯在对话上的分歧根源在于哲学倾向上的分歧。哈贝马斯尽管也接受和运用释义学和辩证法的方法，并与阿多诺一起和实证主义者展开过激烈的论战，但他在对话问题上的立场，则表明他实际上并没有完全摆脱近代理性主义哲学传统。这种传统的一个主要特点就是，只有能被证明和检验的东西才能被接受为真理。哈贝马斯对话理论的关键在于一个先验普遍的程序，也就是理性论证的规则，只有在自由的条件下，按照程序的要求进行对话（也叫交往），才是真正的对话，这种对话可以根据程序来证明和论证，原则上也一定能达成普遍的共识和一致。

伽达默尔则从现代存在哲学的立场出发，他指出，我们在日常生活世界中根本不是这样对话的，"领悟和互相理解主要或最初并不是指方法论上受过训练的对待文本的行为，而是指它们是人的社会生活进行的形式，社会生活——从形式上说——是一个对话的共同体"[1]。实践生活中的对话并不一定具有可证明性，但同样可以具有真理性，苏格拉底和柏拉图对话早已昭示了这一点。

哈贝马斯的自由的合程序的对话的思想来自皮尔士，而皮尔士则是根据自然科学研究经验提出这个理想目标的。它只能是一种作用有限的理论理想，不可能对实践发生真正的影响，因为它实际上是对实践的偏离。而伽达默尔不是把对话视为（自然）科学的求真理的方法，而是视为人类实践的（亚里士多德意义上的，也即实践哲学意义上的）基本模式。因此，他把修辞学当作释义学的基本方法。在上述《明镜》周刊的采访中，他甚至说它也许事实上是哲学的唯一方法。他说，修辞学作为哲学的方法，应该是说，我们必须最终重新学会，怎样正确进行对话。修辞学与哲

1　Ibid., S. 255.

学一样，起源于古希腊，修辞学自古以来就一直是一种真理主张的唯一倡导者，这种主张保卫似乎真的、可能的、能说服日常理性的东西，反对科学的可证明性和明确性的要求。科学只有通过它才能成为生活的一种社会因素。古希腊的修辞学大师不但要求传授讲话的艺术，而且还要求形成一种能保证政治成功的市民意识。[1] 因此，修辞学在社会生活中的根本作用是毫无疑问的。[2]

在深受近代科学实证主义思想影响的人看来，修辞学根本就不能是什么方法。伽达默尔有一次将他的著作寄给他的一个朋友，一位非常著名的物理学家，结果那人在他著作上每隔三页就批上"修辞学"！意思当然是"根本就不是科学"。但在伽达默尔看来，不能把逻辑和科学思维套用于人生。将修辞学作为哲学的唯一方法，显然有强调生存实践自有它独特方法的意思。但更重要的是，将修辞学作为哲学的唯一方法，清楚地证明了伽达默尔哲学根本的实践性。修辞学是人类对话的基本方法，而对话则是人类共存必不可少的条件。

作为 20 世纪人类种种罪恶与灾难的见证人，伽达默尔尤其关心人类的团结。冷战结束后，他并没有像某些目光短浅的人那样，以为从此天下太平，再也不会有什么危险了。相反，他认为，贫富差距不断扩大，南北矛盾不断加剧，生态危机日益严重，不同文化不能相互理解，这些问题如

1　Ibid., SS. 235-237.

2　Ibid., S. 237.

果不解决的话，人类会陷入更大的灾难。所以他不断强调人类的团结，强调通过对话消除隔阂。当《明镜》周刊的记者问他自己在哲学中希望什么时，他回答说，如果我们最终开始使世界各宗教重新相互对话的话，那会是一件美妙的事。

在对话问题上，伽达默尔是彻底的多元主义者。对话是要达到相互理解，但理解并不意味着克服他者的他性。相反，他性的存在是对话真正需要和得以进行的基本条件。伽达默尔西方文化的背景并没有使他像许多西方学者那样有明显的西方文化中心论的倾向。早在他上大学期间，他就读过德国现代文化哲学家和作家特奥多·莱辛的名著《欧洲和亚洲》。这部书使他打破了当时西方社会流行的西方中心论的偏见，而对非西方文化有高度的尊重。他的这种态度不但见诸文字，也见诸他的行动。1989年德国洪堡基金会在波恩举行纪念海德格尔诞生100周年大型国际学术讨论会。会上许多非西方国家的学者如众星拱月般围着像他这样的西方大牌学术明星转。可他却在分组发言时，坐在第一排认真听一位扎伊尔的年轻学者做学术报告，并饶有兴趣地提了许多问题。事后他还说，这位博士先生能用我们的语言或法语来讨论西方哲学的问题固然很好，但他若能用他的母语来谈非洲哲学就更好。有人曾问过伽达默尔，既然你对东方文化那么尊重，为什么从未写过这方面的文章。他的回答是，海德格尔和他都是那样一代德国哲学家：他们认为不懂一种文化的语言就不能对它说什么。这个回答显然含有对像康德、黑格尔对中国和东方文化知之甚少，却随意作出轻蔑的判断的做法的不满和纠正。

伽达默尔对持不同观点的人，也非常宽容和尊重。哈贝马斯早年做完教授资格论文后，由于种种原因，不为当时法兰克福的代表人物霍克海默所喜，尽管另一法兰克福学派的巨子阿多诺对他颇为欣赏。为此，阿多诺和霍克海默这一对老朋友差点闹翻。此时伽达默尔任海德堡大学哲学系主任。他明知哈贝马斯的观点与海德堡同仁的观点不一样，还是将他聘为副教授，认为可以起到相互攻错之效。在后来的几十年里，哈贝马斯一直是他的主要论战对手。1999年哈贝马斯七十寿辰时，他作为前辈，还是写了很长一篇文章表示祝贺。

尽管伽达默尔坚持多元性原则，坚持他者的不可消失性，反对任何独断的、先定的统一或一统，但他并未像后现代主义者那样，完全否定人类的共同性。一个基本的事实就是人类共处于同一个地球，他们不能不相互交往，在一定程度上他们具有共同的命运。这个基本事实谁也否认不了。然而，经济全球化并没有使人类更好地相互理解，相反，对利益和权力的争夺愈演愈烈。一些聪明人看出了冲突不可避免，干脆提出"文明的冲突"理论来使其合理化。"9·11"事件很可能是一个不祥的信号，预示着更可怕的危机与冲突还在后面。

经历和见证了20世纪所有可怕灾难的伽达默尔，对于时代政治提出的问题，绝不会无动于衷，因为这些悲剧构成了他们这代哲学家的思想背景。在伽达默尔看来，我们一方面应该承认他者的权利，他者的自主性，并且承认他者可能的正确和高明，非此人类就不可能有真正的理解与尊重，就不可能消除分歧，和睦相处；但另一方面，必须承认人类有共同点，人类属于同一个共同体，共同参与人类的命运和对之负责，否则人类就没有和平共处的前提，就注定只能同归于尽了。因此，早在《真理与方法》中，伽达默尔就坚持，对作品解释的无穷多样性不能否定作品不可动摇的同一性。同理，人类文化传统和世界倾向的多样性也不能否定人类具有共同性。伽达默尔首先试图通过语言的普遍性或语言性来找到和证明人类的共同点。

但是，伽达默尔不得不承认，语言的普遍性不能否定前语言的世界经验的存在。这些世界经验可以不需要语言，但却是语言的前提。语言的普遍性或共同性还不足以证明人类的共存性。或者说，仅仅停留在语言哲学的范围，还不足以使人类的共存性成为一个基本的主题。于是，在《真理与方法》之后，伽达默尔开始转向一个比语言性更广阔的方向。他仍然从最易使我们回到原始经验的审美经验开始。在1977年出版的《美的现实性》中，他提出了"节日"（das Fest）的概念。这个概念显然具有古希腊经验的背景。众所周知，节日的特点就是人们的共同参与、游戏、狂欢。没有这一点，也就不成为节日。节日显然彰显了共同体或共存的经验。伽达默尔说："如果有什么与一起节日的经验联结在一起，那就是不允许人与他人分隔开来。节日就是共同体的经验，就是共同体自身以其最完美的形式来表现。节日总是一切人的。"[1] 显然，伽达默尔试图用节日这个概念来揭示人类原始的共存性。

到了20世纪90年代，伽达默尔又提出了"仪式"（das Ritual）这个概念来进一步阐发他这方面的思想。比起"节日"的概念，"仪式"这个概念有更明显的人类学的色彩。从人类学的角度看，仪式比节日的涵盖面要广阔得多。不知是否这个原因，伽达默尔对这个概念更为重视。他在《明镜》周刊那篇访谈的题目就叫《仪式是重要的》。在那里他说："人们必须从事仪式，以此学会思考重要的问题，像死或生。以此人们在这里学会正确地提问。"也许在一般的人看来，伽达默尔说这些话证明他老糊涂了，根本不知道自己在说什么。其实，伽达默尔完全知道，在今天这样一个"科学的"时代，"仪式"已经成了"一个骂人的话"。但他向来认为，够格的哲学家就要敢于突破传统的哲学语言，创造出鲜活的概念。"节日"和"仪式"就是这样的概念。

和节日一样，仪式也是一个共同体所有成员都参与的活动，它可以没有语言，或者先于语言，例如葬礼可以是完全无声的。实际上，语言是仪式的一部分，而不是相反。但仪式的语言不是对话，而是表述性行为，如进行婚礼、作出承诺、宣布裁决或通过判决等。仪式规定了行为必须遵守的规则和程序，它就像游戏概念一样，被伽达默尔用

1　Ibid., S. 130.

来作为揭示人类原始实践生活的范型。伽达默尔研究了动物种群的行为，发现与人的行为非常接近，不同只在于人类虽也有自我保存和种属保存的本能，但不受制于本能。人类可以在一个相互相关（Ineinander）的共同体中，通过仪式、符号和命名，上升到一个生活世界，它可以发展出道德和法律，使人至少得以部分地不受本能的支配。

仪式是比语言更深的实践层次，因为它不仅像语言或对话那样，要遵守学到的规则或达到规定的目标，而且它实际上还培养了人的正确感。在一个仪式中出错就是无礼，仪式中养成的行为的分寸感就是所谓正确性的基础。这种正确感不是什么圣人先验的规定，也不是当局有意的灌输，而是在生活实践中自然产生和形成的生存习惯。正是这种在人类相互关联、相互影响的共同存在模式（仪式只是一个比较原始的、典型的例子）中产生和形成的合适感或正确感，使人得以克服或压制动物无法克服的本能，能够相互合作地共存，而不是像动物那样，仅凭本能乌合在一起（Mitsamt）。这是人类团结的基础。对话只关系到两个人，而仪式则关系到共同体所有成员。仪式从存在论上显示了人类的共存性。

通过对仪式的现象学描述，伽达默尔揭示了人类团结的存在论基础。毋庸讳言，不同的文化传统有不同的仪式，这些仪式也许是千差万别，无法通约的；但是，仪式作为人类人类学和生存论的普遍特征，却是毋庸置疑的。有了这个本质的共同点，人类为什么不能通过无穷的对话来增进相互理解，避免同归于尽的悲剧？这大概就是伽达默尔一生哲学思考的最终政治指向。伽达默尔的哲学释义学是一种实践哲学，也由此得到了进一步的证明。

也许，对于开口闭口政治正确的意识形态主义者来说，伽达默尔仍然是在回避现实政治问题；而对于老于世故的施密特主义者来说，伽达默尔简直幼稚得可笑，根本不懂政治的真谛。的确，在对话、节日和仪式这样的隐喻和意象中，人们看不到现实政治（Realpolitik）的刀光剑影，听不到强权政治的隆隆炮声；人们从中看到的只能是希望之乡的温暖色彩，听到的只是《欢乐颂》撼天动地的感人旋律。在这个日益残酷的世界上，老伽达默尔也许真的很天真，尽管见证了我们时代的一切罪恶，仍然相信人类团结的可能。

现在，这个天真的老人去了，留下了一个简单而困难的问题：我们该怎样对待世界？怎样对待哲学？

在哲学和艺术之间希望和绝望

纪念阿多诺诞生 100 周年 [1]

现代性具有极强的消化功能，它可以通过它的种种体制和机制，将它的批判者和反叛者纳入它的体制，成为对它无害甚至有益的点缀。正在德国热热闹闹进行的种种阿多诺百年诞辰的纪念活动，首先让我想到的就是这些。人们津津乐道于他的高深的音乐修养和造诣，反复谈论他对文化工业的批判，挖掘他的生平逸事（今年有三本阿多诺的传记要出版），合力将他打造成今年的又一个文化事件。

然而，这个一百年前出生在德国法兰克福一个富裕而极具文化教养的犹太家庭的独生子，一生在痛苦和绝望中煎

1　本文作于 2003 年。编注。

熬。从表面上看，他似乎没有遭遇过太大的不幸。他虽也曾为逃避纳粹的凶焰亡命海外，但最终还是回到了自己的祖国，著作等身，名满天下。可他从未觉得幸福和满足，相反，他觉得自己的人生是"被毁了的人生"。"无数悲泣消融了盔甲，唯有脸上印着泪水的痕迹"，曾被他引用的贝克特的这两句话，既是他人生的写照，也是他形象的写照。他悲剧的思想和命运甚至也反映在他的形象上。从他留存下来的照片看，从童年到晚年，他的面容有一共同特点，就是忧郁加警惕。我只见过一张他笑的照片，那是在1968年，学生运动如火如荼的时候。他笑得十分勉强，而坐在他旁边，他指导的博士生，也是1968年法兰克福学生运动领袖的克拉尔（Hans-Jurgen Krahl）却笑得十分欢畅，甚至有些放肆。两代人对时代的感受，往往有天渊之别。

阿多诺的一个学生在记者最近问她为什么当年要投到阿多诺的门下时，回答说因为她向往茨威格讲的"昨日的世界"，而阿多诺就是这个"昨日的世界"。然而，阿多诺一生，恰恰是这个"昨日的世界"彻底崩溃的见证。

阿多诺出生在1903年，那时人类虽然还不知道世界大战和原子弹，不知道莫斯科审判和奥斯维辛，但现代性日益呈现出新的形态。正是在这一年，德国社会民主党展开了修正主义大讨论——要不要阶级斗争；在俄国，布尔什维克和孟什维克决裂；在美国，福特公司在生产汽车的同时也产生了一种全新的资本主义模式。但这一切似乎并没有进入阿多诺的童年生活。他的童年就仿佛舒曼的《童年情景》

那样温馨和充满诗意。阿多诺的父亲虽然是个酒商，却和当时许多富有的犹太商人一样，极力培养自己和家庭的文化教养与趣味，以被上流社会承认。他在英国生活过，所以家中充满世界主义的氛围。他不仅给这个家庭提供足够的经济保障，而且对儿子非常宽容，允许他的一切奇思怪想。

　　阿多诺的母亲是歌唱演员，而他的姨妈则是一位钢琴家，给当时著名的女高音阿德丽娜·帕蒂当音乐会伴奏。她终身未嫁，就和阿多诺一家住在一起。就像阿多诺后来回忆的，音乐属于这个家庭，他很小就被母亲和"第二母亲"——他的姨妈领进音乐（主要是古典音乐）的殿堂。他的音乐天赋——演奏、作曲和欣赏能力得到了全面的培养和开发，音乐和母爱在他生命的一开始就产生了一个美好世界的乌托邦。尽管后来艺术，尤其是表现主义艺术使他对这个荒谬可怕的世界有极深的体认，但他最终不能完全走出这个乌托邦，这是他的幸福所在，也是他的痛苦所在。

　　作为一个家境富裕的资产阶级子弟，青少年时代的阿多诺根本不知道什么是生活的艰难和人世的痛苦，是当时德语世界流行的表现主义艺术打破了锦衣玉食之家和古典音乐营造的梦幻世界，使他看到时代和世界的真相。而哲学则使他开始从理论上思考这些问题。阿多诺中学最后一年，读了卢卡奇的《小说理论》和布洛赫的《乌托邦的精神》，在他老师克拉考尔的指导下，阿多诺基本把握了这两部伟人著作的历史哲学与美学的内涵，完成了他思想的青春期转变。从此，他始终将所感兴趣的一切放在现代性的历史哲学视域中来考察。这使他根本不同于时下肤浅的所谓"文化研究者"和"文化批评者"。这也使他永远与他的时代格格不入。阿多诺的悲剧归根结底在这里。

在哲学力量的感召下，阿多诺决计在大学以哲学为主修专业，而将音乐学、社会学和心理学一起作为辅修专业。也许是刚开始学哲学思想还不成熟，阿多诺在主修专业上表现平平，完全遵循学院哲学那一套。他师从新康德主义者科奈留斯，跟着老师亦步亦趋，他的博士论文《胡塞尔现象学中物与意向对象的超越性》就完全是依据科奈留斯"纯粹内在哲学"的观点做的，他自己也知道这一点。在给他的朋友洛文塔尔的信中，阿多诺承认他自己也不满意，因为"它是科奈留斯式的"。但这种托庇于老师观点的情况在他做大学授课资格论文时也没得到改变。他1927年完成的《先验心灵学说中的无意识概念》也是毫无保留以科奈留斯的先验哲学为基础的。他原以为这样科奈留斯会接受这篇论文作为他的授课资格论文，没想到科奈留斯拒绝了。当然，阿多诺这么做并不完全是出于策略的考虑，也还因为对自己的思想没有把握。他写信告诉他以前的老师克拉考，说他还不能信任自己以一部真正的著作作为授课资格的主题。

虽然在哲学上阿多诺还一时缺乏自己的见解，在音乐批评上他却已十分活跃，好像他自己的见解首先要表现在音乐批评中。1921年到1932年间他发表了大约100篇音乐批评和美学论文。他无保留地接受了勋伯格派的现代音乐，尤其是对勋伯格本人，大加赞赏。他甚至在1925年去维也纳师从勋伯格乐派的另一代表人物贝尔格，专门学习音乐理论和作曲，虽然后来无功而返。勋伯格圈子的人，包括勋伯格本人对他并不欣赏，甚至有些反感，但他却不改初衷。他认为，勋伯格出生在一个平庸的时代，却唱出了我们灵魂无家可归的状态。一度是创造性作品的形式前提的东西，对于勋伯格来说却成了质料和内容。勋伯格赋予了形式以灵魂，真理本身在他的作品中得到确立。阿多诺认为以勋伯格为代表的新音乐揭示了我们时代的根本问题。勋伯格和马勒的音乐都渴望消失了的意义，渴望打破平庸和自我满足的世界。至少在现时代，音乐作为上层建筑的一部分是与资产阶级的生产过程相联系的，不能像未来的真正的音乐一样被视为"无阶级"的。也因为如此，现时代最先进的作曲生产，仅从它们问题的内在发展的力量，就使创造性人格、灵魂的表现、私人感情世界和开明的灵性这些资产阶级的基本范畴归于无效，而代之以最极端理性和清晰的建构原则。勋伯格的音乐形式同样有辩证的认识功能。这就是尽管勋伯格的政治立场与阿多诺截然不同，后者却把前者的事业看作"我们自己的事业"的根本原因。

除了社会学意义外，阿多诺推崇勋伯格音乐还有更深的哲学意味。他认为勋伯格在20年代早期发展的十二音技术是从音乐的质料本身出发：只是通过基本音列和对它最常见的修正产生四十八个不同的音列形态。十二音技术就像无调性一样，通过克服调性的束缚使主体达到了充分的表达自由。形式是用音乐质料本身，通过理性的组织构建的，它不让任何音偶然地、孤立地处在一个纯天然的秩序中。阿多诺认为，勋伯格的十二音技术使得我们有可能最终克服形式理性和内容理性的分离，使技术理性和内容理性重新走到一起。

阿多诺将以斯特拉文斯基和欣德米特为代表的新古典主义——客观主义和新现实派（Neue Sachlichkeit）作为勋伯格音乐的对立面，认为以十二音作曲的理性和新现实派的理性的区别在于，后者不是以主体作为它的出发点，而是让它消失在技术的完善中；而十二音技术则开辟了一个新的前景，即现实不再受经济体制的匿名压迫，而是由解放了的主体加以组织。因此，阿多诺认为十二音技术与马克思主义是可以统一的，马克思主义可以将它视为其在音乐中的对应物。[1]

早期阿多诺（到20年代为止）的思想基本上还未完全摆脱启蒙理性的影响。他对人类文明的基本理解是人用理性支配自然。但是，在资本主义制度下，人类完全没有用理性的计划来支配自然，这就导致了盲目的自然状态；而十二音技术的理性表明人类已经达到了这样的历史阶段，意识可以控制自然物质，消除它深沉的自然强迫，完全有序地命名它和洞察它。[2] 此时的阿多诺是一个坚定的理性主

1 　参看 Hartmut Scheible, *Theodore W. Adorno*（Hamburg, 1989），SS. 54-55。
2 　见 Theodor W. Adorno, *Gesammemelte Schriften XVII*（Frankfurt am Main, 1984），S.369。

义者，当许多现代哲学家在弗洛伊德的无意识理论影响下开始重新审视非理性问题时，他还试图将无意识纳入理性的支配之下，他的《先验的心灵学说中的无意识概念》就体现了这种企图。他认为弗洛伊德的精神分析理论只是一门关于无意识的经验科学，完全可以纳入先验哲学的轮廓。他说："我们如此高度看待精神分析的意义，是因为它研究无意识却没有给它加上任何不合适的形而上学因素，因为它的研究指向消除无意识状态，从而为反对一切种类的本能形而上学和神化纯粹迟钝的有机生命提供了一个决定性武器。"[1]

然而，阿多诺很快就形成了他自己的哲学观点，标志是他在法兰克福大学授课时的就职演讲《哲学的现实性》。这篇标志他进入学院的演讲从一开始就毫不含糊地表明了演讲人与学院哲学的根本分歧："今天谁选择哲学作为职业，从一开始就必须放弃从前种种哲学构想以之为起点的那个幻想，即有可能用思维的力量来把握现实的全体。没有证明是正确的理性能在现实中复制它自己，现实的秩序和形态打消理性的任何诉求；它只是挑衅性地作为整个现实呈现给认知者，却只是以蛛丝马迹来满足它有一天会成为正常的和合理的现实的希望。"[2]

阿多诺此时显然更充分认识到了理性与现实之间的紧

1　Theodor W. Adorno, *Gesammelte Schriften I*, （Frankfurt am Main, 1973），S. 320.

2　Ibid., S. 325.

张，而对理性最终能否掌握世界同样是怀疑的。哲学的任务不再是像在唯心主义哲学那里那样，用理性的一般概念去产生真理或寻找真理，而只是解释。并且，哲学不能把握现实的整体性，因为"哲学要读的文本是不完全的、矛盾的和片段的……真正的哲学解释并不是偶然碰上已经在问题后面的意义，而是突然和片刻阐明它，同时耗尽它。……一切真正的唯物主义知识的纲领就是通过将分析孤立出来的各种因素拼接在一起，通过这样的解释说明现实来解释无意向的东西"。[1]

这种对哲学的理解使哲学与音乐在功能结构上完全一致了。如果解释哲学的任务是将现实的各种不同因素以合适的形态组合在一起，使得问题自己消失，那么作曲家的任务也同样可以这么理解，"技术的状况表现在它冒险将其作为问题来思考的每一个节拍中：作为整体的技术用每一个节拍来要求问题对它来说是合适的，并给予唯一正确的回答……他所做的在于无限小的东西。它在他执行他的音乐客观要求他的事中充实自己。但为了这样的服从作曲家需要一切不服从，一切独立性和自发性"[2]。哲学家和作曲家，哲学和音乐从此有了更深、更密切的关联。它们的互参互补不断地深化阿多诺的思想。阿多诺的批判思想自如地以哲学和乐评的方式交替表达。

在阿多诺看来，如果说勋伯格的音乐体现了对现代社会

1　Ibid., SS. 334-336.

2　转引自 Hartmut Scheible, *Theodor W. Adorno*, S. 62。

主体压抑的反抗，对工具理性化的社会秩序的叛逆，那么以斯特拉文斯基和欣德米特为代表的新现实派或客观主义者恰恰是接受最发达的工业经济中自我的异化，客观主义音乐的作曲方式和复制方式都显示了同样的对自由的限制，有着音乐之外社会和经济发展同样的技术化和理性化的倾向。机器的完善和以机械力取代人的劳动力在音乐中也已成为现实。

就像在音乐中勋伯格和贝尔格等人完成了对浪漫的个人主义的扬弃，克尔凯郭尔和胡塞尔也完成了资产阶级唯心主义的自我清算。这两个人都把客体还原到主体，而不是辩证地以一个来中介另一个，他们是传统同一哲学的最后代表。克尔凯郭尔虽然激烈地反对黑格尔，但并没有摆脱同一哲学。他把一切还原为主观的内在性，但是他的主观内在性是无对象的内在性，而不是纯粹的、原始的内在性，它本身是在历史发展中出现的异化过程的产物。阿多诺称胡塞尔的思想为"概念拜物教"（die Begriffsfetische），之所以它也是种彻头彻尾的拜物教，是因为它所追求的"事物本身"始终只不过是意识功能的外部形象，是"凝固的劳动"。胡塞尔的还原实际上还是为了求得永恒的实在，他的逻辑绝对主义以逻辑同一性为旨归，要以本质直观来把握真理，在在都表明他的现象学仍然是以绝对同一和直接性为目标的唯心主义哲学。这种同一哲学，与"被管理的资本主义"建立在商品等价交换基础上的个人生活和社会生活的划一性和均质性，同属一种同一性，即晚期资本主义的存在论意义上的同一性。

阿多诺在《哲学的现实性》中提出哲学必须学会放弃总体性的问题，因为没有知识或实在的终极基础，只有对历史真理偶然的、片段的一瞥。这标志着阿多诺的思想开始有了一个重要的转折，即从乌托邦的理性主义渐渐转向历史悲观主义。这个转折与20世纪30年代的历史有绝大的关系。一般说来，阿多诺那一代德国知识分子大都对现代性持批判的态度，所不同的是，右翼或保守倾向的知识分子一般对历史不抱任何幻想，因而从一开始就彻底悲观。而左翼的知识分子则不同，他们一方面仍然相信理性，认为理性即使有问题也得归咎于资本主义制度；另一方面他们还相信马克思赋予无产阶级的革命作用和历史使命，所以在对现实和历史发展前景的判断上他们与前者迥然不同。然而，正如里斯本大地震使伏尔泰开始怀疑莱布尼茨的神正论，纳粹的迅速崛起和苏联的现实使左翼知识分子的上述两大信仰遭到根本的打击。他们不能不重新审视自己的信仰。阿多诺和霍克海默的启蒙的辩证法正是滥觞于此时。

《启蒙辩证法》的作者的基本思路是，如果历史进程最终是非理性的普遍统治，那么其原因不应该在阶级对立中去寻找，而应该上溯到我们文明的草创时期，理性在那时就已经出了问题。这种考古学和谱系学的思路从尼采以来就屡见不鲜。但阿多诺和霍克海默的基本想法是：如果人是通过理性来征服自然，支配自然，那么理性总是已和支配联系在一起，不能指望它可以通过马克思意义上的经过理性组织的历史发展自己变得更好，而只能通过对理性彻底的自我反思，这就是启蒙的辩证法。这种对理性的重新审视在阿多诺那里必然也要导致对音乐的重新审视。这时阿多诺已不再无保留地肯定勋伯格的十二音技术了。他认为十二音技术也会成为自我目的，成为纯粹的技术。在音乐中同样要看到启蒙的辩证法：作曲家固然可以用技术打破自然的强制，但技术也会回过头来收拾和支配作曲家。[1]

1933 年 9 月 11 日，就在阿多诺 30 岁生日那天，纳粹实行了解雇犹太教师的政策，阿多诺失去了他在法兰克福大学的教职，面临着何去何从的选择。他在法兰克福社会研究所的同仁，他的许多朋友都在纳粹一上台就移居国外，义不帝秦，当然也是为了避秦。阿多诺却抱有幻想，以为一切都会很快过去，所以他虽然也去了牛津，却心存观望，四年里不断回德国，甚至一年里很长时间在德国。霍克海默一再要他去美国，他却迟迟下不了决心。对此，甚至霍克海默都私下认为是他的人格有问题。

阿多诺最初的确是想与纳粹妥协，希望给自己留条后路，所以一直给德国的杂志写"对民族社会主义有好感"的评论。特别严重的是他给赫伯特·闵采尔的《被迫害者的旗帜：根据博杜·冯·希拉赫同名诗集写的男声合唱组曲》写的乐评。冯·希拉赫是"纳粹学生同盟"的领导人，为纳粹夺取政权立下了汗马功劳。在这篇乐评中，阿多诺

1　参看 Hartmut Scheible, *Theodor W. Adorno*, SS. 55-57。

说这套组曲由于选了希拉赫的诗而自觉地是民族社会主义的，它提倡一种"新的浪漫主义形象"，"也许就是戈培尔定义为'浪漫的现实主义'的那种类型"。他还评论说，愈益加强的作曲方面的严密可能会毁掉浪漫的和谐，但肯定不是代之以一种古代形式的和谐，而是代之以一种新的和谐，这种新的和谐将各种对位的活力整合在自己之中。1963年1月法兰克福的一张学生报纸就此向阿多诺提出质问，阿多诺也为自己进行了辩护。他在自我辩护中对海德格尔进行了激烈的攻击，说他的哲学及其构成要素都是法西斯的，而他自己当年的做法只是为了帮助新音乐在第三帝国生存下去而采取的策略性行动。但他坚持认为闵采尔的合唱组曲本身是"才华横溢的"。阿伦特看了他的答辩后说他的无耻"笔舌难尽"。

不过，就阿多诺一生的思想行止来看，他这一段对纳粹的暧昧态度与海德格尔或施密特不同，还不是政治性的，而是文化的。这当然不是说阿多诺是纳粹文化的追随者，而是说他像茨威格一样，根深蒂固是一个"老欧洲"人，属于"昨日的世界"。他的欧洲文化的情结，超过了他那一代法兰克福学派中的任何人。他之所以迟迟不愿去美国，一方面是依恋老欧洲"（他最初是想去奥地利暂避纳粹，由于申请没有被维也纳大学接受才去的牛津），另一方面则是已经预感他和美国文化格格不入。事实也证明了这一点。

在文化上，阿多诺是19世纪的产物。他一再强调第一次世界大战前的中欧还保留了一些前资本主义的封建（作为一个西方特有的文化历史现象）残余，所以还不能把什么都归结为交换价值，不因为事物可以量化、货币化就错误地将它们同一。这使它在文化上与美国文化有很大的不同。他和霍克海默在《启蒙辩证法》中告诉人们：前法西斯主义的欧洲并没赶上文化垄断的趋势。但正是这个滞后给了思想和创造性某种程度的独立，使其最后的代表得以存在，不管是多么凄惨。在德国，民主控制没有渗入生活，导致了一种吊诡的局面。许多东西免于已经侵入西方国家的市场机制。德国的教育体制、大学、剧院以及艺术标准、大交响乐团和博物馆都享有保护。政治权力、国家和市政当局从专制主义基础确立了这样的制度，使它们有一种手段可以免于支配市场的种种势力。而美国则是完全纯粹的资本主义，没有前资本主义的残余，因而也就把它的逻辑发挥到了极致。

美国式资本主义意识形态有两大支柱，即商业成功崇拜和技术崇拜。前者使他们只认钱不认人，不尊重艺术趣味和思辨的批判思想，这恰恰是阿多诺文明的"老欧洲"的力量之所在。在《最低限度的道德》中，阿多诺告诉我们，在欧洲，个人服务和帮助别人收费是耻辱（这当然不是指现在）。而新大陆根本不知这个。人们觉得对艺术家和学者名声最不好的，也是他们自己最反感的事就是收取报酬。正是被人雇佣的经验使荷尔德林和李斯特反对这种占主导地位的意识。即使更大的资产阶级功利性的力量克服和过度补偿了这种反对，仍然不能消除人是否生来只是为了交换的怀疑。而美国人从来不认为工作是丢脸的事，全然不关心市场关系的耻辱，收益原则的民主，这些都造成了真正不民主的东西、经济不公正和人的堕落持续存在。

毫无疑问，阿多诺对美国文化的看法是过于简单化了，实际上欧洲文化和美国文化在他那里是两个理想类型，对比的结果不免有些极端，但也不能说完全离谱。阿多诺不但不能接受美国的资本主义意识形态，他也同样不能接受美国的学术文化。阿多诺三十年后回忆说，他1938年刚到美国时"不理解'理性化'和标准化渗入所谓的大众媒体有多远"。他到了美国后为了生计参加了一个由社会学家保罗·拉扎斯菲尔德主持的普林斯顿大学无线电广播研究计划。他强烈反对对广播节目听众收听的经验与量化的研究。他声称这些技术只能用来证实商业上的说法：公众的观点是自发的，消费者决定生产什么。只有批判的社会理论才能证明"口味"和"选择"都是受支配的形式，一个物化了的、基本可操纵的意识几乎不再能有任何自发的经验。听众的反应是预先形成的，是广播机构平和的"命令"的内在化。

二次大战一结束，与许多流亡美国的德国知识分子不同，阿多诺迫不及待地要回德国。其实他在美国的那几年是他最有创造力和最多产的时候，但他终究不愿错把他乡当故乡。其中的一个主要原因，仍是文化的。他后来承认是德语促使他回到莱茵河畔，这种语言和哲学，尤其是哲学的思辨方面有特别的亲和性。当然，这也间接表明阿多诺和美国的文化环境格格不入。

在阿多诺那一代法兰克福学派成员中，阿多诺是最有资格代表"昨日的世界"的，论精英主义和文化贵族气质与修养而言，恐怕无人能出其右。他的这种文化倾向明显超过了一切其他的倾向，包括马克思主义的倾向。他对待现代大众文化和文化工业的态度就证明了这一点。虽然阿多诺早年受过本雅明的很大影响，但在此问题上他们却有明显的分歧。他坚持艺术的自主性和独立性原则，反对完全商业化的大众文化，反对将艺术视为任何人的工具，包括无产阶级的工具。在《音乐的社会状况》这篇文章中，阿多诺强调如果音乐在它问题的内在发展中前进，而不去看社会，不允许自己被无产阶级的意识状态所抑止，它就最好地完成了它的社会功能。这显然是针对他的朋友本雅明的。本雅明在一篇文章中写道，上层中产阶级是先锋艺术最高级、最大胆的产品的唯一观众。然而，要紧的是将知识分子放在他们合适的位置上当技术人员，而让他们的技术由无产阶级支配，只有无产阶级是依靠最先进的技术状态的。阿多诺认为这显然证明本雅明受了布莱希特的影响。在读了本雅明的《机械复制时代的艺术作品》后，阿多诺更是气得在一封给霍克海默的信中把布莱希特称为"野人"。

在《机械复制时代的艺术作品》这篇论文中，本雅明试图用历史唯物主义的立场来分析现代文化技术正面的艺术政治学的意义。他是通过分析现代文化技术对艺术作品的生产产生的深刻影响来进行他的论述的。本雅明提出"气韵"

（aura）这个概念来界定传统艺术作品的主要特征。所谓"气韵"，指的是艺术作品的独一无二性。现代文化技术产生的一个最显著的结果，就是艺术作品的可大量复制使传统艺术作品的气韵丧失得一干二净。但这在某种意义上可看作一个进步。因为艺术作品起源于为仪式服务，首先是巫术仪式，其次是宗教仪式。但机械复制首先把艺术作品从对仪式的寄生性依赖中解放出来。这样，艺术的功能就被翻转过来，它不再建立在仪式的基础上，而是建立在另一种实践——政治的基础上，成了大众解放的潜在工具。另一方面，气韵衰退的社会基础是当代大众事物普遍平等感。在可复制的艺术和达达主义与超现实主义作品中的蒙太奇和极度拼接，实际上反映了大众试图克服像（经济和文化上）高级和低级、过去和现在、这里和那里这样空间、时间和社会的距离。

阿多诺 1936 年 3 月写信给本雅明，批评他的这些观点。他同意艺术作品的气韵正在衰退，这不仅是由于复制技术的产生，也由于自主的艺术自己的"形式规律"的内在发展，即过于追求技巧而忽视社会问题。但是自主艺术的追求技巧也体现了一种"自由状态"，即它知道艺术作品是有意识地制造和生产的，这种"自由状态"与艺术作品的巫术因素（对现实的否定）结合在一起的话，是一种超越的真正进步的成分。阿多诺后来在《美学理论》中分析了先锋艺术的去艺术化（Entkunstung）过程，即有意识地毁灭气韵。但这不意味着通过机械技术或大众的灭绝性外部干预，传统艺术终结了，而是在它的内在技术发展中气韵品质从内部遭到侵蚀。因此，像布莱希特那样将艺术政治化，让它为当下的使用价值服务，恰恰是毁了艺术真正进步的功能——完全否定工具化的世界。

但是，现代的大众艺术完全不是上述这种艺术（传统艺术或高雅艺术）。阿多诺在1940年写的一篇关于流行音乐的文章中指出，资本主义社会的商业化娱乐是与机械化和理性化的劳动过程相关联的，那些在闲暇中寻求同时摆脱厌倦和努力的人不可能有完全精练和有意识的艺术经验。他不相信无产阶级有什么自发的力量。不过，阿多诺认为，先锋艺术和流行艺术在资本主义制度下是整体自由受伤的两半，不应为了一个牺牲另一个。本雅明认为两种本应是不同的艺术在现代文化技术产生后将融合为大众艺术是不对的。相反，倒是应该探究隐藏在流行艺术的民主外表后面真正压抑的性质。他在上述那封给本雅明的信中告诉他，他分析爵士乐就是要揭示它表面进步的外表后面真正完全反动的东西。

阿多诺分析爵士乐就像他后来批判"流行"文化一样，是要从其构造的内在结构原则和它的接受方式破译这种艺术的意识形态意义。例如，好像是自由和自发的爵士乐独奏者即兴的停顿，似乎是避免了对音乐像合唱那样的接受，实际只有装饰的意义。爵士乐的切分音也是如此，它没有目的，可以任意撤回，反映和加强了晚期资本主义社会中个人的伪自由。人们说的爵士乐原始的"自然性"是对机械化和颓废的文明的抗议，也同样是欺骗性的。似乎是对古代资源的自由使用，事实上从属于现代商业的逻辑：表面上狂野的焦虑不安，假装意想不到，都根植于一板一眼和无时间的不变中，根植于可交换的商品形式重复的同样性，它必须表面上始终是新的。因此，"自然"是回来了，但是在已经受到压抑后，以压抑的形式返回。

在 1938 年写的《音乐的拜物教性质和听觉的退化》中阿多诺指出，今天"严肃"音乐和"轻"音乐都被当代市场的交换价值所支配，在当代音乐生活中，对整体的结构理解在它时间的发展中，因各种用来将作品卖给广大听众的伎俩而牺牲了。阿多诺讲的音乐拜物教，我们今天是太熟悉了；"在创作方面，表现在过度地注重乐曲的改写而不注重乐曲本身，表现在频繁引进色彩效果以及表现在因挑逗性价值而对过时音乐风格的怀旧式复活；在接受方面，重视古典（如托斯卡尼尼）和流行音乐中的'明星'，在乐器上崇拜斯特莱迭瓦里和埃曼第的小提琴，把去'名牌'音乐厅而不是去听音乐看得更为重要；还表现为那些仅仅为听而听的爵士热衷者的空洞迷狂中"[1]。也许我们还可以加上表现为"发烧友"对放音器材的精益求精上。音乐变得越来越轻松，越来越容易听，甚至越来越花里胡哨，越来越容易消化。但"高级艺术"的标志却是无法当场消费的，以海顿、贝多芬和勋伯格和韦伯恩分别代表的第一和第二个维也纳学派就是"高级艺术"的典型例子。它们不会让

1　马丁·杰伊：《法兰克福学派史》，第 218—219 页，单世联译，广东人民出版社，1996 年。

听众轻松，但今天的听众却要出钱买轻松；它们宁要无限重复最舒服最流畅的东西，也不要一切不熟悉的东西。

在《启蒙辩证法》中，阿多诺进一步深化了他对大众文化（文化工业）的批判。他认为文化工业助成了现代资本主义社会的极权倾向，助成了在当代西方社会"个人的取消"。在晚期资本主义社会中，19世纪无产阶级与资本、个人与社会、高雅文化和低俗文化之间的矛盾好像被抹平了。现代工业社会呈现出一幅均一化的整体的图画，一张各部分互相关联的密不透风的网。作为可交换的个人、阶级、商品、流行歌曲、电影明显同一的结果，最后剩下的"否定的"、部分独立的空间也消失了。各种对立（主体和客体、个人和社会）的辩证中介让位给它们的几乎完全同一。但这是毫无意义的虚假同一，在这种虚假同一中，个人被取消了，不正义抹去了，反抗变得不可能了。当大众文化成为个人日常生活的一部分时，个人也就不存在了。

阿多诺的哲学立场在1966年出版的《否定的辩证法》中得到了集中的表达。在这部著作一开头阿多诺就说："一度似乎已经过时的哲学还活着，因为实现它的时机已经错过了。"这显然是针对马克思在《黑格尔法哲学批判》导言中说"哲学不消灭无产阶级，就不能成为现实；无产阶级不把哲学变成现实，就不可能消灭自己"的著名论断。按照马克思的看法，无产阶级在得到彻底解放之时，它争取解放的精神武器——哲学就将和它同归于尽。但是，在阿多诺看来，晚期资本主义条件下，无产阶级不可能担当马克思赋予它的历史使命；实现哲学的时机错失了，是对人类彻底解放的可能表示怀疑的婉转说法。但是，尽管阿多诺对人类历史日益悲观，基于他理论同样是实践的一部分的想法，继续哲学，就是继续批判，就是继续不承认现状的正当性，但这种否定是辩证的。既然被管理的后市场的资本主义是一张日益无中介的、密不透风的同一性之网，那么真正的哲学只能是非同一性哲学，真正的哲学立场只能是在各种对立之间不断移动的中介性立场。这绝不是搞折中，而是说事物与其对立面之间的张力决定了它的非同一性，决定了它必然的否定性。哲学通过把握这种张力进而把握非同一性，成为非同一性哲学。

阿多诺同意马克思的说法，所有哲学都是解释，批判哲学也不例外。《否定的辩证法》本身也不过是传统哲学的一个反题。和对人类历史抱乐观态度的马克思不同，历史悲观主义的阿多诺不相信任何现实的运动，他不能也不愿离开"昨日的世界"，在他眼里，奥斯维辛以后一切文化都是垃圾。这样，他也就不能不和"今日的世界"发生冲突。

1967 年，在德国大学生反越战的高潮中，他应柏林自由大学德语系和一般与比较文学系之邀，于 7 月 7 日在柏林自由大学做题为"歌德《伊芙琴尼亚》中的古典主义"的演讲，事先很有影响的学生组织"德国社会主义学生同盟"请他取消这次演讲而代之以一场政治演说，被他拒绝了。演讲结束时，一位女学生想送他一个充气的橡胶泰迪熊（阿多诺的朋友和学生都称他泰迪），被另一学生从手中打掉了，阿多诺气愤地说:"这是野蛮的行为。"

到了 1968 年,学生运动声势越来越浩大,5 月 27 日法兰克福大学学生在阿多诺的博士生克拉尔的领导下,将法兰克福大学由"约翰·沃尔夫冈·歌德大学"改名为"卡尔·马克思大学"。在占领学校的同时,他们提出要让大学变成政治大学。1969 年 1 月底,克拉尔带了几十个学生占领了阿多诺任所长的社会研究所,他们说是要在所里找一间房间讨论,但阿多诺叫来了警察,逮捕了所有 76 个学生。事后阿多诺曾写信向马尔库塞解释此事,但马尔库塞拒绝他的解释,他在给阿多诺的信中说:

> 你写到"研究所的利益",还着重提醒说"赫伯特,我们的老研究所"。不,泰迪,学生夺路而入的不是我们的老研究所。你和我一样知道这个研究所在 20 世纪 30 年代做的工作和它在今天德国做的工作的区别是多么根本。这种质的区别来自理论的发展:你如此偶然提出的"补助"——难道它们真是这么偶然吗?你知道在拒绝任何将理论直接政治化上我们是一致的。但我们的(老)理论有一个内在的政治内容,一种内在的政治动力,它今天比在过去更迫切要求一种具体的政治立场。这意思不是像你在《明镜》周刊采访中指责我的出"实际的主意"。我从未那样做。像你一样,我觉得从我书桌上去劝人民采取行动是不

负责任的——人民完全知道他们在做什么，他们准备为这个事业头破血流。但在我看来，这意味着：为了保住我们的"老研究所"，我们今天得以一种不同于我们在20世纪30年代的方式写和行动……你介绍了你的"冷漠"概念，你写道，我们那时甚至会忍受屠杀犹太人，而不采取实践行动，"只是因为禁止我们采取行动"。是的，今天恰恰不禁止了。处境的这种不同是法西斯主义和资产阶级民主的不同。后者给了我们自由和权利。但（由于它内在的自相矛盾）就资产阶级民主阻碍一切质的变化而言，甚至通过议会民主制本身，议会外反对成了"争执"的唯一形式："非暴力反抗"，直接行动。这种行动的形式也不再遵循传统的格式。我和你一样谴责这些形式的很多东西，但我在这么做时也为它们辩护以反对它们的反对者，恰恰是因为维护和保持现状，以及它的人类生命的代价要可怕得多。这也许是我们之间最深刻的分歧所在。

但是，阿多诺已经来不及思考马尔库塞给他提出的问题了；而且，理想与现实的剧烈冲突也已经不给冷静的理性留下多少余地了，阿多诺与学生的冲突终致不可调和。1969年的春季学期阿多诺开讲的课程是"辩证思维引论"，他的这门课多次被干扰。到了4月份的一次课上，三个"德国社会主义学生同盟"的女成员赤裸上身冲上讲台公然羞辱他，使他的课再也不能继续下去了。阿多诺一生不乏风流韵事，但像这样粗野的举动他实在无法接受。

6月底，对克拉尔的审判最终不能确切地认定，是否学生事实上占领了研究所，还是他们只是要使用"居住权"，在研究所碰头聚会讨论问题。但检查官表明他认为学生总归要为一切骚乱行动负真正的责任。当阿多诺请求法庭快快结束对他的询问，因为他计划下周去瑞士度假时，引起了很大的愤怒。阿多诺的这个请求表明他与反叛的学生已恩尽义绝，也表明他更愿意停留在那个"昨日的世界"，即使它意味着勉强的希望和无奈的绝望。1969年8月6日，阿多诺因心脏病突发死于瑞士。对于阿多诺心脏病突发的原因，至今仍有人怀疑。

阿多诺一次在写到纳粹以理想化的、科层管理的方式集体屠杀犹太人时提到勋伯格的《华沙幸存者》，他说这部作品含有一种最终无法表达的痛苦却并不感伤，虽然这种痛苦是我们时代最大的特征。勋伯格、卡夫卡或贝克特的作品的力量不在于它们反映了社会存在真实的痛苦，而在于通过它们诚实地承认乌托邦的缺席保持了它的允诺。阿多诺也是这样，尽管他一生在希望和绝望中挣扎，尽管甚至有理由怀疑他实际上不是死于心脏病而是死于绝望，尽管他否定了现状而现状也否定了他，但他始终没有否定乌托邦，无论是受损害的生活还是受损害的思想，都不能动摇他对救赎的希望。

为了生命的现在与未来

汉斯·约纳斯诞生101周年

　　如果说 20 世纪是人类历史上最残酷的世纪，那么犹太民族就是这个残酷世纪最悲惨但也最深刻的见证人。犹太民族的独特经历与命运，犹太文化的深厚传统及犹太知识分子优良的文化素养和特有的敏感，使得犹太思想家对现代性的反思与批判为当代人类思想作出了特殊而突出的贡献。他们的伟大思想，必将对人类思想产生深远的影响。尤其值得注意的是，20 世纪那些注定要在历史上产生重要影响的犹太思想家不止是个别人，而是一个星汉灿烂的群体。在此群体中有罗森茨维格、马丁·布伯、霍克海默、阿多诺、阿伦特、列奥·施特劳斯、列维纳斯、马尔库塞、肖勒姆，等等。汉斯·约纳斯（Hans Jonas，1903—1993）

当之无愧地也属于这个辉煌的群体，虽然他在中国还刚刚引起人们的注意。

在一般人的印象中，约纳斯早期以他的《诺斯替教和古代晚期精神》一书可算是宗教哲学家，但他后来却主要是一个伦理学家。人们知道他，对他感兴趣，也不过是因为他的伦理学不是空洞地研究伦理学的形式规范及其根据，而是针对技术文明对人类本身和地球造成的危害，而这已成了人类面对的越来越迫切的危机了。闻鼓鼙而思良将，遇危机而想思想家。约纳斯就这样进入了一般人的视野。

然而，约纳斯如果只是一般地提出一个技术时代的伦理学的话，那么他还没有资格属于上述那个犹太思想家的群体。那些思想家的一个共同特点是不但看到时代的危机，而且还洞察到后面更深层、更基本的危机，在对时代危机作出回答的同时反思更为深层的危机。甚至可以说，他们对时代危机的回答来自他们对更深层危机的思考。他们的思想之所以深刻与非比寻常，即在这里。约纳斯也是如此。2003 年，也就是约纳斯诞生 100 周年时在德国出版的约纳斯的口述《回忆录》，给我们提供了一个了解约纳斯生平与思想的有趣文本。

一

汉斯·约纳斯 1903 年 5 月 10 日出生在德国西部门兴

格拉德巴赫一个富裕的犹太纺织厂主的家庭，与阿多诺同年。与他们的父辈不同，他们这一代人可以说是生于忧患。从他们懂事起，他们就不得不面对残酷的现实。约纳斯晚年口述的回忆录就从第一次世界大战爆发讲起。虽然当时他只有 11 岁，但这一事件却使他彻底告别了父辈们"昨日的世界"。战争的爆发最初使约纳斯无比兴奋。这倒不是因为他生性好战，而是他觉得本来只存在于课堂上和书本中传说的古代的英雄行为与牺牲，现在就可以在他生活的时代同样发生了。但仅此而已。小约纳斯没有像他周围的许多人，包括他的父亲那样陷入狂热的爱国主义。当时，他的拉丁语教师每天开始上课总要提这样的问题："战场上有什么新闻？"然后总有人发言报告最新消息。有一天约纳斯的一个同学说一艘英国运兵船被击沉了。老师就说真是一个好消息，希望有许多英国船被击沉。约纳斯想也没想就要求发言。他问老师："真应该如此希望吗？"老师不知所措地看了他好一会儿，然后说："你的意思是这不是基督徒所应为？"约纳斯的回答是："我的意思是这不是人所应为。"

约纳斯能超越当时普遍流行的爱国主义，固然与他所受的古典人文主义教育有关，也与他母亲和他舅舅的影响有关。他母亲是一个犹太教拉比的女儿，天性善良。战争一爆发，她就预先为所有战争的牺牲者祈祷。而他舅舅则是一个非常聪明的怀疑主义者，从不相信官方的说法，总设法在国外报纸上了解真实的情况。小约纳斯对爱国主义的超越与他的犹太背景倒毫无关系。第一次世界大战时德国犹太人爱国的劲头丝毫不亚于日耳曼人。约纳斯的一个堂兄中学还未毕业，且身体有病，就想方设法要参军。此外，约纳斯的家庭不是传统的犹太人家庭，他也从未受犹太教的传统教育。决定他对战争的超爱国主义态度的，不是他的犹太身份，而恰恰是普世的价值。

但约纳斯从青少年时代起就是一个犹太复国主义者。他移民巴勒斯坦，支持以色列建国，参加过第一次中东战争。在有世界影响的现代犹太思想家中，要论犹太复国主义，除了肖勒姆，约纳斯不作第二人想。约纳斯是在高中时代，通过他的一个堂兄，也是当时他们家族唯一的犹太复国主义者，接受犹太复国主义的，这使他父亲深感遗憾。因为在他看来犹太人问题归根结底是反犹主义的问题，而反犹主义最终总是要终结的。然而，约纳斯接受犹太复国主义，不能说与他父亲没有任何关系。约纳斯继承了他父亲的火爆脾气，学生时就非常容易动怒。当时德国社会存在着一种习惯性的反犹主义，表现为对犹太人小小的嘲笑和冒犯，在年轻人中也很流行。约纳斯只要听到人们取笑犹太人，就会火冒三丈，用他自己后来的话说，"眼前发黑，血往上涌"，不管冒犯者实力如何就向对方扑去。这种冒失的做法当然不可能回回都得胜而归，终于有一次他吃了大亏。那是在沃尔芬比特尔，当时他正在那里接受农业培训，准备移民巴勒斯坦。一天晚上他独自一人在街上溜达，遇到一群年轻人，其中有人说了反犹的言论。约纳斯马上向他扑去，但其他人一拥而上，把他狠揍了一顿，打趴在地上。那伙人扬长而去时他听到其中一人对肇事者说："你为什么要那样做，你这个傻瓜？如果你不是穿着你的新衣服，我不会上来帮你；那你就要死在地上了。"约纳斯想，这就是说，由于那件新衣服，他就得死在地上。他不但对这件事感到愤怒，而且也对犹太人种种状况感到愤怒。在整个学生时代他始终意识到：我属于一个少数，不应该忍受，我们不属于全体。任何对犹太人的敌意（虽然在前纳粹时代表现得都较温和），都加强了约纳斯这种局外人的感觉，遂使他义无反顾地走向犹太复国主义。

如果说约纳斯从他早年的生活经历与环境和他的家族成员（除了他的堂兄外，他的一个叔祖也起了重要作用）那里获得了明确的犹太意识，那么他对犹太传统的阅读则使这种意识上升到理性的高度，进一步加强了他的犹太复国主义。一开始约纳斯只是对远东的宗教和哲学，如印度哲学、老子和佛教感兴趣，渐渐犹太教进入了他的视野。有三个阅读内容决定了他当时的思想和感情。首先是《旧约》中以色列的先知们。但他是用近代历史研究的眼光，将他们放在他们的历史语境中来读以色列的先知的。对于约纳斯来说，他们并不意味着神圣的典籍和神的真理的启示，而是与之血肉相关的历史。先知的话使以色列的遗产对他变得鲜活生动，这是礼拜和宗教课不可能给他的。对于约纳斯来说，先知们说的不是神的话，而是人的话。本来约纳斯已经不信《圣经》了，但恰恰是这种批判的、带有启蒙色彩的对先知书的阅读，给了他与《圣经》的积极关系。其次是他对马丁·布伯的著作《犹太教三讲和巴尔·谢姆的传奇》的阅读，这部书使他兴奋异常，他发现现代犹太民族仍然是神的使命的承担者。马丁·布伯在引导他走向犹太复国主义上也起了重要的作用。第三部决定他当时思想感情的书与《旧约》，与犹太民族或犹太使命都没有关系，那是康德的《道德形而上学基础》。但在约纳斯看来，康德的道德观归根结底是从《圣经》精神中导出的，他的绝对命令与西奈山宝训是相关联的。《道德形而上学基础》以一个当头棒喝式的句子开始："在世界之中，一般地，甚至在世界之外，除了善良意志，不可能设想一个无条件善的东西。"约纳斯后来说，这是他当时滋养自己的面包。

然而，促使约纳斯成为一个犹太复国主义者的，归根结底不是他对犹太传统的熟悉、喜爱、继承和接受，而是非精神的东西。根据他自己的说法，主要有三：一是他自己的犹太意识；二是第一次世界大战结束后德国的政治形势及其对犹太人提出的政治课题；三是反犹主义。这就解释了为什么他可以从一开始在德国也在巴勒斯坦积极参加各种犹太复国主义的运动；后来却断然拒绝了耶路撒冷的希伯来大学给他提供的哲学教授的位置，宁可在加拿大的一个小学院当副教授，而他当时已经 49 岁了。可以这么说，约纳斯的确曾经是一个积极的犹太复国主义者，但他并未把犹太复国主义视为终身为之奋斗的事业，而只是处于特定生存条件下犹太人不可避免的政治选择。他终身为之奋斗的事业是哲学，而不是政治。一旦生存条件变了，就没有必要为政治而放弃哲学。另外，作为犹太人，约纳斯对犹太传统始终持一种理性的态度，而不是虔信的态度。他始终把理性放在信仰之前。他对《旧约》的阅读和对《道德形而上学基础》的重视，都说明了这一点。因此，他可以挪用很多犹太传统的资源，却绝不是一个犹太主义者。在这方面他与马丁·布伯或肖勒姆有明显的区别。

二

从事学术而不是政治也是约纳斯父亲对他的希望。老约纳斯年青时代替他父亲挑起了养家和培养弟妹的担子，不仅耽误了自己的婚姻，而且也没能进大学学习。但如许多犹太商人一样，老约纳斯对学术无比尊崇。他从未想过要让约纳斯去自己的公司当个帮手，相反，他要让自己的孩子实现他未能实现的梦想，进大学学习。并且，他的家底已允许他的孩子学任何与面包无关的东西，如哲学。他让约纳斯自己决定学习的专业和学习的时间，想学多久就学多久。这使得约纳斯可以在大学自由追求自己感兴趣的东西。约纳斯 1921 年进大学学习，1928 年完成学业，在德国大学里待了整整七年。这七年对他来说不仅意味着学生时代的最后阶段，更意味着他思想的形成。而这形成是与他的老师海德格尔的名字连在一起的。

在高中毕业时约纳斯就已经决定要去大学学哲学、艺术史和宗教。他首选弗莱堡大学。这不仅是因为位于黑森林地区的弗莱堡非常美丽，更是因为现象学宗师胡塞尔正在那里执教。第一个学期他就选了胡塞尔的近代哲学史课程，从笛卡尔讲到莱布尼茨、沃尔夫，也包括英国经验论。当胡塞尔讲到洛克、贝克莱和休谟等人已经谈到意识问题和认识论，还有什么问题没有解决时，总要加上一句"新现象学才指出人们能怎样开始处理这些问题"。根据他的看法，近代从笛卡尔以降的哲学家都栽在某个只有现象学才能解决的问题上。有意思的是，根据约纳斯的回忆，胡塞尔夫人也总是坐在她丈夫的课堂上，警觉地注视着学生是否全身心投入。

因为是一年级新生，还没有资格参加胡塞尔的讨论班，约纳斯就参加了当时还是讲师的海德格尔的新生讨论班。海德格尔的思想要比胡塞尔艰深得多，但他却是一个才华横溢的教师。海德格尔讨论班的主题是亚里士多德的《论灵魂》。当约纳斯去报名参加时，海德格尔问他会不会希腊文；当约纳斯作了肯定的问答后，海德格尔说："很好。"这是这对恩怨师徒第一次相遇，约纳斯把它称为"命中注定的相遇"（Schicksalsbegegnung）。在约纳斯眼里，胡塞尔的思想有点封闭，他相信自己掌握了哲学不断接近真理必须遵循的方法。他以同样的方式处理一切问题，虽然富有教益，但不能令人激动。海德格尔正相反，虽然约纳斯当时很少能听懂他的大课，但在他讨论班上却非常容易懂。

他往往先给学生念一句文本中的句子，然后问学生："你如何理解这句话？亚里士多德在那里说什么？他在那里用的这个词是什么意思？"约纳斯最初听的海德格尔的大课是关于奥古斯丁的《忏悔录》。虽然约纳斯几乎一点也听不懂，但他信服地感到这事关全局，海德格尔透彻地思考了问题。约纳斯写信告诉别人，海德格尔的课极为艰深，他跟了一小部分，却失去了结论，不再正确地知道他的真正意思。其实，读海德格尔著作的人也会有这样的经验。但约纳斯一直感到，虽然他不理解，但海德格尔讲的东西极为重要。他感到自己面对一个巨大的秘密，他的付出所得的奖赏就是成为这个秘密的知情人。尽管后来约纳斯无法原谅海德格尔在纳粹时期的种种言行及战后对此的沉默，就差"谢本师"了，他的回忆录里有一章的标题就是"告别海德格尔"；但不得不承认海德格尔对他思想的形成起了根本性作用。他的思想其实长期处于海德格尔的影响下，即使在他自己认为已经完全摆脱了这种影响的时候仍然如此。他后来在社会研究新校与舒茨（Alfred Schütz）之所以关系紧张，一个重要原因就是舒茨坚定地维护他老师胡塞尔的立场；而约纳斯完全赞同海德格尔对胡塞尔哲学的反叛，虽然他对海德格尔在纳粹时期对胡塞尔的态度深恶痛绝，绝不原谅。

尽管海德格尔对约纳斯有绝大的魅力，但他在弗莱堡大学待了一个学期后就转学到了柏林。主要原因是弗莱堡学不到犹太教的课程；当时全德国只有柏林有一所犹太科学的高等学校，这是一所自由主义的、以近代语文学和历史科学的精神来研究犹太文化的高等学府。约纳斯在这所学校学犹太科学的同时，也在柏林大学学习哲学。正是在柏林，他认识了同为犹太人的列奥·施特劳斯和汉娜·阿伦特的第一任丈夫君特·斯特恩（后来更名为君特·安德斯）。后者是当时德国著名心理学教授威廉·斯特恩的儿子。威廉·斯特恩与胡塞尔熟识，所以君特·斯特恩能在胡塞尔家出入。后来斯特恩告诉约纳斯，胡塞尔曾警告他当心约纳斯。胡塞尔知道约纳斯是一个犹太复国主义学生组织的成员。在他看来，这与正统派没什么两样；而这与哲学是不相容的。哲学家应该不属于任何确定的信仰，这是真理对自己的要求。约纳斯听后觉得胡塞尔作为一个犹太人对犹太传统一点都不了解，对犹太人问题的整个世界都是陌生的。1923 年，约纳斯离开柏林去沃尔芬比特尔参加一个为移民巴勒斯坦做准备的农业培训班。当年 10 月培训结束，约纳斯回到弗莱堡继续他的学业。

此时海德格尔已经去了马堡，他的所有学生也随之去了马堡。约纳斯也在一个学期后转学马堡。就在那里他认识了汉娜·阿伦特，他们的友谊保持了一生。在马堡，他们不但一起参加海德格尔的讨论班，也一起参加布尔特曼的《新约》讨论班。两个人很快就来往非常密切，不但一起听课，也几乎天天见面，一起吃饭。阿伦特甚至将她与海德格尔的关系都如实地告诉他，可见他们当时的关系的确非同一般。按照约纳斯的说法，阿伦特一直对男人都很有吸引力；

而他自己对女人也很敏感，但他们始终只是一种精神的关系，没有发展为肉体之爱。这其中的一个原因应该是阿伦特和海德格尔的关系。约纳斯相信，如果不是海德格尔的话，他们可以发展为一种真正的恋爱关系。但阿伦特是一个忠实的女人，她从来没有背叛自己的老师，尽管他们的关系也充满恩怨，不亚于任何一个传奇故事。阿伦特曾公开说她一生只有两个男人，即她第二任丈夫布吕歇尔和海德格尔。从后来约纳斯对布吕歇尔始终不冷不热的态度看（他自己承认也许是由于吃醋），他最终对海德格尔的怨恨是否全是出于政治正确性就不得而知了。

约纳斯与阿伦特的友谊后来险些因为阿伦特引起广泛争议的著作《艾希曼在耶路撒冷》而毁于一旦。20世纪50年代初，约纳斯应聘在纽约的社会研究新校教书，正好阿伦特就住在纽约，并且也在同一个学校教些课（不是全职）。他们自然继续了由于阿伦特转学海德堡而约纳斯后又移民巴勒斯坦而暂时中断的友谊，交往密切。考虑到约纳斯很晚才当教授，家累很重，阿伦特甚至一度在遗嘱中准备赠给约纳斯相当一部分遗产，后因他获得德国政府的一大笔补偿才修改了遗嘱。然而，《艾希曼在耶路撒冷》一书却使这两个老朋友一度形同陌路。人情给政治让路，这是20世纪的特色。作为一个亲历以色列建国的犹太复国主义者，阿伦特的这本书使约纳斯深为震惊。这本书的语调，它明显的反犹太复国主义的态度，都是约纳斯无法容忍的，哪怕作者是他最亲密的老朋友。他认为阿伦特对犹太人的事情几近无知，她对于犹太教的传统知道得也微乎其微，甚至都没读过《旧约》。而阿伦特30年代一度为犹太复国主义工作在他看来也是临时客串，她从来就不是一个真正的犹太复国主义者。阿伦特书中的许多论据也不符合事实。所以约纳斯读了阿伦特写的关于艾希曼案件的报道后，马上打电话跟她说要和她谈谈此事。他写了一封引证详尽的信给她，指出她的一些失言之处。但阿伦特无动于衷。这使约纳斯觉得阿伦特一旦建立了自己的观点之后就不让人们再谈。在约纳斯的笔下，阿伦特是一个非常顽固独断的人，论证、劝说、告诉其事实错误，都不能动摇她的基本思想或使她去想一想，固执己见，刚愎自用。他请求阿伦特不要继续发她的报道了，或改变一下风格，学着用另一种眼光来看犹太复国主义的事实和犹太历史。但阿伦特不为所动。于是，约纳斯让他们共同的一个朋友通知阿伦特，他必须与之绝交，因为他们之间友谊的基础，他们通情达理彼此理解的基础被她的这本书破坏了。在约纳斯和他的犹太复国主义同志肖勒姆眼里，阿伦特的这本书只是她无知、固执和偏执的产物；但对于这本书的许多读者来说，可能会有不同的看法。不管怎么说，至少约纳斯是说到做到，即使他和阿伦特的住处相距仅25公里，而且他每星期都要去曼哈顿三四次，他们有共同的熟人和朋友，但几乎两年他们没有见面，没有通话，没有写信，没有问候。直到有一天，约纳斯夫人对她丈夫说："汉斯，你做的事太蠢了。人们不会破坏像你和阿伦特有的那种友谊，哪怕最深的意见分歧也不会。归根结底这只是一本书。你不能把她作为人从你的生活中简单切除。你应该再次结交她。"约纳斯照办了。他打电话给阿伦特，阿伦特的回答是："来吧。"他们很快就恢复了友谊，只是裂痕再也去不掉了。双方都绝口不谈他们的分歧，这种态度本身就很能说明问题。

1975 年 12 月 8 日，约纳斯在阿伦特墓前向这位老友作最后的告别。在悼词中他说阿伦特是"20 世纪这艘船上的乘客，它剧烈震荡的目击者和牺牲品，它行驶中受伤害者和命中注定者的朋友；一个有魅力的女人"。他回忆起她去世前不久的一件事。当时他问她："汉娜，请告诉我，你是否真的认为我很糟糕？"阿伦特用几乎吃惊的眼神回答说："不，我只是认为你是一个男人。"他认为阿伦特绝不希望改变这一点。而这是他的希望。

约纳斯和海德格尔的关系虽然从一开始谈不上是友谊，但对他同样极为重要。在马堡时代，海德格尔是他心悦诚服的导师，他以诺斯替教为主题的博士论文就是在海德格尔指导下完成的。约纳斯后来将他的博士论文进一步扩充为两卷本的《诺斯替教和古代后期精神》。这部著作出版后马丁·布伯和布尔特曼等人都给予高度的评价，至今仍是诺斯替教研究的经典之作。但约纳斯自己对这部著作评价并不高，说它只是一部"学徒满师之作"。并说要讲他哲学的人不要从他的关于诺斯替教的书开始，而应该从他关于哲学生物学的著作开始。因为前者只是将前期海德格尔的生存论分析和解释方法用于某个历史材料。言下之意当然是说这部著作还没有自己的东西。

这个说法有点过谦了。《诺斯替教和古代后期精神》的确是一部以海德格尔的生存哲学和释义学方法写就的著作。但在此之前，还没有哲学家对诺斯替教感兴趣，更不用说去创造性地研究它了。但约纳斯的这部著作又不是一部纯粹的思想史和哲学史的研究著作。诺斯替教是产生于古代晚期的一个秘传宗教。它的特点就是强调精神与自然、灵魂与肉体的二元分裂。约纳斯不是从思古之幽情出发去研究诺斯替教的。相反，他是从现代性的危机意识出发，感到诺斯替教对于现代性危机有其特殊的意义。诺斯替思想融会了柏拉图、犹太、巴比伦和埃及的诸种思想动机对古代后期的一个基本生命体验——我与世界的分裂作出虚无主义的回应。与古代虚无主义的对话有助于认清和应对现代虚无主义。在约纳斯看来，逃进彼岸世界就是在人世的任务前退缩，是放弃对这个世界负责的伦理学。既然如此，他就当仁不让地采用了释义学的处理方法：用生存论来解读诺斯替思想，同时也在一定程度上对生存论作诺斯替的解读。但《诺斯替教和古代后期精神》的基本范畴是来自《存在与时间》。吊诡的是，后来他意识到，他在诺斯替教里看到了一个海德格尔的古代对应物。他甚至觉得不仅海德格尔的某些生存论洞见在诺斯替思想家那里已构成了，而且海德格尔自己在他的思想中也表述了一种当代诺斯替现象。诺斯替现象的生存论解释和研究，为他后来的海德格尔批判以及他自己的哲学，无论是哲学生物学还是责任伦理学提供了基础。因此，约纳斯夫人在他的回忆录前言中说约纳斯对诺斯替教的研究构成了他思想发展的第一个阶段是有道理的，尽管约纳斯始终说那不是一部独立的约纳斯哲学著作。

虽然约纳斯诺斯替教的著作是海德格尔影响的产物，但他研究诺斯替教的起因却不是海德格尔，而是布尔特曼的《新约》讨论班。当时约纳斯领受了一个任务，要做一个关于上帝知识的概念的报告。在准备这个报告的过程中约纳斯深入了这个概念的宗教背景，结果发现它完全超出了《新约》的范围，也超出了一篇讨论班报告的范围。布尔特曼知道后就建议约纳斯将它作为博士论文的主题。但约纳斯对布尔特曼说他不想成为一个《新约》学者。布尔特曼说："您让我去和海德格尔商量一下。"商量的结果是约纳斯跟海德格尔做关于诺斯替现象的博士论文。

跟海德格尔做博士论文对原始材料要求很高，因为他的讨论班就涉及原始资料。约纳斯说，海德格尔的课是历史取向的，但不是哲学史取向；历史取向的意思是说，认真把原始资料作为对哲学反思的挑战看待。所以海德格尔学生的博士论文也要求有大量的原始资料研究，而这正是约纳斯已经在做的。但约纳斯一直不清楚海德格尔是否对他的工作感兴趣。他只是让约纳斯不断向他报告进度，除了表示满意，让他继续之外，几乎不讲他的看法。1928 年秋，约纳斯将最终完成的博士论文交给海德格尔。一个月又一个月，海德格尔始终没有声音。约纳斯坐不住了，到各个大学乱窜，最后又回到马堡。一天晚上他去听音乐，刚坐下就看见海德格尔在他面前挤过，准备在同一排的位子上就座。海德格尔说了一声："你的论文很出色。"约纳斯心中一块石头这才落了地。

博士毕业后约纳斯游学四方，纳粹上台后就避秦去了巴勒斯坦。其间当然和海德格尔断了联系，等到1945年他作为英国军队的一员回到德国，早已物是人非了。约纳斯去看望了许多亲朋故旧，包括他马堡的老师布尔特曼，唯独不去看海德格尔。他无法原谅海德格尔在纳粹时代的表现。他在哲学上和在人际关系上都与海德格尔决裂了。1959—1960年，约纳斯在德国慕尼黑度一年学术假。其间应邀去海德堡大学演讲。一个以前在马堡和他一起听过海德格尔课的海德堡大学的神学教授对他说，十四天前海德格尔也在这里演讲，当他知道约纳斯也将来此演讲时，他让这位神学教授向约纳斯转达他衷心的问候，并且要那位神学家一定不要忘了。约纳斯一下懵了，因为他对此完全没有准备，老师屈节先向学生伸出了手。约纳斯知道，海德格尔这不是一个表面的姿态，而是真想和他重建联系。问题是他要不要握住老师伸来的手？在沉默半晌之后，约纳斯只说了声："谢谢。"意思是谢谢那位神学教授转达信息，同时对海德格尔说"不"。

但事情并没有那么简单就结束。它让约纳斯始终不能平静。毕竟这是对他产生了根本影响的老师，用他自己的话来说是"海德格尔意味着我生命中某个根本的东西"。约纳斯甚至怀疑自己是否正确处理了这事。于是，他去马堡向布尔特曼请教这个问题。布尔特曼给他讲了一个他自己的故事来回答。二战后他应邀去苏黎世做几个学术报告，住在一家旅馆里。一天下午，在一个招待会上，他接到一个电话，被告知有一位海德格尔教授先生在楼下大厅里，问可不可以上来见他。布尔特曼让人请海德格尔上来。这两个马堡老同事、老朋友已经十五年没有见面了。寒暄坐定后，布尔特曼对海德格尔说："马丁，现在是时候了，你不能再拖，去发表一个公开声明。我们都期待你这么做，这是你欠你自己和我们的。你现在必须对你在 1933 年公开说的话公开表明态度，真正收回它们。"海德格尔当时答应他这么做，但十年过去了，他什么也没做。布尔特曼告诉约纳斯："只要海德格尔没有这么做，没有公开与他当时说的话保持距离，您的反应就是对的。"

约纳斯不仅不与海德格尔来往，而且还对海德格尔的哲学发起了攻击。1964 年，约纳斯在新泽西州德鲁大学举办的一个国际会议上做了题为"海德格尔与神学"的报告。这个会议是关于释义学问题，尤其是关于后期海德格尔对福音派新教神学的作用的。本来海德格尔答应出席这个会议，但后来又不来了。会议组织者就让约纳斯来做开幕报告。他们可能觉得让这个海德格尔的老学生来做开幕报告是最合适的。没想到约纳斯觉得"清算的时候到了"。

这个会议的实际主题是德国神学家亨利希·奥特提出的下列问题：后期海德格尔玄妙深奥的语言是否提供了一个

合适的表述神学的手段？德语神学家一般都持肯定的回答，他们觉得在这里就像一度在黑格尔那里一样，哲学思想使他们可以不是用《新约》和《圣经》的过时语言，而是用最新、最时髦哲学的最现代的语言来谈论他们的基督教神学。约纳斯则给他们当头一棒，说海德格尔的哲学，连同产生它的语言，本质上是极端异教的，基督教神学家不知道他们在干什么。约纳斯自负地强调，吊诡的是，必然是一个犹太人，一个非基督教哲学家，在这里让这些神学家当心一个可能损害基督教事业的联姻或联盟。他用后期海德格尔的习惯用语和思路来说明这一点，并将它们与《圣经》福音的习惯用语与思路相对照。他问他的听众，神学是否要让自己被引诱到一个陌生的基础上，它由于玄妙莫测的外表和富有灵感的语气而变得更危险，它使一种异教信仰比简陋的、不加掩饰的世俗哲学的异教信仰更难识别。他说，神学居然要向这样一个敌人学习使他感到震惊，这超出了他的理性。

约纳斯这篇充满宗教战斗激情的演讲得到了美国神学家的喝彩，《纽约时报》在头版作了长篇报道，还给约纳斯做了一个访谈。也许是因此，他不无得意地将它称为"轰动"和"海德格尔的灾难"。而海德格尔的追随者们自然义愤填膺，同仇敌忾。但约纳斯一不做，二不休，干脆再到德国各个大学巡回去做这个报告。但他还有分寸，避免去弗莱堡，他不想在海德格尔眼皮底下做这个报告。阿多诺和布洛赫都去听了报告。待人一向宽厚的伽达默尔听了报告，显得很激动，没有参加随后的讨论。后来他对约纳斯说："我不想拿我们的友谊冒险，所以我沉默了。但私下里我必须对您说，您的海德格尔批判完全是错的。"

随着海德格尔 80 岁生日的逐渐临近，约纳斯开始反思他对海德格尔的决绝态度了。"他不仅是我们世纪最重要的思想家之一，而且还是一个我从他那里比从其他哲学家那里学到更多东西的人，我在哲学上被他塑造，这是一个我生命中、我的哲学存在中不可取消的巨大事实。在他去世前我要再见他一面。"一想到此，他立刻给海德格尔写了一封信，考虑到此前两人关系的种种，尤其是他的《海德格尔与神学》的报告，这封信是这样开头的："非常尊敬的海德格尔先生，我的信也许无法期待你友好的接受。"的确，除了勒维特外，约纳斯也许是最让海德格尔伤心的学生了。在得知约纳斯在德国到处演讲"海德格尔与神学"后，海德格尔对耶稣会神学家、《海德格尔：通过现象学到思想》一书的作者理查森说："我以前的学生约纳斯今年夏天或上半年在这里走了一个又一个大学对我猛烈攻击。"尽管如此，这对师生 1969 年终于再见面了。约纳斯这么做是因为他要和解，他做到了。他写信给布尔特曼说："我也要告诉你，在海德格尔 80 诞辰临近时，我终于原谅了他，几天前我们在苏黎世有一次美好的交谈。"但这美好的交谈只是交换马堡时代的回忆，对约纳斯来说重要的东西没有触及。长期隔绝这师生二人的东西，仍然为沉默所包围。

海德格尔如何看待他与约纳斯的和解不得而知。但不管怎么说，比起海德格尔的另一个学生布勒克（Walter Bröcker）来，个性有些偏激的约纳斯算是厚道的。布勒克是一个非常聪明的学生，聪明得海德格尔对他都有偏爱。布勒克不懂希腊文，也不觉得有学的必要，但却照样能参加海德格尔的亚里士多德讨论班。最后口试时海德格尔拿一段《形而上学》让他解释，布勒克用脚在桌子底下踢踢海德格尔，意思是你怎么忘了我不会希腊语。海德格尔赶快顾左右而言他，把话岔开，让他去做别的。但正是这个被海德格尔如此迁就的布勒克，海德格尔逝世后君特·安德斯写信问他是否去海德格尔的家乡参加他的葬礼，他的回答是："不，对于海德格尔的基督教-天主教葬礼来说，我这个老尼采主义者和无神论者是非常不合适的。"浅薄如此！

三

约纳斯在获得博士学位后去海德堡大学学社会学。那里是德国社会学的重镇，韦伯兄弟和曼海姆都在那里教过书。他对韦伯的宗教社会学特别感兴趣，但对他的科学无涉价值的理论不以为然。由于他一直在研究社会或政治哲学的主题，于是就和曼海姆的圈子走得更近些，基本上属于这个圈子。同时他也打算做教授资格论文，准备以此在大学谋个私人讲师的位子。纳粹上台根本改变了约纳斯的人生轨迹。

与当时许多犹太人不同，约纳斯从来就对纳粹没有任何幻想，他知道，纳粹和犹太人势不两立。一得知纳粹上台的消息，他就决定移民巴勒斯坦。但在去巴勒斯坦前，他先要将《诺斯替教和古代后期精神》一书作最后的修改，然后交出版社出版。因此，他先去英国，利用那里古代资料丰富的图书馆完成这个工作。然后，像是与老欧洲告别，他游历了荷兰、法国和瑞士，在 1935 年的逾越节抵达巴勒斯坦。

就在约纳斯抵达巴勒斯坦的第二年，阿拉伯人开始起义反对犹太人的定居计划。约纳斯马上加入了犹太人的秘密武装组织哈加纳，武力对抗阿拉伯人。从事犹太复国主义运动之外，约纳斯没有忘记学术。《诺斯替教和古代后期精神》第一部 1934 年在德国出版后，获得学术界的好评。这使约纳斯很受鼓舞，于是，他 1937 年秋去希腊的罗德斯岛修订该书的第二部，也准备交付出版。不过，约纳斯当时在巴勒斯坦虽然结交了不少青年犹太知识分子，但他并没有进入学术圈。耶路撒冷有一所希伯来大学，要用希伯来语授课。约纳斯在学生时代学过现代希伯来语，但那是作为外语学的，离用它来给人上课还差得远。但这时就有人请约纳斯去希伯来大学上有关诺斯替教的课（不是作为正式教师），这可苦了他了。上一次课他得准备整整一个星期，主要是语言方面的准备。他还花大价钱聘请了一个希伯来文体学家作为语言顾问专门来纠正他的希伯来文，这样才算把课对付过去。

在第二次世界大战之前的这段岁月，约纳斯在巴勒斯坦事业上乏善可陈，唯一值得一提的收获就是他在那里认识了后来的约纳斯夫人劳厄·维纳。劳厄的父亲也是犹太复国主义者。约纳斯与劳厄一见钟情，但劳厄当时已经名花有主，经过一番周折，有情人终成眷属，他们1943年在海法结婚。由于正值战时，和许多年轻人一样，他们也演了一出新婚别。约纳斯在战场上不断给新婚的妻子写信，信分两种：情书和学书。在后一种信里，约纳斯向他妻子详细诉说了自己哲学上正在经历的转变。

1939年9月第二次世界大战爆发。对此约纳斯早有准备，他早就觉得战争不可避免，犹太人只有积极参与到战争中去才能根本改变自己的命运。因此，战争爆发的当天，他就发表了长篇文章《我们要参加这场战争——对犹太男人的呼吁》。文章是用这样果决的措辞开头的："这是我们的时刻，这是我们的战争。"他自己则志愿报名参加了英国军队，成为英军犹太旅的一员，随军转战北非和意大利，于1945年作为征服者军队的一个成员回到自己的祖国，这是他1933年离开德国时就预料到的。然而，约纳斯没有丝毫得意。相反，他此时的心情，正如古人所谓的近乡情更怯，不敢问来人。他后来回忆说，从意大利向德国进军，越近德国，关于犹太人的坏消息就越多。到了家乡门兴格拉德巴赫，除了已被盟军飞机夷为一片废墟的家园外，就是他母亲在奥斯维辛被害的噩耗。为此，他再也不原谅德国。

1945年11月，约纳斯解甲归田，回到巴勒斯坦，与妻子团聚。他在希伯来大学谋到了一个讲师的位子，同时也在英国托管当局主持的英国高等研究委员会教课。已届不惑的约纳斯渴望过和平安宁的生活。然而，此时的巴勒斯坦，已摆不下一张安静的书桌。1948年以色列建国，随即爆发第一次中东战争。作为犹太复国主义的老战士，约纳斯只得重披战袍，作为以色列军队的炮兵军官重上战场，与阿拉伯人决一死战。但此时的约纳斯已不复当年豪情，他急于远离这种动荡的生活，重回学术世界，同时也让自己的儿女能有一个富裕安定的成长环境。为此，他写信给他已在芝加哥大学教书的老朋友列奥·施特劳斯，请他帮忙给他在北美找一个从事学术工作的机会。不久他就受到加拿大大卫夫人基金会的邀请，给了他一年5000加元的奖学金，让他在加拿大蒙特利尔的麦吉尔大学教课和研究。于是，约纳斯向以色列军队告假，挈妇将雏举家前往加拿大，就此告别了以色列。

既然不打算回以色列，约纳斯在一年奖学金将尽时就开始在加拿大和美国找工作，但都无结果，最后是加拿大渥太华的一个叫卡莱登学院的新建大学给他提供了一个助理教授的位子。约纳斯觉得这个头衔不利于他今后在北美的发展，就去和校长说他可以接受助理教授的工资，但希望校方把他的头衔改为访问教授。校方同意了。一年以后约纳斯升为副教授。此前为了给自己留后路，他曾托肖勒姆帮他在耶路撒冷的希伯来大学谋一个教授位子。1951年他收到校方的正式信函，同意从1952年秋天起聘他为哲学正教授。但约纳斯权衡再三，谢绝了这个聘请。这种出尔反尔的行径让肖勒姆和希伯来大学都很不高兴，尤其是肖勒姆，他一再向人家打包票，约纳斯一定会回来。二十五年后，以色列人仍不忘此事。1977年耶路撒冷举办纪念斯宾诺莎逝世300周年国际学术大会，约纳斯想去做个报告，都被主办方以程序上已无空位为由加以拒绝，尽管约纳斯此时已是大牌学术明星了。约纳斯当然不甘心栖身加拿大的一个寂寂无名的小学院。经过多方努力，约纳斯于1955年被纽约的社会研究新校聘为教授。与此同时芝加哥大学的社会思想委员会也有意聘请他为教授。但在那里教授到了65岁，最多68岁一定要退休。而社会研究新校则答应约纳斯在他们那里想干多久就干多久，直到一个三人委员会认为他不胜任为止。约纳斯那时已52岁，并有三个子女要抚养，所以他最终选择了社会研究新校，在那里一直工作到73岁退休。

四

与阿伦特一样，约纳斯的哲学思想在第二次世界大战后发生了根本的变化。约纳斯从一开始就是一个注重实际的人，对虚无主义的反思使他觉得海德格尔的哲学过于抽象。他试图通过自然科学来了解实在和存在的本质。于是，他在第二次世界大战的战场上就开始研究自然科学，他写信告诉他的妻子，自己试图在哲学和自然科学（生物学）之间架起一座桥梁。战后他在耶路撒冷的英国委员会就开过关于哲学与自然科学的课。到了北美后，他更加重视自然科学，但约纳斯研究自然科学并不意味着他转向科学主义或实证主义，而是要在传统的存在论和形而上学问题上有所建树。约纳斯在新大陆认识了怀特海，怀特海对约纳斯的哲学转变，尤其是他的哲学生物学有重要的影响，尽管哲学生物学标志着约纳斯走上了自己的哲学道路。哲学生物学是约纳斯哲学转变的第一个结果，它集中表现为《生命的现象——朝向一种哲学生物学》（德文版书名先是《有机体和自由》，后改为《生命原理》）这部著作。约纳斯把它视为他最重要的哲学著作，认为它具有怀特海的《过程与实在》一书同样的雄心，就是发展一种新的存在论；有同样的基本主题，就是深入事物的核心，追问存在的本质。

哲学生物学是一个存在论—生物学的研究，它的根本目的仍是要消除传统存在论生命与世界、精神与自然的隔绝。约纳斯晚年在一个电视讲话中这样来阐明他的哲学生物学："哲学生物学就是要消除和避免各个领域的人为分裂，在处理有机体时看到，整体不仅是功能意义上的，而且也是身心意义上的。这就是说，有机体的内在方面或主体性对于生物学理解就像有机体的客观性那样不可转让。客观性是生化学家或细胞化学家或解剖学家或生理学家自己，还有神经病学家要与之打交道的东西，神经病学家研究神经功能，但不管人或动物心情如何……但哲学生物学意识到这些，因而在它对有机存在的解释中……它总是让心理方面与身体方面相适应。"但哲学生物学的出发点却是人的自由。

约纳斯在非人的生命中发现一种基本的功能和现象的亲缘性，它揭穿了笛卡尔式二元论的谎言。通过明确这种现象亲缘性，约纳斯指出我们最终如何能经历和共同感受有机自然。由此他也确定了一个直观价值感受的基础。他认为我们对自然可以有直观的价值感受，但不一定有。对于约纳斯来说，整体性不仅仅是精神与物质、身体与心灵的整体性，而且也是人和其他生物的整体性。自由固然使人有别于其他生物，但也以某种方式将他和他们联系在一起。

约纳斯的哲学生物学是一种演化的生物学存在论，一种生命演化的哲学。但这不是自然主义的生命演化哲学，而是目的论的生命演化哲学。生命的终极目的或目标是人类精神的自由功能，即自由判断的能力和自我质疑的能力。在题为"世纪的见证者"的电视讲话中，约纳斯这样来描述生命的演化："有机体有一个将有生命物与无生命物区分开来的基本现象，这就是新陈代谢。有机体一般只是存在，它始终在存在中接受世界改进自身，通过代谢改变自身，然后衰老。这就是必然与自由相会的情况。有机体通过吸取营养的形式获得世界，从而是一个活生生的有机体。这里显示了自由的一种基本方式。但它也是一种必然的状况，因为它必须这么做。如果它不这么做，它就停止存在。这里，必然与自由在有机存在的基础上交汇。这是一种能够，一种能力。……这就是说，有机体是一个过程，它完全不是一个事物，一个对象。一个生命物的同一性在不断代谢的浪尖上。存在就是由代谢组成，它绝不会一直是一样的，尽管有进行的同一性，过程的连续性，并且在这过程中主体是同一个主体。"约纳斯认为他通过这样的思考从唯心主义哲学（他认为海德格尔就是唯心主义哲学的一个例子）走到了有机哲学。

哲学生物学是一个容易引起误会的名称。人们会以为这只是又一种以自然科学为基础，将哲学与自然科学结合在一起的"科学的哲学"，它的目的是给予可靠的，即由自然科学保证的哲学知识。殊不知虽然约纳斯的确是要用他的哲学生物学来克服传统形而上学和存在论的种种弊病，但它的基本取向却不是理论的，而是实践的。他首先要改变人在他对自然，特别是有机自然的态度中的自我理解，有没有一种意义、一种精神的纽带，把人和有机自然联结在一起？这是一种实践的认识旨趣。

以往的大多数哲学都是某种意义上的哲学人类学，即以人为中心和基点的哲学。而约纳斯的哲学生物学则以有机体，即一切有生命物为中心和基点。实在的本质表现为有机体的有机存在方式。这就意味着，以往使人成为宇宙或世界的中心和基点的那些基本特征，也要在自然中可以找到，否则哲学生物学就站不住脚。然而，主体性和道德怎会在自然界中发展出来？我们怎么能理解从无声的物质漩涡中产生主体性？还有，人的生命旨趣，即海德格尔在《存在与时间》中说的人对自己的操心，自然也会有？这的确是两个非常棘手的问题。约纳斯用先验哲学加实践哲学的办法来回答这些问题。他说，他的回答是不可证明的，即是一种假设形而上学的回答，但它们符合实践理性，即将它们付诸实践的话会产生很好的结果。它们实际上是一种实践意图，对人与自然关系的道德引导。

为了回答第一个问题，约纳斯设计了一个演化假设。他先追问主体性的材料，得出结论说物质是"沉睡的精神"，具有主体性的潜在性。"物质从一开始就是潜在的主体性。"有机生命经过几个上升阶段，先是萌芽状态的新陈代谢，经过植物和动物的间接性到视觉知觉，最终到象征知觉和作为人的自我反思的对象的自我。这样一个进化的上升过程也是自由的冒险行动的上升过程。自由的冒险在最初步的新陈代谢中已经形成了。这就是说，主体性和自由并不是人的专有，而是自然演化的必然，是有机存在的基本特点。因此，人不应该比非人的有机体有更多的特权。至于第二个问题，约纳斯是这样回答的：操心在于关系中，即在与自然的相互关系中。因此，人就有一个不可拒绝的义务，也为自然操心，人类的未来也就由此得到了保证。尽管约纳斯把海德格尔的哲学也算作唯心主义哲学，但他反人类中心的思想早已隐含在海德格尔的哲学中。

如上所述，约纳斯的哲学生物学是一种目的论哲学，它的一般主题是：生命的本质是目的论的或目的性的。"合目的性"首先就是某种方式的动力特性，与自由和相对于质料的形式同时发生，其次才是一个结构或自然组织的事实。这个目的论的一般主题把有机自然当作一个我们能够，也应该同样应用伦理观点的领域。这就为约纳斯后来的伦理学奠定了存在论基础。

1958年，社会研究新校纪念建校25周年，舒茨让约纳斯做一个题为"理论的实践应用"的报告。虽然是出于舒茨的建议，但约纳斯欣然同意了，他想趁此机会将这个问题彻底理一理。在约纳斯看来，关于认识的作用，古代与近代截然不同。古代人认为认识就是对存在的观察，除了理解自然和沉思事物的永恒秩序外，再没有别的目的。而近代人刚好相反，他们认识是为了利用自然，是为了做什么事，而不是去思考自然本身；但人们只有不管自然自己的运作方式才能这么做。在培根看来，知识的目的不是像柏拉图的认识的欲望那样，是最终超越时间性到永恒的东西，而是为了支配自然。人的王国是由人支配的自然的王国，通过人对自然的支配，匮乏将被过剩取代；通过人对自然的支配，人对人的支配也成为多余，因为支配别人的目的无非是要把别人排除在自然的稀缺资源之外。所以近代科学导致技术，这不是我们任意将知识应用于自然，而是近代科学根据它自身的倾向就必然产生技术的后果。约纳斯说他第一次在理论上从近代自然科学的本质导出近代技术的本质，并解释说，由此释放出一股无法遏止的动力，它将带着人走，而不是人能控制它。这个报告引起了轰动。当时正在纽约度假的列奥·施特劳斯对约纳斯说："这是你说过的最哲学的东西。"约纳斯自己也很重视这个报告，说它是他理论工作的一个里程碑。但我们知道，海德格尔在他关于技术问题的演讲中对此有更为深刻的表达。即使约纳斯在准备他的报告时并不知晓他老师的观点，他关于近代自然科学和近代技术的思考也远远没有超出他的老师，而是仍然按着他老师的思路在运行。

如果说哲学生物学是约纳斯思想发展的第二阶段，那么未来伦理学就构成了他思想发展的第三阶段。在《生命的现象》的后记中，约纳斯明确指出，有机体哲学必然要导致一种伦理学，它基本上已经在它那里了，应该把它发展出来。现在约纳斯要在有机哲学的基础上发展出他的哲学伦理学。这在理论上虽然是必然的，但在实施上却是由于一个偶然的契机。1967 年，波士顿举行一个关于对人的医学和生物学实验问题的会议之际，波士顿的美国艺术和科学院请约纳斯作一个主题为"关于用人类主体做实验的哲学反思"的报告。在这个会议之前几个月，哈佛医学院成立了一个特别委员会，去重新思考死亡的定义和澄清脑死亡的概念，这样，处于不可逆转昏迷中的病人就可以被解释为死亡。约纳斯注意到，新的死亡定义是有问题的，因为它基于下列两个观点：第一，人们现在可以靠现代医学的辅助手段人为维持昏迷病人的呼吸和循环，无限强制地维持他们的生命。第二，迄今为止的医学伦理学和现行的死亡过程禁止中断这样的处理，导致符合老的死亡定义的死亡。约纳斯看到，这个委员会的新定义似乎也是由于对于人体器官的大量需求，因为这时器官移植技术已经发展起来了。那个特别委员会的报告论证说，只要人们这样来规定死亡的时间点，以至人们可以在仿佛是鲜活的状态下摘去不可逆昏迷病人的器官，就可以救活很多生命。约纳斯的报告反对这个很有威望的委员会提出的脑死亡的死亡时间点的新定义，因为这里有外部利益——方便器官移植——在起作用。约纳斯想象了这种死亡概念种种可能的后果，提出一条规则：人对他的身体有绝对权利，任何人都无权占有别人的器官。

　　这个报告和它引起的巨大反响使约纳斯看到了他哲学的实践—伦理学的重要意义。一位芝加哥的女学生写信给他说："这就是我一直想象的哲学，干预生活，给生活提供准则，告诉人们应该如何生活，或去做什么和不做什么。"从此约纳斯更自觉地走上了实践哲学的道路。随之而来，约纳斯也改变了他的哲学作用的观念。哲学不仅仅是哲学家的事，哲学也不能为知识而知识。但是，对于一个哲学家而不是普通人而言，如果不能证明从存在中可以产生应该，或可以从存在过渡到应该，那么上述哲学观就仍然缺乏哲学的支持和根据。约纳斯要给伦理学奠定存在论的基础，实际是要解决这个棘手的问题。

　　而要解决这个问题，首先必须彻底抛弃近代哲学在这个问题上的实证主义思路，去进行一番理论冒险，把价值不仅仅视为主观的决定，从存在得出应该。约纳斯觉得自己在根本核心处是对的，即使他的论述似乎还是完全不充分的，即他还没有充分论证存在能够说人应该如何生活，尤其是也能说为什么像我们这样有知识和自由行动的存在者是有责任的。这个问题现在已具有全球的维度，这与我们权力的扩展相关联，与我们成了主宰者，对影响最深远的决定及其对我们的不可预见的后果负有责任相关联。约纳斯认为，这个问题的哲学基础不受时间制约，而是在于一个纯粹的存在学说，从它可以得出一个"你应该"和"你不应该"，以及关于"好"和"坏"的学说。应该有技术时代的伦理学，它能应对时代的挑战。海德格尔已经看到了这点，并试图把握它。但在约纳斯看来，他对此所说的话，对从前苏格拉底以来就远离真正的真理的西方精神命运的思索，似乎是错的。唯一必须认识的是人变化的实在和他与世界的交道包括对他未来的威胁，约纳斯说，他思想的构思都是针对这些的。

约纳斯在他的《责任原理》一书中表达了这些思想，它们构成了那本书的理论核心。约纳斯对这本书很得意，因而打破了他和阿伦特之间的规矩——绝不给对方看正在写的稿子，而把责任理论的那一章包括处理父母与孩子关系的那部分先给她看了，这部分关系到存在与应该、存在论与伦理学的关联，他需要阿伦特的建议。阿伦特后来对他说："这是一本上帝和你一起打算的书。"但她并不认为人的基本责任可以生物学地以责任秩序为基础；而应该是从政治的公共生活中产生的。对共同利益的责任是人为的和公共的，按照西方传统，是由于"社会契约"产生的。当然，她同意约纳斯的看法，现代技术已经发展为一个世界危险，人类对未来负有责任。

约纳斯的伦理学是他哲学生物学思想自然的发展和延伸。既然人不但要操心自己，也要操心自然，那么就有责任根据这种操心来行动。约纳斯去世前一年在慕尼黑上课时说，精神的实践应用，它对身体的支配，从一开始且长时间以来就只是为身体服务：更好地满足它的需要，更多样地为它服务，更长久地确保它的需要——不断增加新的东西，以此满足身体。在为身体服务时精神折磨自然。它日益增加它自己的需要，并使它的需要高于身体的需要，但与它一样渴求物质。高等文化大量消耗物质，加上过多的人口使已经萎缩的地球更不堪负担。事实上精神使人成为一切造物中最贪婪的。今天，全人类都在追求一个过程，这个过程不是以可再生的收入，而是以环境的一次性资本来维持的。在取得外在胜利的同时，它也把人类带到了悬崖边上。人的所作所为已经威胁到全体，但他也能认识到他对于全体继续生存下去的责任。约纳斯的操心概念不是如克尔凯郭尔或海德格尔的操心概念以个人生存概念为背景，而是一种集体的操心，为人类未来操心，为生命的未来负责。

《责任原理》不仅仅是一部伦理学著作，它也把一种新的因素带进了政治哲学。它的政治含义也广受争议。一般来说，传统西方政治哲学总是研究何种政治制度或国家形式最优；但从来没有哲学家研究人类应该怎样共同生活，更进一步，人类应该怎样对待自然。从西方文明的早期到近代的开始，对于西方哲学来说这都是陌生的问题。在约纳斯看来这不仅应该是道德问题，也是一个政治问题。这个问题也可以表述为我们能怎样和自然生活在一起，或自然怎样与我们共存。着眼这个问题，约纳斯在《责任原理》中也讨论各种制度的优劣。他评判各种制度的标准是保护人类免受灾难。根据这个标准，他讨论了独裁制度和民主制度，马克思主义和自由市场经济，资本主义和共产主义的相对功绩。这使他遭到各方面的指责，不是说他是左派的代言人，就是说他是右派的代言人。尤其是他说马克思主义可能是人类命运较好的代言人更是被人指责。但在约纳斯看来，比起保护人类免于灾难，从柏拉图到康德，哲学家所讨论的乌托邦（最好的社会）和内在价值问题都是次要的。约纳斯对乌托邦持坚决否定的态度。首先因为它是一个过于自负的目标；其次是因为它在今天情况下会导致不幸。与其盲目相信在一个无限遥远的未来可以达到理想社会，不如正视眼前的巨大危险，确保世界可以继续居住，确保人类能在地球上继续生活下去。在约纳斯看来，这才是"硬道理"。在1992年，也就是他去世的前一年出版的《哲学研究和形而上学猜想》一书中，他将在世界上继续存在的责任发展为一种不惜一切代价的"活下去极权主义"，甚至人权、"人类外在事务上的自由"应该为此而牺牲。

这个思想听上去好像有点恐怖，但仔细想想也并非没有道理。皮之不存，毛将焉附？如果人类及其家园——地球都不存在了，人权又从何谈起？这样来看，人类对于自己和地球继续生存的责任当然要大过任何他的其他责任。也因此，所有其他的权利必须为生存权让路。一艘惊涛骇浪中岌岌可危的船上的乘客，一定会将自己的自由让渡给船长。人类和地球这艘船的船长是人类本身，而不是哪一个人和哪一个集团。因此，所谓"活下去极权主义"也无非是说人类应该为地球上一切生命的共同利益、长远利益和根本利益负起最高的责任。

就像阿多诺要面对奥斯维辛之后诗歌的可能性问题，约纳斯也要面对奥斯维辛以后上帝的问题。约纳斯的答案是，上帝在完成创造后，就放弃了他的权力。这就给了人类负起对地球上一切生命的责任和每天实践扬善去恶的机会。为了生命的现在与未来，人类不能拒绝这样的责任。

哈贝马斯和帝国主义 [1]

哈贝马斯一直自命是一个关心公共领域的"公共知识分子",并以此与他德国大学的同事相区别。但与萨特和罗素这样的公共知识分子不同,他决不涉足街头示威与广场集会,更不会像伯尔那样在铁路上堵截载有核武器的军车;而是以接受传媒采访、为报章撰文作为他介入公共事务的主要手段。

对于目前的科索沃战争,虽然西方的舆论一致到了惊人的地步,民意调查也显示半数以上的人支持北约发动的这场战争,但给米洛舍维奇戴的"希特勒第二"的帽子,尺寸终嫌大了些;用最先进、最精确、最有杀伤力的战争手

---

1 本文作于 1999 年。编注。

段来维护人权的逻辑也还未臻完善，须进一步加以阐明。尤其是北约"正义之师"轰炸的牺牲者早已不是军事指挥部、地面部队、机场或通信设施，而是医院、民宅、发电厂和面包房这样的生活设施；牺牲者也早已不只是"执行种族清洗的直接责任人"，还包括老弱妇孺，平民百姓，以及第三国的记者和儿童。现代传播手段每天传来的悲剧场面和令人发指的罪行，时时在刺激着人们的神经和良心。这一切自然需要哈贝马斯这样的"公共知识分子"出来排疑解惑，指点迷津。

他也果然不负众望，最近在德国有影响力的《时代》周报发表了题为《兽性与人性》的长篇文章，专门讨论巴尔干战争。文章的标题来自哈贝马斯近年来在政治哲学上的主要批判对象——卡尔·施米特（Carl Schmitt）。卡尔·施米特有一个著名的反人道主义的公式，曰"人性，兽性"。意谓人性就是人的自然性，即其动物性，或者兽性。这其实也不是什么了不起的发明，或骇人听闻的主张。古典自由主义的理论核心，契约论的前提——自然状态，实际上已经蕴含了人性即兽性的意思。而此番哈贝马斯用一连词"与"将"人性"和"兽性"隔开，自然表示人性与兽性判然有别。施米特认为国家间的斗争完全是自然的斗争，将原本中性的国家利益至上原则（Staatsräson）"道德化"，势必使国家间的自然斗争变成卑劣的"反对坏人的斗争"。而哈贝马斯却认为人权政治决定了国与国之间斗争的道德性。换言之，与人权政治有关的一切，包括战争，都有道德的性质。

但道德并无强制惩罚的功能，即使为了人权的目的发动战争，也必须有法律的依据，才能师出有名，才是名副其实的"正义战争"。但北约发动的针对南联盟的战争，其道德性固已并非无可非议，法律上更是毫无根据。这两个问题不解决，厚颜无耻的政客和嗜血成性的将军们固然无所谓，善良百姓即使接受政府的做法和说法，那些无辜牺牲者的悲惨遭遇，也多少会使他们清夜扪心，辗转难眠。毕竟，以暴易暴不仅在逻辑上，而且在情理上也很难说得通。

哈贝马斯对此洞若观火，故其文章的副标题也十分醒目："一场法律和道德边界上的战争"。这个副标题的确很妙。如果是"一场法律和道德边界内的战争"，那么他的文章纯属多余。"在法律和道德的边界上"，既暗示了还有问题需要解决，又暗示了解决的方向。这就是论证北约发动的战争既有道德理由，又有法律依据。这样，许多还有顾虑的人每天可以安然入睡，无须良心不安了。笔者在特里尔大学的一位德国同事曾师从哈贝马斯，毕业多年，只要老师在法兰克福大学有课或讲座，必驱车前去聆听。此次读了哈贝马斯的文章后，如释重负，说从此可以安枕了。

我虽非哈氏信徒，听了此言却也颇受鼓舞，于是正襟危坐，恭读奇文。然而，却越读越困惑。一上来，此公就说北约打的不是传统的战争，而是一场"外科手术般精确的，有计划地保护平民"的战争，而这两点具有高度的合法意义。也就是说，北约的暴力行动如同执法的警察的暴力一样，专打坏人，不伤无辜。这自然符合道德要求，其合法性也由此产生。然而，道德的行为不一定是合法的行为，稍有常识的人都知道。这且不去说它。北约进行的这场战争究竟是否"外科手术般的精确"和"有计划地保护平民"，只要问问中国驻南使馆三位记者和索非亚郊外六名儿童的冤魂，便知详情。无视每天在各种传媒上俯拾即是的事实，来为自己的先定目的展开论证，说明作者缺乏一种基本道德——诚实。

当然，哈贝马斯不是一位蹩脚的西方宣传机构从业人员，而是享有世界声誉的哲学家。他对科索沃战争的辩护，既出于他的政治立场，也出于他的哲学立场。《兽性与人性》一文，实际上移植和挪用了他近年出版的一部重要著作《事实与规范》的一些基本思想。《事实与规范》是一部研究法哲学的著作，其基本出发点就是将道德和法律直接挂钩，法律内在地与道德和政治相关。哈贝马斯秉承康德的思路，认为道德原则必须能普遍化。而古典自由权的人权内容与它们的形式——最初只限于民族国家的成文法——之间存在着脱节。正是这种脱节使人们意识到，以对话为基础的"权利系统"要超出单一的宪政国家，而指向权利的全球化。康德已经认识到，根据其语义内容，人的基本权利光是要求一个国际法院是不够的；只有在一个不仅能通过，而且能强制执行其决议的联合国结束了单个主权国家的时代，国际法院才能起作用。

但问题在于，无论如何，今天仍然是单个主权国家的时代。康德设想的"世界社会"或"和平联邦"（foedus

pacificum），或哈贝马斯所谓的"世界公民的联合"（Assoziation von Weltbürgern）之类的东西并不存在。只有一个根本无法左右大国行为的联合国。尽管如此，今天人们一般还是认为，只有经过联合国授权，对一个主权国家动武才是合法的，才不是侵略。北约对南联盟的空袭并未经过联合国授权，北约显然也不等于国际社会，北约对南联盟的军事行动，按照现行国际法，按照普通人的常识，毫无疑问是侵略。

然而，以批判理论的传人自居的哈贝马斯却说"不然"。他说，按照古典国际法，北约的做法是干涉一个主权国家的内部事务，违反了不得干涉的禁令。但是，在人权政治的前提下，这种攻击应理解为"国际社会授权的（虽然没有联合国的委托）武装创造和平的使命"。在后现代的状况下始终坚持理性原则的哈贝马斯，在这里开始有点强词夺理了。"没有联合国委托"，也就是没有得到国际社会的认可。不管人权政治的前提是什么，都得不出应该把没有得到国际社会认可的军事行动理解为"国际社会授权"的结论。至于"武装创造和平的使命"（eine bewaffnete…Frieden schaffende Mission）这种说法，从修辞学的角度讲，十分蹩脚；从逻辑上讲，则颇成问题；与事实更是截然相反。持续两个多月的轰炸创造的不是和平，而是更多的杀戮，是死亡、苦难与仇恨。

这些，尤其是"没有联合国委托"所引起的不安，不是一个缺乏根据的"应该"可以轻易消除的。"人权政治的前提"

也无法完全解决北约动武的合法性问题。即使西方指控的米洛舍维奇"种族清洗"的罪名桩桩坐实，北约动武也只有道德的理由，而没有法律的依据。北约不是世界政府，也不是世界警察，它根本没有对一个主权国家执法的权利，况且，也不存在这样的世界法。近年来一直致力于法哲学研究的哈贝马斯，自然知道"合法性"三字对于北约军事行动的重要性，他也就以此为目标来做文章。

他的策略是，提出国家关系彻底法律化。就像他的绝大部分观念都是取之他人一样，他的国家关系法律化的思想也是从康德那儿来的。在康德看来，独立人格的充分发展是文明的目标，这个目标只有通过建立普遍的法律规则，也就是说，通过一个将确保普遍与永久和平的组织的计划才能达到。由此，康德设想通过国家关系的法律化来消除国家间的战争与冲突。但这种法律必须是各个主权国家自愿接受的，而不是外部势力强加的。并且，法律只是道德律特殊的制度化，由此，不能有战争的"法律"。康德相信人性本恶，自然状态就是战争状态，甚至另一个人的存在本身就是威胁。既然文明人是靠法律的约束来防止彼此伤害，国家间当然也应该照此办理。但一个根本不同在于，个人可以服从一个外在的强制力量，只要他们是同一个国家的子民；可国家间却没有一个共同的外在强制力量可以服从。尽管如此，各国还是对法律概念表示了尊重。即使在为侵略战争辩护时，也总要引用格劳秀斯、普芬道夫、瓦特尔等人的话。这说明尽管人性本恶，但在人性中还存在一种更大的道德品质，要审判和控制人身上恶的因素，并希望别人也这么做。康德认为这是我们谈论国家间法律和权利的基础。但是，目前人类的上述道德品质还处于休眠状态。国家间追求它们权利的方式还只是战争。可是，康德认为，战争及其成功的结局——胜利，决定不了什么是法律和正义。一纸和平条约只结束一场特殊的战争，但并未结束人类的战争状态。严格说，人们也不能将此称为不义，因为在此条件下，每个国家都是它自己的案例的审判官。国际法下的国家并不服从对在没有法律的自然状态中的个人有效的规则："他们应该离开这种状态。"因为国家内在地有一个法律制度，它们的公民不会受其他国家根据自己的法律规范建立的法律制度的强制。

然而，理性谴责将战争作为决定什么是正义的方法。理性使建立和平状态成为一个直接的责任。这种和平状态不能没有国家间的条约，因此，必须有一种可称之为和平联邦（foedus pacificum）的特殊联邦，它有别于和平协定。后者试图结束一次战争，而前者要永远结束一切战争。这个联邦并不要保证国家的某种另外的权利，而只是要确保每个国家自享和自为的自由，同时保证相互联合的国家的自由。理性必然要将这样一个联邦与国际法的概念联系起来。另一方面，一个发动战争权利的国际法概念是毫无意义的，因为它被设定为不是根据限制个人自由的法律，而是依靠武力和片面的原则来决定何为正义的权利。根据理性，相互关联的国家除了放弃它们野蛮的、无法无天的自由，接受公共的和可强迫的法律，从而形成一个不断成长的世界政府（civitas centium,这个世界政府最终将包括所有国家）外，没有别的方法可以摆脱国家间无法的状态，这种状态只有战争，没有别的。但康德清楚地看到，理论上合理的事情实际未必行得通。各国不会要这样一个世界政府，就像它们在国际法概念上不会一致一样。所以世界政府的积极概念必须为一个消极的国际联盟所代替，有总比无要好。康德心目中的这个国际联盟并不是"国家的国家"，或"国际政府"，而是各民族的"和平联合"。它并不具有对各主权国家立法、执法或司法的功能。康德坚信现代民族国家的主权，所以他心目中的这个国际联盟（Völkerbund）不必是一个国际政府（Völkerstaat）。国际政府包含一个矛盾，因为每个政府（Staat）都有上（立法者）下（老百姓）关系。但国际联盟是彼此平等的国家的联邦，正因为它们不能合并为一，才有必要以国际联盟来保障彼此的权利。

虽然哈贝马斯经常以康德作为自己的理论先驱，此次也不例外，但从上述康德关于国际关系和世界和平的思想来看，他的思路，与哈贝马斯在《兽性与人性》中表达的思路，是根本不同的。康德谈论国际法是为了永远消除国家间的战争；而哈贝马斯却是要使这种战争合法化。他在《兽性与人性》中说："没有固定的解决冲突的做法，国际关系彻底法律化是不可能的。"不言而喻，北约对南联盟的战争行为就是他所暗示的"解决冲突的方式"。北约已经宣布它们的"业务范围"将扩大到欧洲以外的地方，而哈贝马斯也在考虑，一旦北约在其他地区，比如在亚洲"用武力推行人权政治"的话，法律依据从何而来。

现在看来，国际关系中没有一定的法律的确是十分危险的。但国家间法律本身的依据是什么？康德一方面主张国际法应该以自由国家的联邦为基础，另一方面又看到国家间的法律与个人间的法律情况很不一样。个人服从国家这个外在的司法和执行的强制力量，可国家没有一个外在的强制力量可以服从。世界政府从理论上讲没有问题，实际却行不通。而且，康德也意识到"世界政府"会唤起一个世界范围专制主义的幽灵。因此，一个消极的替代物——国家联邦倒比一个积极的世界政府概念更可取。但这种联邦缺乏有效的手段来防止战争，因为它的法律只能建立在人的道德性上，而人的道德性正处于沉睡的状态。

而对于哈贝马斯来说，问题要简单得多，只要有一定的玩弄语言的能力即可。关键是模糊道德与法律的界限。哈贝马斯这篇文章的副标题暗示了他全部论证策略的奥妙所在——"在法律与道德的边界上"。此次北约对南联盟用兵，唯一的理由是"人道"或"人权"。但"人权"基本是个道德理由，而不是法律依据。以人权为理由对一个主权国家实施军事打击，在现行的国际法中找不到根据。联合国安理会这条路又被堵死了。北约只能以国际法的道德有效性为根据，但因为这些规范只是道德规范，所以并没有相应的、为国际社会承认的运用法律和执行法律的有关机构。在此情况下，固然可以用诸如"国际社会"或"世界公民状态"

这种模糊概念来作北约军事行动的间接主语，但画饼毕竟难以充饥。问题是现在世界上并没有一个军事集团可以以某种借口对一个主权国家动武的法律；北约自己的章程上也写明，只有在自己的成员国遭到别国攻击时，才能对别国动武。因此，必须将人权的道德理由同时也变成法律依据。哈贝马斯一语道破天机："如果人权不只是作为自己政治行为的道德取向起作用，而且作为在法律意义上必须贯彻的权利，事情看上去就不一样了。不管其纯粹的道德内容，人权显示了主体权利的结构特征。它本身需要在强制的法律秩序中付诸实施。"

哈贝马斯在这里的推论是，只要人权是法律意义上必须贯彻的权利，北约出兵就有了法律依据。这个推论若要成立，前提是要有将人权视为必须实行的权利的法律；问题是在一些国家里可能已有这样的法律，但在世界范围内却告阙如。也就是说，在当今世界，还没有可以在任何国家强制实行人权的世界法律。而没有这样一个法律的重要原因，是各国由于文化、历史或传统的差异，对人权的理解和解释还不尽一致。此外，现在世界上也不存在一个"强制的法律秩序"，这是北约此次大动干戈所要达到的目的。以它作为北约动武的法律依据，在逻辑上犯了以要论证的结论为论证前提的错误。

哈贝马斯之所以犯这样的推理错误，是因为他不适当地以西方的法律秩序来类推世界法律秩序，认为只要人权像作为基本权利在德国宪法中有其位置那样，在世界民主法律秩序中找到"一席之地"，被强制施行人权的人民也就会认同这人权。这等于说，西方对于人权的看法，具有世界法律的效力。这是典型的欧洲中心论的逻辑。

哈贝马斯的哲学由于始终坚持"启蒙的普遍主义"，因而有明显的欧洲中心论的倾向。尤其在谈论人权问题时，更是如此。1994年在《科隆城报》对他的一次采访中，采访人曾尖锐地向他发问："你与人权联系在一起的普遍主张不会有某种形式的令人不可容忍的欧洲中心主义吗？你显然相信在各族人民之间有基本的价值一致。这真的存在吗？想一想在伊斯兰社会和西方社会妇女的社会地位。"哈贝马斯的回答是这样的："今天世界市场，各种形式的交往，各种交流和技术已经如此紧密地将各个国家、文化和社会联系在一起，没人能再避开别人。我们没有选择：如果我们要避免重新陷入种族战争，我们必须同意某些公平共存的规则。一个例子就是在人权上一致，虽然对人权的解释是可以争论的……平等尊重每一个人的规范思想是在欧洲产生的，但不能因此说它是有偏见地表达了欧洲文化以及欧洲要表明自己的意志。人权也在于反省，它使我们能从我们自己的传统中抽身退步，学会从他人的观点理解他人。欧洲不仅产生了殖民主义和帝国主义，其丑恶是无法掩盖的；西方理性主义也产生了可以使我们对欧洲中心主义持批判态度的认识立场。这当然不是说欧洲人和美国人不需要阿拉伯、亚洲或非洲文化的成员启发他们认识特选的人权解读法上的盲点。我之所以认为这可能，是因为不同的道德观念最终是从整体受到伤害和得不到承认的共同经验中产生的，即这些观念源于任何还算是正常的家庭的基本经验。如果伊斯兰妇女的地位像在西方世界那样改变了，因为妇女要解放自己——又有什么不好？"

从哈贝马斯的回答中，我们可以看到，就像在《兽性与人性》中再次看到的那样，由于其理不直，他不得不用迂回曲折的修辞手法来表达他的意思：一方面冠冕堂皇地表示要学习别人，批判欧洲中心论；另一方面却处处暗示欧洲的价值是普遍的，不同的道德观念是由于负面的生活经验而产生的。言下之意，人类的道德观念应该是一致的。但是，事实上人类今天并无共同的道德体系，即使对于人权，看法也不一致。在这种情况下，是否可以不要、也不能公平共存了呢？按常识看，公平共存的首要条件应该是相互承认，平等尊重，包括尊重不同意见；而不是在条件不具备的情况下，以自己的观念为普遍观念，强求一致。如果西方的人权观念具有普遍标准的意义，那么学会用他人的观点来理解他人，让非西方人来启发西方人认识人权解读法上的盲点这种话，不是非常虚伪的饰词吗？

不仅是虚伪。在这次战争中，在哈贝马斯的这篇文章中，这种虚伪变成了赤裸裸的专制。既然知道在今天的世界上，关于人权还有不少争论，怎么可以"动用军事暴力来获得人权"？既然出于尊重和维护人权，怎么可以"家长式地行事"？"很好的道德理由"何在？拯阿尔巴尼亚人于水火？3月份德国政府还以"科索沃不存在种族清洗"为理由，拒绝阿族难民的避难申请。如果北约的人权政治可以成为军事干涉的法律依据，北约岂不是自我立法，又自我执法？立法与执法权集于一身，不就是现代专制政治的典型特征？

200 年前，康德在《永久和平论》中提出的永久和平的第 5 条预备性条款就是：任何国家不得武力干涉另一国的宪法和政府。联合国宪章第 2 条和第 7 条规定：禁止对任何国家的国内司法行为进行干涉；禁止一国利用武力或武力相威胁反对另一个国家。联合国大会第 2131 条决议也宣布"不允许进行干涉"，并进一步强化了这样的观点，即对任何国家进行强迫性的军事干涉，是一种侵略行为，是一种任何理由都无法开脱的罪行。这难道不也是"对本世纪道德上意义重大的经验，对极权主义政治的勃兴，对大屠杀的必要而正确的回答"？哈贝马斯为什么不在联合国宪章和现存国际法中为北约的军事行动寻找法律依据呢？因为在这些文件和规则中，他找不到任何支持"家长式统治不可避免"、"干涉提上议事日程"的法律依据。他只能用闪烁其词的手法，说出一个赤裸裸的主张：西方的人权政治就是世界法律。但他却无法为这个"世界法律"找到任何合法的基础。

科索沃战争和哈贝马斯的文章，使我们再也不能忽视现代西方政治的一个重要特征：国内政治与国际政治的巨大反差。不了解这一点，就不能真正理解西方政治。西方各国的国内政治，都可算是民主政治；但其国际政治或对外政治，多为强权政治。这种反差也一定会表现在它们的政治理论中。在其专门研究法哲学的著作《事实与规范》中，哈贝马斯称，在一个后形而上学的多元社会中，综合性世界观与有集体约束力的道德标准已经瓦解，在这样的社会中幸存的后传统的道德良心不再能替代一度以宗教和形而上学为基础的自然法。因此，民主产生法律的程序是法律合法性的唯一后形而上学根源。而这种合法性力量则来自问题和意见、信息和理性的自由交流，来自每一个公民在公共领域中的自由对话与讨论，来自社会每一个成员以平等的身份积极参与。法律决定是在理性论证的基础上产生的，因而，以此为基础的程序产生的结果多少是合理的。姑且不论这些论述有多少理想化或乌托邦的成分，合法的法律的确只有这样才能产生。

如果我们坚信民主是人类公共生活的普遍原则，不仅适用于单个国家，也适用于国际关系，世界应该是一个放大的民主社会，而不是强权政治的一言堂，那么哈贝马斯在《事实与规范》中所表述的民主产生法律的原则，正是他在谈论国际关系彻底法律化时所应坚持的原则。比起现代西方社会，今天的世界更为多元。世界法律如果要有的话，更应该是通过平等的对话、交流产生，而不是凭借强权和武力，将自己的意志和喜好作为普遍法律强加于人。可是，在哈贝马斯的文章里，我们看不到他在《事实与规范》中大谈的"公共领域""民主程序""交往理性"或"对话""讨论"，更没有"平等参与"。北约和南联盟不仅不是平等的关系，简直就是警察和罪犯的关系。这个警察之所以能有效地对付罪犯，恰恰在于法院（安理会）拒绝发出执法的命令。

以此为出发点提出的国际关系法律化，当然容不得平等参与，理性论辩，或程序民主，却让人们看到，强权政治就是国际专制政治，暴力之下无民主。

对一个哲学家来说，尤其对一个政治哲学家来说，理论的一贯性和彻底性不仅是一种学术美德，也是一个道德要求。一向热衷于谈论"公共领域""交往行为""商讨伦理学""激进民主"和理性主义的哈贝马斯，为什么会在今天写下这么"一篇狂野暴力的辩护词"（彼得·汉德克语）？是因为战争的第一个牺牲者总是真理，因此，曾经鼓吹"解放"的"批判哲学家"一夜之间思路转向了导弹飞行的方向？还是这位法兰克福学派的殿军终于以对现状的认同和向权势靠拢，完成了对这个学派的批判和背叛？其实，早在《事实与规范》出版后，就有批评者指出，这部书是"支撑国家的"（staatstragend）。哈贝马斯从资产阶级意识形态的批判者到北约战争的支持者，其来有自。

正如他以所谓普遍语用学的修辞取消了阿多诺等人赋予矛盾的社会存在论地位一样，启蒙的辩证法到了他那里，变成了启蒙原教旨主义。启蒙哲学的核心是普遍主义与同一哲学。所以阿多诺在《否定的辩证法》中对启蒙的负面效果——大众文化和工具理性的批判，进一步发展为对同一哲学的批判。正是这种批判使他永远是现状的质疑者，而不是认同者。尽管哈贝马斯一再提到阿多诺对他的影响，但他并不认同阿多诺对同一哲学的批判。相反，他坚信"启蒙的普遍主义"，将欧洲的启蒙运动变成了人类历史的普遍必然。问题是作为欧洲历史经验的启蒙，其普遍主义不可能是真正的普遍主义，而是以某种特殊为普遍的伪普遍主义，即以西方现代性价值为普遍价值，将西方等同于世界。哈贝马斯正是如此。在关于战后德国的政治走向问题上，他坚决主张德国走西方的路，即英美的路。为此，他对阿登纳政权赞美有加，认为它奠定了战后德国的政治方向。他对现代西方制度完全认同，公开宣称他理论著作的终点就是要求"金钱、权力和团结间可接受的平衡"。所有对西方现状和现代性有所怀疑的人，都被他称为"保守主义者"。在他那里，西方、现代性和人类历史是基本同一的。"差异"和"他者"对他最多只有论证和修辞策略上的意义。他的"公共领域"里，没有真正的他者，因而只是一个伪民主的概念。

哈贝马斯的"公共领域"（öffentlichkeit）来自汉娜·阿伦特的"公共空间"（der öffentliche Raum）的概念。从表面看，两者没有多大差别，都是指政治权力之外，作为民主政治基本条件的公民自由讨论公共事务，参与政治的活动空间。实际上有重大的差别。阿伦特的"公共空间"概念是从她的"政治"概念来的。她认为，政治不是在人们中，而是在人们之间产生的。不同的人的自由和人的自发性是人之间这个空间产生的前提。所以政治的意义在于自由。政治依据人的多样性这个事实。一个人不会有这个"之间"，同样的人也不会有这个"之间"；只有不同的人才会产生公共空间及对公共空间的需要。而这个空间反过来又保证了他们的多元与不同，保证了他们的自由与自发性。人之间的这个空间，就是世界。也就是说，世界是由人的多元性产生的。只有我与他人同时共存，才有世界。多元与差异是自由的本质，也是世界和政治的本质。暴力只能导致公共空间的摧毁，所以，暴力与政治无关。但现代恰恰以暴力代替了政治，以同一代替了多元，人越来越变成马尔库塞所谓"单向度的人"，使得公共空间和自由受到了根本威胁。20世纪的极权主义只不过是一个特别明显的症状而已。

哈贝马斯的"公共领域"恰好是现代-启蒙的产物。所谓"公共领域"，就是私人聚在一起，议论、讨论公共事务，形成意见，达成共识。无论是早期的《公共领域的结构转型》，还是后来的《交往行为理论》和《事实与规范》，哈贝马斯的"公共领域"着重的是趋同，求同，而不是存异。即使事实上做不到，也要将它作为一个乌托邦确立。西方舆论在这次战争中惊人地一致，倒是对哈贝马斯"公共领域"的一个很好说明。即使这样的"公共领域"概念也内外有别，在哈贝马斯的国际政治理论中并不存在，这说明哈贝马斯视他者为无物，西方的意志，就是普遍的意志。

哈贝马斯的例子告诉我们，凡是坚持启蒙普遍主义和主张现代性的人，大都是坚定的西方中心论者。而启蒙普遍主义和现代性的批判者，也往往同时是西方中心论的批判者和真正的多元主义者。西方中心论对差异与他者的压制，使我们不能不怀疑启蒙和现代性的哲学基础——普遍主义和同一哲学本身潜在的专制含义。更应使我们警惕的是，20世纪专制主义的哲学基础也是普遍主义和同一哲学。

1791年底，法国国民公会各党派为了要不要进行一场消灭欧洲各国旧政权，带来永久和平的正义战争吵得四分五裂。这时，罗伯斯庇尔挺身而出，坚决反对用军事手段给各民族送去自由。他说："认为手执武器侵略一个陌生民族，强迫它接受自己的法律和宪法可以满足一个民族，这种出格的想法可以出现在政治家的头脑中。但没有人会喜欢武装的传教士。自然和智慧的第一个建议就是把他们当敌人打回去。"但罗伯斯庇尔被多数否决。法兰西共和国半是主动，半是被德奥联盟发动的同盟战争胁迫着进入别国领土。这样，她就等于用即决审判的方式宣判了她刚刚宣布的民族自决权的死刑。同样，科索沃战争不是西方人权政治的胜利，而是对真正人权理想的沉重打击。

和自由、平等、民主一样，人权是人类的普遍要求与理想，任何人都无法垄断对它们的解释权。它们的根据，不在西方的政治教科书或意识形态宣传品中，而在每个人的良知和理性，在每个人的心里。这才是人权的普遍性所在。普遍主义不等于普遍性。人权的普遍性至少应该有以下三层含义：1. 它应该受到全人类的普遍尊重，具有超越民族、文化、宗教的普遍约束力。2. 它不能有双重标准，而应绝对无条件地一以贯之，坚持到底；否则就是虚伪，就是以人权为手段，而非目的。3. 对人权概念有不同的理解和解释本身就是基本人权——思想和信仰自由——的体现；但这不应意味着永远不可能有一些全人类都可接受的人权标准。各民族、文化、宗教、族群、性别通过坚持不懈的对话与讨论，就人权的基本内容达成一些最低共识是可能的，也是必须的。如果上述三条人权普遍性的基本前提成立，那么任何国家出现侵犯人权的行为，国际社会都有权干涉；但应基本排除武力干涉。除非出现希特勒那样的人物，但那也要有联合国授权。因为战争——消灭人的生命——是与人权不相容的。兽性的手段不能达到人性的目的。英法联军和八国联军给我们带来的只是痛苦和耻辱，而不是和平与民主。

正因为自由、平等、人权、民主是人类的普遍要求和理想，将它们与西方政治等同起来是过于天真的想法。凡尔赛和雅尔塔告诉我们，西方总是将自身的利益置于这些原则之上，"人道的无私"总是夹杂着"帝国主义的权力逻辑"。因此，揭露和反对西方帝国主义政策和强权政治，绝不能理解为反对上述原则，而恰恰是对它们的维护。真正的自由知识分子，必须反对世界上一切地方发生的不义，反对任何人以任何名义对上述原则的践踏。哈贝马斯及其文章提醒我们，在冷战后条件下，传统左右的分野已日益模糊。既然昨天的批判者可以是今天的辩护士，"左""右"的招牌除了意识形态标榜和类似名教的东西之外，已失去意义，那么判断一个知识分子人格的只能是他（她）对正义的热情，对虚伪的敏感，对罪恶的愤怒。还有，对一切不义的拒绝。

我思，我读，我在
Cogito, Lego, Sum